सूफी संत मत
(दर्शन और विज्ञान)

आर.के.गुप्ता

बी.आर. पब्लिशिंग कार्पोरेशन
(बी.आर.पी.सी. (इंडिया) लिमिटेड का एक विभाग)
दिल्ली-110052

सूफी संत मत
(दर्शन और विज्ञान)

आर. के. गुप्ता

प्रथम संस्करण : 2007

आई.एस.बी.एन. : 81-7646-584-4

मूल्य : 250/-

प्रकाशित
बी.आर. पब्लिशिंग कार्पोरेशन
(बी.आर.पी.सी. (इंडिया) लिमिटेड का एक विभाग)
425, निमरी कॉलोनी,
अशोक विहार, फेस-4,
दिल्ली-110052
E-Mail : brpcltd@del2.vsnl.net.in

भारत में प्रकाशित
मुद्रित : बालाजी ऑफसेट

अनुक्रमणिका

	प्राक्कथन	*v*
1.	सूफी संत	1
2.	सृष्टि, काल और माया	25
3.	कर्म : जीवन-लक्षण का सिद्धांत	45
4.	जड़-चेतन की संधि	65
5.	सत्य का साक्षात्कार	77
	संदर्भ ग्रन्थ एवं लेख	143
	विषय सूची	145

(11) [illegible]

[illegible] साधक का अपने हृदय के प्रति सचेत रहना [illegible] साधक को अपने दिल पर निगाह रखनी चाहिए कि [illegible] परमात्मा के सामीप्य पर रहे यानि वह हर वक्त परमात्मा [illegible] शब्दों में, परमात्मा की याद दिल से होनी चाहिए [illegible] परमात्मा के स्मरण में तल्लीन रहना चाहिए।

[illegible] के प्रवर्तक हजरत अब्दुल कादिर जीलानी ने भी [illegible] सूत्रबद्ध किया है। उनके अनुसार ये सिद्धांत [illegible]

(क) [illegible] अर्थात् परमात्मा के नाम से अपनी [illegible]

(ख) [illegible] कि कभी मजाक में भी झूठ न बोलना।

(ग) [illegible] और अगर किसी से कोई वायदा किया [illegible]

[illegible] न ही किसी का बुरा होने की बात [illegible]

(ङ) [illegible] अर्थात् मन, वचन और कर्म [illegible]

(च) [illegible] कि वह नास्तिक है या आस्तिक [illegible]

(छ) [illegible]

(ज) [illegible] अर्थात् किसी से कोई अपेक्षा [illegible]

(झ) [illegible] परमात्मा की एकमात्र सेवा [illegible]

(ञ) [illegible] कि बुराइयाँ सिर्फ अपनी देखनी चाहिए [illegible]

[illegible] एक शक्ति के रूप में लेते हैं [illegible] विभिन्न [illegible] अर्थात् साधक का [illegible] है। [illegible] और [illegible]

प्राक्कथन

अक्सर लोग अध्यात्म को एक ऐसा विषय समझते हैं जिसमें बुद्धि या तर्क का कोई स्थान नहीं है, बल्कि केवल विश्वास और वह भी अंधविश्वास की हद तक, को ही वे व्यक्ति की आध्यात्मिकता का आधार मानते हैं। यह सही है कि आस्था और विश्वास ही वह मार्ग है जिस पर चलकर साधक अपनी मंजिल तक पहुँचता है, लेकिन इस आस्था और विश्वास का आधार ठोस धरातल होना चाहिये। यह साधारण अनुभव की बात है कि किसी बात पर या किसी व्यक्ति पर विश्वास तब ही दृढ़ होता है जब इंसान उसे बुद्धि या अनुभव की कसौटी पर परख लेता है। बिना परख के विश्वास कच्चा होता है जो मामूली सी ठेस से भी टूट सकता है।

अध्यात्म का मतलब आत्म-ज्ञान है, अर्थात् स्वयं अपने विषय में ज्ञान। यह कितने आश्चर्य की बात है कि इंसान ने अपनी बुद्धि और शक्ति का प्रयोग दुनिया की हर चीज के विषय में ज्ञान प्राप्त करने और उन पर नियंत्रण पाने में किया है, लेकिन उसका एक अंश मात्र भी प्रयास उसने स्वयं अपने बारे में जानने के लिये नहीं किया। कुछ गिने-चुने संत-महात्माओं ने अवश्य ही यह मार्ग चुना और उसमें वे सफल भी हुए। शास्त्रों और शिष्य परंपरा द्वारा उनके अनुभव व ज्ञान का यह प्रकाश समाज को उपलब्ध भी होता रहा है। साधारणतया सभी धर्म ग्रन्थों में इस ज्ञान का उल्लेख रूपकात्मक भाषा में किया गया है। कुछ में इसका वर्णन अधिक स्पष्ट तौर पर भी किया गया है, लेकिन फिर भी आत्म-ज्ञान रूपी यह हीरा बहुत से तालों में बन्द कर सुरक्षित रखा गया है। जब तक बुद्धि विकारों से रहित होकर इस ज्ञान का अर्थ सही संदर्भ में समझने योग्य नहीं हो जाती, इस हीरे की आभा भी दृष्टिगोचर नहीं होती और यह छिपा ही रह जाता है।

मनुष्य का अस्तित्व उसके अहं के कारण है। अहं का अर्थ है अपनी पृथक् चेतना का ज्ञान, औरों से स्वयं को अलग समझना। अहं के कारण ही उसका ज्ञान केवल भौतिक शरीर और मन तक सिमट कर रह जाता है क्योंकि अहं के कारण वह अपना अस्तित्व अपनी पृथक् भौतिक देह और मन (दिमाग)

के रूप में देखता है। इसके विपरीत आध्यात्मिकता का अर्थ है अपने झूठे अहं का सर्वथा त्याग। ज्यों-ज्यों इंसान अहं से रिक्त होता जाता है, उसका स्थान दिव्य आत्म-प्रकाश लेता जाता है।

इंसान परमात्मा की सर्वोत्कृष्ट रचना है। परमात्मा ने उसे सृष्टि रचना में प्रयोग किये सभी तत्त्वों के संयोग से बनाया है। अतः इंसान में सभी तरह की संभावनाएं विद्यमान हैं। केवल इंसान के लिये ही यह संभव है कि वह उन्नति कर सत्य का साक्षात्कार कर ले। सत्य के साक्षात्कार के लिये सतसंग, अभ्यास और स्वयं अपना अनुभव बहुत आवश्यक है। अनुभव के बिना ज्ञान का आधार दृढ़ नहीं होता। बहुत से संत-महात्माओं ने विभिन्न साधना पद्धतियों को अपना कर सत्य की अनुभूति प्राप्त की है और अपने-अपने अनुभवों के अनुसार उन्होंने सत्य के साक्षात्कार के लिये अनेक मार्गों का वर्णन किया है। और उन सब में संसार की सृष्टि, मानव देह की महत्ता और मुक्ति एवं साक्षात्कार संबंधी चर्चा प्रमुखता से की गई है।

इस पुस्तक का उद्देश्य इस प्राचीन विद्या को आज के परिप्रेक्ष्य में सरल रूप में प्रस्तुत करना है। आज के इंसान के लिये किसी भी चीज में विश्वास करने के लिये उसे उसका तर्कसंगत आधार चाहिये और जैसा ऊपर निवेदन किया गया है आत्मिक उन्नति के लिये मार्ग चुनने के लिये भी इंसान को सोच समझकर निर्णय लेना चाहिये। उसका जीवन अमूल्य है और इसे व्यर्थ में इधर-उधर की कोशिशों में गंवाना, इस हाथ आये सौभाग्य को यूं ही खो देना होगा। संत-महात्माओं ने और विशेषकर सूफी संतों ने सत्य की खोज की लंबी यात्रा को इसी जन्म में पूरी कर लेने हेतु प्रेम का एक ऐसा मार्ग खोज निकाला है जिससे अनायास ही सब धुंध छंटकर प्रियतम परमात्मा का साक्षात्कार, उसकी अनुभूति अति शीघ्र हो जाती है। उपरोक्त बातों को ध्यान में रखकर इस पुस्तक के पहले अध्याय 'सूफी-संत' में सूफी संतों की चारित्रिक विशेषता के बारे में कुछ चर्चा की गई है। साधारणतया यह माना जाता है कि सूफी इस्लाम के रहस्यवादी संत होते हैं, लेकिन यह धारणा पूरी तरह सत्य नहीं है। सूफी संत इस्लाम के प्रादुर्भाव से पहले से विद्यमान रहते आये हैं लेकिन फर्क इतना ही है कि तब उन्हें सूफी नहीं कहा जाता था। सूफी साधना प्राचीनतम ज्ञान है। साधारण शब्दों में पूरी तरह परमात्मा को समर्पित व्यक्ति, जिसका हृदय अहं से पूर्णतया रिक्त हो, परमात्मा के प्रेम से लबालब भर गया हो, वह सूफी है। सूफी मुकम्मिल इंसान होते हैं, जिनका हृदय विशाल और कुंठा रहित होता है। सूफी

मत को विश्वव्यापी और उदार मानव मूल्यों के रूप में देखा जा सकता है और उन्हें मिली व्यापक मान्यता का आधार है उनका मानवता के प्रति प्रेम, हृदय की पवित्रता और आचरण की शुद्धता।

पुस्तक के दूसरे अध्याय 'सृष्टि, काल और माया' में विभिन्न धर्मग्रंथों–यथा श्रीमद्भागवत महापुराण, पवित्र बाइबल एवं पवित्र कुरान के आधार पर सृष्टि क्रम को आज के वैज्ञानिक-तार्किक परिप्रेक्ष्य में प्रस्तुत करने का प्रयास किया गया है। सृष्टि के प्रारंभ में एकमात्र परमात्मा ही थे, आनंद से परिपूर्ण। उस समय न काल था, न माया। परमात्मा ने एक से अनेक होने की इच्छा की जो उसकी ही तरह आनन्द से परिपूर्ण हों और इस इच्छा के परिणाम स्वरूप सृष्टि का प्राकट्य हुआ। मानव देह को सृष्टि रचना में प्रयुक्त सभी तत्वों को मिलाकर रचा गया और फिर परमात्मा ने उसमें आत्म रूप से प्रवेश कर उसे जीवित किया। इस अध्याय में मानव के अस्तित्व की चर्चा स्थूल दृष्टि से की गई है।

तीसरे अध्याय 'कर्म : जीवन-लक्षण का सिद्धांत' में चर्चा की गई है कि किस प्रकार प्रकृति के त्रिगुणों के वशीभूत प्राणी कर्म करने के लिए विवश है। हालांकि कर्म प्रकृति के त्रिगुणों द्वारा ही सम्पन्न होते हैं, लेकिन अहं के कारण इंसान स्वयं को उनका कर्ता समझता है और कर्मफल के बंधन से बंध जाता है। इसी बंधन के कारण उसे कर्मों के फल का भुगतान करना पड़ता है और उस फल के भुगतान के लिये उपयुक्त देह में जन्म लेना पड़ता है।

पुस्तक के चौथे अध्याय 'जड़-चेतन की संधि' में मन की स्थिति का वर्णन करने का प्रयास किया गया है। मन की स्थिति भौतिक देह और कारण शरीर (आत्मा) के बीच है। यह दोनों तरफ गति करता है और वहां से प्रभाव ग्रहण कर बीच में उन प्रभावों की, जड़-चेतन की, गुत्थी पैदा कर देता है। कर्म और ज्ञान, और उनका उद्देश्य-आनन्द, सब मन की ही उपज है। मन ही बंधन और मुक्ति का कारक है। साधारणतया मन ही भौतिक देह और जीवात्मा पर शासन करता है, उन्हें अपने आधीन रखता है। लेकिन यह भी सत्य है कि मन के द्वारा ही इंसान सत्य की खोज और उसकी अनुभूति कर सकता है। इसे प्रेम से ही मार्ग पर लाने की आवश्यकता है न कि दुत्कारने या तिरस्कृत करने की।

अन्तिम अध्याय 'सत्य का साक्षात्कार' है। जैसा कि ऊपर कहा गया है, मानव देह की रचना कर परमात्मा ने उसमें आत्म रूप से प्रवेश कर उसे जीवित कर दिया। शरीर की प्रत्येक कोशिका आत्मा से परिव्याप्त है लेकिन मानव देह में प्रवेश करते समय आत्मा ने कुछ विशेष स्थानों को शक्ति के केन्द्रों के रूप

में चुना। इन स्थानों में आत्मा के ठहराव के कारण ये आत्मिक ऊर्जा के विशेष केन्द्र हैं जिन्हें आध्यात्मिक भाषा में चक्र या मुकाम कहा जाता है। इन्हें जागृत और सिद्ध करने से साधक आत्मिक उन्नति के विभिन्न पड़ाव तय करता है। मूलाधार (सबसे निचले) चक्र से सहस्त्रधार, (सहस्त्र दल कमल) चक्र तक का वर्णन साधारणतया सभी साधना पद्धतियों में उपलब्ध है, और इन सात चक्रों को (जो एक कुंडलिनी की शक्ल में स्थित हैं) सिद्ध करने को कुंडलिनी जगाना या कुंडलिनी योग कहा जाता है। सहस्त्रधार से ऊपर के चक्रों के वर्णन का श्रेय संत कबीर को जाता है जिन्होंने अपने ग्रंथ आदिभेद में इन ऊपरी चक्रों का रूपकात्मक ढंग से वर्णन किया है। इस अध्याय में साधना के विभिन्न तरीकों की चर्चा की गई है। अधिकतर साधना पद्धतियां महर्षि पतंजलि के अष्टांग योग पर आधारित हैं। सूफी साधना पद्धति में भी इसके तत्व विद्यमान हैं। साधारणतया साधक अपने प्रयास द्वारा आत्मिक उत्थान का प्रयास करता है और कभी-कभी कुछ चमत्कारिक सिद्धियां या शक्तियां पाकर उनमें ही अटक कर रह जाता है। लेकिन सतगुरु की कृपा द्वारा साधक बहुत तीव्रगति से अध्यात्म मार्ग पर आगे बढ़ने लगता है। सूफी-संतों ने एक विशेष क्रिया (तवज्जोह) का विकास किया, जिसमें सतगुरु अपनी उच्च आत्मिक ऊर्जा के द्वारा साधक के हृदय में आत्मा का प्रकाश आलोकित करता है। साधारण शब्दों में इसे शक्तिपात या प्राणाहुति भी कहा जाता है। आत्मिक ऊर्जा के प्रसारण की यह पद्धति प्राचीन समय में ऋषि-मुनियों द्वारा प्रयोग की जाती थी, लेकिन समय के साथ गुरु-शिष्य परंपरा विलुप्त हो गयी और उसी के साथ यह साधना पद्धति भी। सूफी-साधना में, विशेषकर नक्शबंदी सूफी सिलसिले में, जो आध्यात्मिक दृष्टि से बहुत उन्नत माना जाता है, साधक या शिष्य के अपने प्रयास की महत्ता क्रमशः नगण्य होती गई है और सतगुरु या शेख पर उनकी उन्नति की अधिकतर जिम्मेदारी आती गई। यहां तक कि एकमात्र गुरु के प्रति पूर्ण प्रेम ही शिष्य के लिये सर्वोच्च अवस्था प्राप्त करने के लिये काफी है, और यह सही भी है क्योंकि आत्मिक उन्नति में अहं ही सबसे बड़ा व्यवधान या पर्दा है। सच्चे प्रेम में अहं का कोई स्थान नहीं होता। प्रेम में दो के लिये जगह नहीं होती। सच्चे प्रेम में केवल एकमात्र प्रियतम (सतगुरु-परमात्मा) का ही अस्तित्व शेष रहता है और यही आत्मिक उन्नति या प्रेम की पराकाष्ठा है।

यहां मैं पूर्ण विनम्रता के साथ यह कहना चाहूंगा कि इस पुस्तक में जो लिखा है वह केवल सैद्धांतिक चर्चा है। गुड़ के स्वाद के बारे में कितना ही लिख

दिया जाए पढ़ने वाले को गुड़ के स्वाद की सच्ची अनुभूति तब तक नहीं होगी जब तक वह गुड़ को चख न ले। हां, एक बार गुड़ चखने के बाद उसके बारे में सैद्धांतिक ज्ञान अनुभव को सुदृढ़ करने और उस अनुभव को शब्द देने के लिये उपयोगी होता है। जिन संत-महात्मा के पास यह गुड़ होता है, वे संत-महात्मा कृपा कर कुछ सौभाग्यशाली पात्रों को उस का स्वाद चखा देते हैं। असली आत्मिक उत्थान के लिये ऐसे संत-महात्माओं के श्रीचरणों में बैठने का सुअवसर यदि परमात्मा की कृपा से मिल जाये तो उसका भरपूर लाभ उठाना चाहिए। उनकी संगति में बिताये एक दो पल, कई वर्षों की साधना-तपस्या से अधिक श्रेयस्कर हैं।

मेरे पूज्य पिता डॉ. चन्द्रगुप्ता कृपा कर मुझे श्री गुरु-भगवान परमसंत ठाकुर रामसिंह जी साहब के श्रीचरणों में लिवा ले गए। यह कार्य उन महानुभावों की कृपा का ही परिणाम है और उन्हीं के श्रीचरणों में समर्पित।

इस कार्य में जो त्रुटि रह गयी वह मेरी अपातत्रा के कारण। आशा है सुहृदय पाठक उसे सहन करने की कृपा करेंगे। उनके सुझाव rkgupta51@yahoo.com पर या फोन नं. 91-11-22718010 पर आमंत्रित हैं। पाठक वैबसाइट www.geocities.com/sufisaints देखने के लिये भी निमंत्रित हैं जिस पर वे सूफी-संतों के विषय में और अधिक जानकारी प्राप्त कर सकते हैं।

मैं अपने परिवार एवं मित्रों का भी आभार प्रकट करना चाहूँगा, जिन्होंने मुझे इस कार्य को पूरा करने के लिये प्रेरित किया और निरंतर इसमें विभिन्न प्रकार से अपना अमूल्य सहयोग देते रहे।

दिल्ली विनीत

14.3.2006 **आर.के. गुप्ता**

1 सूफी-संत

संत-महात्मा हमेशा से ही लोगों की श्रद्धा का केन्द्र रहे हैं। सदियों से संत-महात्मा लोगों को परस्पर प्रेम व परमार्थ की राह दिखाते आए हैं। इन संत-महात्माओं में सभी परंपराओं और मान्यताओं वाले महापुरुष शामिल हैं और सूफी-संत इस परंपरा की एक विशेष कड़ी हैं। सादगी और सहजता से रहते हुए भी परम सत्य के महान रहस्य को, वे लोगों को अपने स्वयं के जीवन का उदाहरण देकर, उन पर उजागर करते रहे हैं। फिर भी उनके विषय में कोई विशेष जानकारी उपलब्ध नहीं है, कुछ तो इस कारण कि वे स्वयं प्रचार-प्रसार से दूर रहते हैं और कुछ इस कारण कि वे अध्यात्म मार्ग का पाण्डित्यपूर्ण विश्लेषण करने में कोई विशेष रुचि नहीं रखते। सूफी-मत कोई सैद्धांतिक मत-विशेष न होकर अध्यात्म की सरिता में गोता लगाने का एक ऐसा मार्ग है जो केवल अपने आचरण एवं अनुभव द्वारा ही ठीक से जाना जा सकता है।

जहां तक 'सूफी' शब्द के प्रचलित अर्थ का प्रश्न है, साधारणतया इसे मुस्लिम संत महात्माओं के संदर्भ में इस्तेमाल किया जाता रहा है जो अपने आप को रहस्यमयी व्यवहार के पीछे छिपाये रखते हैं। 'सूफ' का अरबी भाषा में अर्थ है ऊन और ज्यादातर सूफी संत जो पुराने समय में अपने शरीर को ढंकने के लिये ऊनी वस्त्रों का प्रयोग करते थे 'सूफी' नाम से जाने जाते थे। अधिकतर विद्वान इस बात पर सहमत दिखाई देते हैं कि ऊनी वस्त्रों के प्रयोग के कारण ये संत-महात्मा सूफी कहलाये। हजरत मूसा और ईसा मसीह दोनों ऊनी वस्त्रों से अपने को ढांपे रहते थे। इसी तरह पैगम्बर मोहम्मद के भी बहुत से साथी ऊनी वस्त्रों का प्रयोग करते थे। उस जमाने में ऊन आसानी से उपलब्ध भी थी और सस्ती भी। दूसरी ओर रुक्ष और चुभने वाली होने के कारण ऊन का वस्त्र के रूप में प्रयोग करना संसारी सुखों का त्याग और तपस्या का भी पर्याय समझा जाता था।

हालांकि सूफी-संतों पर इस्लाम का प्रभाव साफ दिखाई पड़ता है,

लेकिन सभी सूफी-संतों को मुस्लिम फकीर समझना सूफी-संतों को बहुत ही संकुचित दृष्टि से देखने जैसा होगा। हकीकत में सूफी-संतों को मजहब या परिभाषा के किसी दायरे में बांधना अत्यंत अनुचित होगा। तसव्वुफ (आध्यात्मिकता - सूफी मत) ना ही तो कोई दर्शन है ना ही किसी धर्म-विशेष का पालन। परमसंत ठाकुर रामसिंह जी का कथन है, ''तसव्वुफ न तो रस्म (प्रथा) है और न ही इल्म (ज्ञान) है। अगर रस्म होता तो मुजाहिदे यानि मेहनत-ओ-मशक्कत में दिल लगाने से (अभ्यास से) हासिल हो जाता, और अगर महज इल्म होता तो तालीम (शिक्षा) से हासिल हो जाता। बल्कि तसव्वुफ अखलाकी (व्यावहारिक) है। तसव्वुफ का मतलब है एक सच्चा इंसान बनना, जो पूर्वाग्रहों और बंधनों से मुक्त हो और परमात्मा के समक्ष ईमानदारी से हाजिर।'' हाकिम जामी, जो एक महान नक्शबंदी सूफी संत एवं विद्वान थे, का कहना था कि तुम अपनी बुद्धि और ज्ञान का अभिमान मत करो क्योंकि इस राह में अक्सर बुद्धि तरक्की में रुकावट पैदा करती है और ज्ञान हासिल करना बेवकूफी है। लेकिन इस कथन का सही अर्थ समझना चाहिये। सूफी-साधक के लिये सच्चे अर्थों में रूहानियत हासिल करने का मतलब है दिल की किताब को पढ़ना और उस पर नजर रखना। बुद्धि द्वारा ज्ञान हासिल करना अक्सर अहं को उभार देता है, जबकि सच्चा ज्ञान केवल प्रेम द्वारा स्वयं को मिटाने पर स्वत: ही दिल में प्रकट हो जाता है।

आध्यात्मिकता आचरणगत है, यह व्यक्ति के स्वयं के आचरण और अभ्यास पर निर्भर करती है। इस विषय में हजरत अबु-हफ्स का कहना था कि आध्यात्मिकता प्रत्येक काल एवं देश में एवं हरेक हाल में आचरणगत ही है। अवसर के अनुकूल आचरण करना ही सच्चा मनुष्य होना है। जो आचरण का पालन नहीं करता, वह परमात्मा से कोसों दूर है। सूफियों के संदर्भ में महान सूफी संत हजरत अबुल हसन खारकानी का कहना था कि सूफी वह नहीं है जो हमेशा प्रार्थना का नमदा उठाये फिरता है या पैबंद लगे कपड़े पहनता है या कोई विशेष तौर-तरीके अपनाता है, बल्कि सूफी वह है जो लोगों की निगाह से बचता है लेकिन फिर भी लोग उसकी तरफ आकृष्ट होते हैं। सूफी वह है जिसे न दिन में सूर्य की आवश्यकता है न रात में चन्द्रमा की। सूफी होने का निष्कर्ष है अपने अस्तित्व को संपूर्ण रूप से इस तरह विलीन कर देना कि उसे परमात्मा के सिवाय अन्य किसी के अस्तित्व की आकांक्षा ही न रहे। हजरत अबुल हसन खारकानी हर तरह की उपाधियों से दूर रहते थे, यहां तक कि वह स्वयं को

सूफी कहलवाना भी स्वीकार नहीं करते थे। उनका कहना था कि न तो वे कोई संत-महात्मा हैं ही संन्यासी; परमात्मा एक है और वे उसकी एकता में समाहित हैं। लगातार चालीस वर्षों तक उन्होंने अपने हृदय में परमात्मा की विद्यमानता के अलावा अन्य किसी विचार को प्रविष्ट नहीं होने दिया। परमात्मा के हुजूर में हाजिर रहना तसव्वुफ का सार है। सूफी साधना का मतलब है हकीकत की तरफ जागरूक होकर निरंतर आत्मोत्थान का प्रयास करना, जो केवल अभ्यास और अपने अनुभव पर आधारित है। उनका यह आत्मोत्थान का प्रयास औरों के साथ सामंजस्यपूर्ण होता है और उनकी आत्मिक उन्नति का लाभ औरों पर भी परिलक्षित होता है। उनकी रूहानियत किसी विशेष अवसर या प्रयोजन के लिये नहीं होती, बल्कि उसका प्रभाव उनके दैनिक जीवन के कार्यों में भी दिखलायी देता है। उनका प्रयास एक सच्चा इंसान बनना होता है। इंसान परमात्मा की सर्वोत्कृष्ट कृति है फिर भी उसके स्वयं के पृथक् व्यक्तित्व, ज्ञान एवं आनन्द की अनुभूति की इच्छा के कारण वह एक परिपूर्ण मानव के रूप में नहीं उभर पाता। इंसान में परमात्मा की सभी विभूतियों की छवि मिलती है, क्योंकि उसे परमात्मा ने अपनी प्रतिकृति के रूप में बनाया है। केवल इंसान के लिये ही यह संभव है कि वह उन्नति कर वापस अपने सच्चिदानन्द रूपी मूल-स्वरूप को प्राप्त हो जाए। ब्रह्माण्ड में जो कुछ भी है इंसान में वह सब सूक्ष्म-रूप से मौजूद है। इंसान की आवश्यकताओं और उसकी पात्रता के अनुसार विभिन्न संभावनाएं समय-समय पर प्रकट होती रहती हैं।

भगवद् कृपा का यह एक विशेष गुण है कि उसने इंसान को अकेला नहीं छोड़ दिया, केवल इंसान को अपनी इच्छा-शक्ति का उपयोग कर प्रयास करना भर है। उसके जन्म से भी पहले ये सब शक्तियाँ उसे बख्श दी गई हैं, लेकिन क्योंकि उन शक्तियों का पूर्ण विकास नहीं हुआ है इसलिए परमात्मा ने कृपा कर इंसान को भले और बुरे में तमीज करने की कुव्वत बख्शी ताकि वह अपनी बुद्धि का प्रयोग कर पूर्णता की ओर कदम बढ़ा सके। इंसान को उन्नति के लिये आवश्यक दिमाग, बुद्धि, चेतना और उन सबसे बढ़कर परमात्मा की कृपा प्राप्त है। अब यह इंसान पर निर्भर है कि वह अपनी मूल-प्रकृति को भूलकर दुनियावी तमाशों में उलझकर अवनति करे या आगे बढ़ने की राह पर कदम रखे। सच्चे पश्चात्ताप (तौबा) और दिल से निकली प्रार्थना से इंसान को सही मार्ग मिल जाता है। आध्यात्मिकता का सार यही है कि इंसान सही मार्ग का चयन करे और अपनी आत्मिक उन्नति की ओर कदम बढ़ाये।

हजरत अबु याजिद अल-बिस्तामी (हजरत बयाजिद) जो एक महान सूफी-संत थे, का कथन है कि आत्मिक उन्नति पुण्यवानों या योद्धाओं के साथ खड़े रहकर या उनके साथ जो बहुत अधिक पूजा या प्रार्थना करते हैं, नहीं की जा सकती। परमात्मा के निकट पहुंचने का, आत्मिक उन्नति का एकमात्र उपाय है अपने अहं का त्याग अर्थात् इहलोक और परलोक — दोनों में अपने स्वार्थ का पूर्णतया परित्याग कर सब कुछ परमात्मा की इच्छा पर छोड़ देना। यह सबसे निकट का और सरलतम उपाय है और परमात्मा की एकता में समाहित होने की एक बेहतरीन स्थिति। उनका यह भी कहना था कि मेरी एकमात्र इच्छा है उसकी राजी में रजा रहना। हजरत अबुल हसन खारकानी जो उनके आत्मिक उत्तराधिकारी थे, का कहना था कि 'उसकी राजी में रजा रहना' सूफी-संतों की एकमात्र इच्छा होती है। अत: सच्चे अर्थों में वह ही सूफी-संत है जिसने अपने आप को भीतर से पूरी तरह रिक्त कर दिया हो, और अपनी हकीकत के साथ परमात्मा के समक्ष हाजिर हो। इस रिक्तता के साथ उसके हृदय पर जमी समस्त धूल और मैल की परतें हट जाती हैं और उसके हृदय के पट पर परमात्मा की छवि झलकने लगती है। सूफी-संत वह है जिसने अपने आप को परमात्मा की इच्छा के हवाले कर दिया हो, जो परमात्मा के हुजूर में हाजिर रहता हो और जिसने स्वयं को सत्य की खोज (परमात्मा को पाने) में समर्पित कर दिया हो।

सूफी मुकम्मिल (सच्चे) इंसान होते हैं, जिनका व्यक्तित्व भीतरी प्रकाश की चमक से दमकता है। काश्मीर के प्रसिद्ध विद्वान सिराजुद्दीन का कथन है कि सूफी गुलाबों में गुलाब होते हैं और कांटों में कांटा। हजरत निजामुद्दीन औलिया की दरगाह के सज्जादानशीन ख्वाजा हसन सानी निजामी का कहना है कि सूफी समुद्र की तरह फिरागदिल, सूर्य की तरह दयालु और नदी की तरह विनम्र होते हैं। महान सूफी मौलाना रूमी का कथन है कि सूफी बिना नशे के मस्त रहते हैं क्योंकि वे अपने पीर (शेख-सतगुरु) में खोये रहते हैं। वे बिना भोजन के तृप्त रहते हैं, गरीबी में समृद्ध की तरह दान करते हैं, कष्टों में भी प्रसन्न रहते हैं और दुश्मन को भी बदले में प्रेम करने वाले होते हैं।

बाहरी रूप से सूफी कुछ भी हो सकते हैं, किसान, सैनिक, व्यापारी, वैद्य, न्यायाधीश, शिक्षक या गृहिणी, कोई भी। और देखने वाले की समझ के अनुसार उसे वे फकीर, रहस्यमयी साधु, बाजीगर या अन्यों की तरह साधारण इंसान कुछ भी समझ सकते हैं। इनमें से कुछ मौन रहने वाले, कुछ बातें करने वाले, कुछ निरंतर यात्रा करने वाले और कुछ एक ही स्थान पर रहकर साधकों

को तालीम देने वाले हो सकते हैं। वे इस दुनिया के होकर भी इस दुनिया के नहीं लगते। उनका लक्ष्य अहं का पूर्णतया त्याग कर अभिमान और महत्त्वकांक्षा सब से मुक्त होना होता है। उनका जीवन सामाजिक सामंजस्य के लिये अर्पित होता है और वे सभी धर्मों का आदर करते हैं क्योंकि उनकी निगाह में सभी धर्मों का उद्देश्य सत्य की खोज है। लेकिन उसके साथ ही वे आखें मूंदकर कर्मकाण्ड या रस्मों रिवाजों के पालन का समर्थन नहीं करते। धर्म के बाहरी रूप के बजाय उनका ध्यान धर्म के सार, धर्म के असली अभिप्राय पर रहता है। धर्म के बाहरी रूप का पालन उनके लिये तभी तक उचित है जब तक कि वह आत्मिक उन्नति में बाधा न पहुंचाये। उनका असली उद्देश्य होता है धर्म के बाहरी रूप से ऊपर उठकर, उसका असली अभिप्राय समझ, अपने स्वयं के अनुभव के आधार पर सत्य की खोज करना।

यदि लोग उन्हें संत के रूप में देखते हैं तो वे उनसे आत्मिक लाभ प्राप्त करते हैं। उनकी संगति से, चाहे लोग उन्हें संत के रूप में जानें या ना जानें, सभी को लाभ अवश्य होता है क्योंकि उनके हृदय से निकलती प्रेम की ऊर्जा लोगों के हृदय को आह्लादित कर उन्हें शांति प्रदान करती है। उनके लिये संसार अनुभव प्राप्त करने की जगह है। मानव को कर्म करने की स्वतंत्रता दी गई है, अब यह उसकी इच्छा पर निर्भर है कि वह अच्छे कर्म करे या बुरे। आत्मिक उन्नति में ज्ञान सहायक होता है और ज्ञान के लिये गति आवश्यक है क्योंकि गति के द्वारा ही अनुभव प्राप्त किया जा सकता है और अनुभव से ज्ञान प्राप्त होता है। लेकिन कार्य करने की क्षमता केवल आत्मा में है अतः आत्मा का शरीर से संपर्क आवश्यक है ताकि शरीर द्वारा आत्मा अनुभवजन्य ज्ञान प्राप्त कर सके। साक्षात्कार के लिये शरीर का होना आवश्यक है। आत्मा को बाहरी आवरण (शरीर) चाहिये, ठीक उसी तरह जिस तरह बीज के लिये बाहरी छिलका आवश्यक होता है। यदि बीज का बाहरी छिलका न रहे तो फिर वह अंकुरित नहीं हो सकता। उसी तरह शरीर के बिना जीव को परम सत्य का ज्ञान नहीं हो सकता। स्वयं दर्द व दुःख अनुभव करने से दूसरे की तकलीफ की अनुभूति होती है, जिससे हृदय में दया व सहानुभूति उपजती है। यह निरंतर उत्थान का मार्ग है जिससे शनैः-शनैः इंसान एक सच्चा इंसान बन सकता है।

हजरत शम्सुद्दीन हबीबुल्लाह - मिर्जा मजहर जानजाना जो नक्शबंदी परंपरा के एक महान सूफी-संत हुए हैं —उनके अनुसार समस्त भौतिक सृष्टि परमात्मा के दिव्य गुणों और शून्य के संयोग से उत्पन्न हुई है। अतः सभी जीवों

में दो विपरीत उद्‌गमों का सम्मिश्रण दिखाई देता है। जड़ता के लक्षण-अंधकार, अज्ञान एवं दुर्गुण शून्य के कारण और प्रकाश, ज्ञान एवं सद्‌गुण परमात्मा के दिव्य गुणों के कारण परिलक्षित होते हैं। जो कुछ भी उनमें अच्छा है, वह सब कुछ सूफी परमात्मा के दिव्य गुणों के प्रतिबिंब के रूप में देखते हैं जिसमें उनका अपना कुछ भी नहीं। दूसरी तरफ वे स्वयं को एक जड़ व्यक्ति के रूप में देखते हैं, अज्ञान एवं अंधकार से युक्त और जिसकी प्रकृति पशुओं से भी बदतर है। इस दोहरे बोध के कारण उनके मोह के बंधन ढीले पड़ने लगते हैं और उनका हृदय समस्त गुणों के भंडार परमात्मा की ओर आकृष्ट होने लगता है। इसके साथ ही परमात्मा उनके हृदय में अपने प्रेम का प्रकाश प्रकट कर उनमें परमात्मा के हुजूर में हाजिर रहने की इच्छा जागृत कर देता है।

सूफी संतों के साथ बहुत से कहानी किस्से जुड़े हैं। कुछ उनकी चमत्कारी शक्तियों के बारे में, कुछ उनकी दूसरों के मनोभावों को पढ़ लेने की क्षमता, एक साथ एक ही समय में विभिन्न स्थानों में उपस्थित होना और लोगों की दुःख-तकलीफ दूर करने इत्यादि के बारे में। लेकिन चमत्कार करना या ख्याति प्राप्त करना सूफियों का लक्ष्य नहीं होता। उनका सर्वोपरि उद्‌देश्य होता है अपने अहं को मिटाकर, अपना आपा भूलाकर पूरी तरह परमात्मा की इच्छा के आधीन हो जाना। हजरत अबु-सईद इब्न अबुल-खैर दसवी-ग्यारहवीं सदी के एक महान सूफी-संत थे। एक बार वे एक धार्मिक सम्मेलन में भाग लेने गये। प्रचलन के अनुसार, सम्मेलन के उद्‌घोषक ने उनके आगमन की घोषणा करनीं चाही लेकिन वह उनका नाम नहीं जानता था। आसपास उपस्थित अन्य व्यक्ति भी उसकी सहायता करने में असमर्थ थे। उद्‌घोषक की विडम्बना देख हजरत अबु-सईद स्वयं आगे आये ओर उससे बोले कि वह घोषणा कर दे कि 'एक अनामी व्यक्ति का अनामी पुत्र' आया है। इसी तरह एक बार उनके शिष्य अब्दुल समाद ने उनसे खेदपूर्ण स्वर में कहा कि लगातार यात्रा में रहने के कारण वह उनके पास हाजिर होकर उनके उपदेशों का लाभ नहीं उठा पाया। हजरत अबु-सईद का फरमाना था कि वह खेद न करे। यदि लगातार कई वर्षों तक भी वह उनके उपदेश न सुन सके तो भी कोई बात नहीं है क्योंकि उनके उपदेशों का एकमात्र सार है अपने अहं का पूर्णतया त्याग।

पंजाब के प्रसिद्ध सूफी-संत बुल्लेशाह से संबंधित एक घटना है कि रमजान के दौरान एक दिन बुल्लेशाह अपनी कुटिया में बैठे नमाज अदा कर रहे थे और उनके कुछ मुरीद बाहर बैठे गाजर खा रहे थे। उसी समय कुछ घुड़सवार

वहां से गुजरे। जब उन्होंने देखा कि कुछ लोग रोजे के वक्त गाजर खा रहे हैं तो वे रुके और पूछने लगे कि वे रोजे के वक्त गाजर क्यों खा रहे हैं? मुरीदों ने उत्तर दिया कि उन्हें भूख लगी है अत: वे गाजर खा रहे हैं। घुड़सवारों ने सोचा कि शायद वे लोग मुस्लिम न हों अत: अपना शक दूर करने के लिये पूछने लगे कि वे लोग कौन हैं? मुरीदों ने उत्तर दिया कि हम लोग मुस्लिम हैं; क्या मुसलमानों को भूख नहीं लगती? घुड़सवारों ने उन्हें मुसलमान जान, उन्हें रोजे के वक्त खाने से मना किया, लेकिन वे न माने। इस पर घुड़सवार क्रोधित हो, घोड़ों से उतर, गाजर छीन,उन्हें पीटने लगे। कुछ घुड़सवारों को ख्याल आया कि जब ये लोग ऐसे हैं तो न मालूम इनका शेख भी ऐसा ही हो। वे कुटिया के भीतर गये और बुल्लेशाह से पूछा, 'तुम कौन हो?' बुल्लेशाह आंखें बन्द किये बैठे थे, उन्होंने कोई उत्तर न दिया, केवल अपने हाथ हिला दिये। उन्होंने फिर पूछा, और बुल्लेशाह ने फिर से बिना कोई उत्तर दिये अपने हाथ हवा में लहरा दिये। उन लोगों ने समझा कि यह कोई पागल है और वहां से लौट गए। उनके चले जाने के बाद बुल्लेशाह के शिष्य उनके पास आए और घुड़सवारों की शिकायत करने लगे। बुल्लेशाह ने कहा कि तुम लोगों ने जरूर कुछ न कुछ गलत किया होगा। बुल्लेशाह ने उनसे पूछा कि घुड़सवारों ने तुमसे क्या पूछा था? शिष्यों ने बताया कि उन्होंने हमसे पूछा था कि हम लोग कौन हैं और उत्तर में हमने बताया कि हम लोग मुसलमान हैं। बुल्लेशाह बोले, 'देखो, तुम लोगों ने बताया कि तुम कुछ हो, और तुम्हें पिटना पड़ा। मैंने अपने आपको कुछ नहीं बताया और मैं बच गया।'

सूफी मानवता की सेवा में समर्पित होते हैं। सृष्टा के लिये कुछ अच्छा या बुरा नहीं होता। मानव समाज ने ही अच्छे और बुरे की परिभाषा की। सूफी भी अच्छे और बुरे से परे होते हैं लेकिन उनमें नैतिकता बहुत ऊँचे दर्जे की होती है। वे औरों से कुछ अलग होते हैं, इस दृष्टि से कि वे हर वक्त किसी चीज में तल्लीन नजर आते हैं। वे लोगों की भलाई या बुराई नहीं देखते न ही वे कहते हैं कि मैंने यह किया, बस कर देते हैं। यदि कोई यह सोचे कि उसने कोई बड़ा काम किया है तो उस काम का कोई मूल्य नहीं रहता। यदि सूफी कुछ करते हैं तो अपना कर्त्तव्य समझकर। उनके लिये कर्त्तव्य सर्वोपरि है।

सूफी प्रेमी होते हैं, प्रेम उनके व्यक्तित्व से टपकता है। वे परमात्मा के प्रिय होते हैं। पैगम्बर मोहम्मद साहब को बिना कफन के दफनाया गया था। क्यों? इसका उत्तर 1200 वर्षों बाद सूफी संत सरमद ने दिया। बादशाह औरंगजेब ने उनसे कहा, 'तुम किस तरह के व्यक्ति हो; तुम्हारे पास पहनने के लिये कुछ

नहीं है। जरा देखो, तुम बिना वस्त्रों के रहते हो; लेकिन मैं बादशाह हूँ, चाहूँ तो सारी दुनिया को कपड़े मुहैया करा सकता हूँ। मेरे स्वयं के वस्त्र बढ़िया और कीमती हैं।' संत सरमद का उत्तर था, 'जिसने मुझे फकीर बनाया, उसी अल्लाह ने तुम्हें बादशाह बनाया है। जिनमें कमी होती है, जो गुनहगार होते हैं, अल्लाह उन्हें कपड़े और दुनिभावी सामान बख्शता है, लेकिन फकीरों को कुछ नहीं चाहिए, वे उसके प्यारे होते हैं।'

सूफी वर्तमान में जीते हैं, वे गुजरे हुए या आने वाले कल की चिन्ता नहीं करते। वे इस पल से जुड़े रहते हैं और शाश्वत वर्तमान में जीते हैं। उनके लिये यह पल ही सब कुछ है, जो उनके और परमात्मा के बीच कड़ी है। उनके लिये यह पल ही आत्मिक उन्नति के लिये सबसे बेहतरीन अवसर है। उन्हें किसी शुभ घड़ी का इंतजार नहीं रहता और वे हर पल तरक्की करते रहते हैं। वे उस लहर की तरह होते हैं, जो हर पल आगे बढ़ती रहती है। उनके लिए अन्तर-आत्मा की आवाज ही पथ-प्रदर्शक होती है।

सूफियों के जीवन से यह स्पष्ट है कि सूफीमत को विश्वव्यापी और उदार मानव मूल्यों के रूप में देखा जा सकता है। उन्हें मिली व्यापक मान्यता का आधार उनका मानवता के प्रति प्रेम, हृदय की पवित्रता और आचरण की शुद्धता है। उनके लिये आध्यात्मिकता का अर्थ धार्मिक कर्मकाण्डों से ऊपर उठकर आत्मिक उन्नति करना है। उनकी निगाह में परमात्मा का संबंध धर्म विशेष से न होकर प्रेम से है। रस्मो-रिवाज और कर्मकाण्ड धर्म के केवल बाहरी रूप हैं जो देश-काल पर निर्भर करते हैं। इसके विपरीत आध्यात्मिकता का असली अर्थ है परम सत्य की प्राप्ति और आत्म-साक्षात्कार, जिसका संबंध आत्मा से है, जो सभी में एक समान है और इन सभी चीजों से ऊपर है।

यहां यह कहना अतिशयोक्ति नहीं होगा कि लोगों को असलियत की समझ नहीं होती और इसी कारण वे झगड़ते रहते हैं। अलग-अलग लोग अंगूरों को अलग-अलग नाम से पुकारते हैं। पर्सियन अंगूर कहते हैं, तुर्क उजुम, अरब इनाब, ग्रीस निवासी स्ताफिल और हिन्दुस्तानी अंगूरों को द्राक्ष कहते हैं। हालांकि सब अंगूरों को अलग-अलग नाम से पुकारते हैं लेकिन वे सब अंगूर चाहते हैं। उन्हें नहीं मालूम कि वे सब अंगूर ही चाहते हैं। अंगूरों को यह अलग-अलग नाम से पुकारना, लोगों का अलग-अलग धर्मों की उपासना करने जैसा है, जिनका सार अंगूरों के रस की तरह (जो कि एक ही है) आध्यात्मिकता (सत्य की खोज) है। वह जो जानता है कि लोगों को क्या चाहिए और उन्हें उपलब्ध कराता

है वह सूफी है (मौलाना रूमी)।

सूफी विशाल-हृदय वाले व्यक्ति होते हैं। वे किसी के प्रति कोई दुर्भावना या कुंठा अपने मन में नहीं रखते, न ही किसी के सम्मुख वे हीन-भावना से ग्रस्त होते हैं। न ही तो बादशाह अपनी शानो शौकत से उन्हें प्रभावित कर सकते हैं न ही वे निर्धनों के सम्मुख गर्व महसूस करते हैं। उनके हृदय में गुनहगारों के लिये भी घृणा नहीं होती क्योंकि वे जानते हैं कि किसी का भी दिल दुखाना सबसे बड़ा अपराध है। ओरों का दिल दुखाना स्वयं अपना दिल दुखाने जैसा ही है, अत: वे इसे बेहतर समझते हैं कि किसी का दिल दुखाने की बजाय स्वयं पीड़ा सह लें। उनके आचरण और भावनाओं में विसंगति नहीं होती और इसलिए वे कुंठाग्रस्त नहीं होते।

एक कहानी यहां प्रासंगिक है। एक बार एक बहुत वृद्ध और दुर्बल व्यक्ति एक सूफी-महात्मा से मिलने गया। कुछ तो घबराहट और कुछ दृष्टि कमजोर होने के कारण उसने अपनी छड़ी का नुकीला हिस्सा महात्मा के पांव पर रख दिया। वृद्ध के बोझ के कारण उस जगह से रक्त रिसने लगा, लेकिन इस असह्य वेदना की अनदेखी कर सूफी-महात्मा उस वृद्ध की बात बड़ी तल्लीनता से सुनते रहे। एक अन्य व्यक्ति, जो वहां मौजूद था और यह सब देख रहा था, आश्चर्य कर रहा था कि वे उस वृद्ध को अपनी छड़ी हटाने के लिये क्यों नहीं कह रहे थे? उस वृद्ध के जाने के बाद जब उसने इसका कारण पूछा तो महात्मा बोले, 'यदि मैंने अपनी पीड़ा जताने का कोई भी प्रयास किया होता तो वह वृद्ध असमंजस में पड़कर अपनी बात पूरी नहीं कर पाता और बिना अपनी बात कहे यहां से चला जाता। उसके अलावा मैं उस वृद्ध को उसकी गलती का अहसास कराकर उसके दिल को दु:खी भी तो नहीं कर सकता था।'

सूफियों के लिये इंसान के चरित्र की परख तीन बातों से होती है : गरीबी में दान, खौफ में सच्चाई और एकान्त में संयम। कहा जाता है कि महात्मा बुद्ध किसी की भेंट स्वीकार नहीं करते थे, चाहे वह कितनी ही कीमती क्यों न हो। एक बार लोगों को बहुमूल्य वस्तुएं भेंट करते देख, एक वृद्ध भिखारिन, जो आम चूस रही थी, उठी और उसने वह आधा चूसा हुआ आम महात्मा बुद्ध को भेंट करना चाहा। महात्मा बुद्ध ने बड़े आदर से उठकर उस आधे चूसे हुए आम को अपने दोनों हाथों से स्वीकार किया। महात्मा बुद्ध के इस विचित्र व्यवहार को देख लोगों ने उनसे इसका कारण जानना चाहा। महात्मा बुद्ध बोले कि उन लोगों ने जिन्होंने बहुमूल्य वस्तुएं भेंट की हैं, अपनी सम्पत्ति का केवल कुछ ही भाग देना

चाहा जबकि उस वृद्ध महिला ने जिसकी सारी सम्पत्ति एक मात्र वह चूसा हुआ आम ही थी, सब कुछ उन्हें समर्पित कर दिया था। उनकी दृष्टि में उसका दान सर्वोपरि था।

सूफियों की निगाह में यह अत्यंत विचित्र है कि लोग अपने लिये तो सहानुभूति चाहते हैं, लेकिन उन्हें दूसरों पर तरस नहीं आता। सूफी औरों के लिये भी परमात्मा से वही चाहते हैं जो स्वयं के लिये। उनके दर्शन से लोगों के हृदय प्रफुल्लित हो उठते हैं। उनसे मिलना मानवता के साक्षात् दर्शन करने जैसा होता है क्योंकि समस्त मानवता उनके हृदय का हिस्सा होती है।

अपनी प्रसिद्ध पुस्तक 'मकामात-ऐ-अरबाईन' में हजरत अबु-सईद ने सूफी-संतों का स्थान आध्यात्मिकता के सर्वोच्च चालीसवें मुकाम पर रखा है। उनके अनुसार सूफी वह है जिसने अपनी इच्छाओं पर नियंत्रण पा लिया हो, जिसका हृदय निर्मल हो चुका हो; जिसके शब्द प्रमाद, विचारहीनता और मिथ्यता से रहित हों; जिसका हृदय प्रकाशित हो और दुनिया की वासनाओं से मुक्त और जिसे सत्य का आश्रय मिल गया हो। (लिविंग सूफीज्म - सैयद हुसैन नस्त्र)

महान सूफी-संत महात्मा राधामोहन लाल जी के अनुसार सूफी परम्परा उतनी ही पुरानी है जितना मानव जाति का इतिहास। यह प्राचीनतम ज्ञान है। सूफी-महात्मा इस्लाम के प्रवर्तक पैगम्बर मोहम्मद साहब के बहुत पहले से ही विद्यमान रहते आये हैं, हालांकि तब उन्हें 'सूफी' नहीं कहा जाता था। 'सूफी' शब्द हजरत मोहम्मद साहब से कुछ शताब्दियों बाद प्रचलन में आया। अपने समय के महान विद्वान कुशैरी (988 ई.पू.) और कुछ अन्य विद्वानों (शिहाबुद्दीन सुहरावर्दी) के अनुसार 'सूफी' शब्द का प्रचलन सबसे पहले दूसरी हिजरी सदी के अंत में अर्थात् नौवीं सदी ई.पू. के प्रारंभ में शुरू हुआ। इससे पूर्व उन्हें कमालपोश (कम्बलधारी) कहा जाता था क्योंकि वे स्वयं को काले कम्बल से लपेटे रहते थे। कहा जाता है कि पैगम्बर मोहम्मद साहब पर दो-तरफा रहस्योद्घाटन हुआ अर्थात् उन्हें दो तरह से ज्ञान मिला। पहला, उनके हृदय में परम सत्य की अनुभूति और दूसरा पवित्र कुरान। कुरान को मुस्लिम संप्रदाय के आचरण को नियमित करने के लिये पवित्र ग्रन्थ का दर्ज मिला, जबकि उनके हृदय में उजागर परम सत्य की अनुभूति गुरु-द्वारा-शिष्य के हृदय में अवतरित हुई। यह अनुभूति कुछ ही लोगों के लिये थी जो आत्मिक शिष्य परंपरा से संबंधित थे। कालान्तर में यह शिष्य परम्परा अनेक सूफी तरीकतों (सिलसिलों) के रूप में जानी जाने लगी।

पैगम्बर मोहम्मद सूफी-संतों का बहुत आदर करते थे। वे स्वयं तो उन्हें भोजन देते ही थे, अपने साथियों को भी ऐसा करने के लिये प्रेरित करते थे। (सूफीज्म-इट्स सेन्टस एण्ड श्राइन्स - जोन ए. सुबान द्वारा लिखित)। अली-अल-हुजवीरी के शब्दों में - पैगम्बर मोहम्मद साहब का स्वयं का कथन है कि वह जो सूफी-संतों के उपदेश को सुनकर आमीन नहीं कहता, अल्लाह की निगाह में बेखबरों में शुमार किया जाता है। (द सूफीज —इदरीस शाह द्वारा लिखित)।

माना जाता है कि पैगम्बर मोहम्मद के पहले भी बहुत से पैगम्बर परमात्मा द्वारा समय समय पर भेजे गए थे। इस्लामी मान्यता के अनुसार पैगम्बरों की संख्या 1,24,000 है और मसीहों की संख्या 313. पैगम्बर मोहम्मद के अलावा इनमें से 27 के नाम कुरान में शामिल हैं और इन 27 में से 22 के नाम 'ओल्ड टेस्टामेन्ट' (पुरानी बाईबल) में (जिनमें आदम, नूह, अब्राहम और हजरत मूसा प्रमुख हैं) और तीन 'न्यू टेस्टामेन्ट (नई बाईबल) में (जिनमें जखारियस, जोन-द-बेपटिस्ट - जखारियस के पुत्र एवं जीसस के नाम प्रमुख हैं) उल्लेखित हैं। बाकी दो धुल-करनाईन और लुकमान हैं (फाउन्डेशन्स ऑफ इस्लाम — बैंजामिन वाकर द्वारा लिखित)।

महान सूफी-संत मौलाना रूमी क़ुरान से उद्धृत करते हैं कि 'पैगम्बरों का कहना है कि यदि सारे समुद्रों के पानी को स्याही में तब्दील कर दिया जाए और उससे परमात्मा के गुणों और विभूतियों का वर्णन लिखा जाए तो भी वह कम पड़ जाएगी। लेकिन संपूर्ण कुरान थोड़ी सी स्याही से ही लिखा गया है। अत: एकमात्र कुरान में ही सारा ज्ञान निहित है यह कहना उचित नहीं होगा। पैगम्बर मोहम्मद और कुरान से पहले भी हजरत मूसा और जीसस की तरह पैगम्बर हुए हैं और परमात्मा का ज्ञान उपलब्ध था।'

पूर्ववर्ती पैगम्बर एकेश्वरीयवादी (एक ही परमात्मा को मानने वाले) थे और उनका संदेश था कि परमात्मा एक ही है। उनका उद्देश्य समाज से अंधविश्वास और मूर्ति-पूजा समाप्त करना था। इन सभी पैगम्बरों में, जिन्होंने समाज सुधारने की मुहिम में उत्पीड़न सहा, उत्तर-पूर्व अरब के शौयब, दक्षिणी अरब के हूद और पश्चिमी अरब के सालिह थे। ऐसा माना जाता है कि अरब प्रजातियां, जिन्होंने अपने पैगम्बरों को सुनने से इंकार कर दिया और अपने पूर्वजों की राह पर चलने पर अड़े रहे, वे सभी प्राकृतिक आपदाओं के शिकार हो नष्ट हो गए। उत्तर-पूर्व अरब की कौम मादयां जिसने शौयब को दुत्कारा, भूकंप से

तबाह हो गयी। दक्षिण अरब की कौम हूद को न सुनने के कारण सूखे से नष्ट हो गयी और पश्चिमी अरब की कौम थामूद सालिह को बेवकूफ और भ्रमित मान, नकारने के कारण भूकंप से तबाह हो गयी।

इस्लाम के पहले एकेश्वरवादियों को हनीफ कहा जाता था और माना जाता है कि वे अरब में 5वीं सदी ई.पू. से मौजूद थे। वे मूर्तिपूजा के विरोधी थे और हजरत अब्राहम द्वारा प्रचारित धर्म के पुनःस्थापना के इच्छुक। वे सत्य के खोजी थे और परम सत्ता की एकता में उनका दृढ़ विश्वास था। व्यक्ति के स्वयं के आचरण पर उनका बहुत जोर था और वे नैतिक मूल्यों, करुणा एवं सहानुभूति-विशेषकर जरूरतमंद लोगों के प्रति, विधवाओं, गरीबों और रुग्ण लोगों की सेवा के पक्षधर थे। इन आदर्शों ने इस्लाम को भी प्रभावित किया और उस वक्त के विचारशील और बुद्धिमान लोग इनमें से बहुत से आदर्शों को स्वीकारने लगे थे। पैगम्बर मोहम्मद साहब के बहुत से साथी व रिश्तेदार भी इन विचारों से प्रभावित थे।

इन विचारों से झोराष्ट्रियन, यहूदी, ईसाई और सेबियन धर्मावलंबी बहुत प्रभावित थे। अरब प्रायद्वीप में इस्लाम से पहले यहूदी और ईसाई धर्म के अनुयायी प्रचुर संख्या में थे। यहूदी हजरत मूसा के समय से अरब प्रायद्वीप में रहने लगे लेकिन पैगम्बर मोहम्मद से तीन शताब्दी पूर्व अरब प्रायद्वीप में वे काफी संख्या में बस चुके थे। इसी तरह प्राचीन समय से अरबवासियों के ईसाई धर्म स्वीकार करने के संदर्भ मिलते हैं। समस्त मध्य-पूर्व में ईसाई धर्म का तेजी से प्रचार होने लगा था। इस प्रकार इस्लाम के लगभग तीन सौ वर्ष पूर्व अरब में यहूदी और ईसाई धर्म के अनुयायी बड़ी संख्या में बसे हुए थे।

आपसी मतभेद के कारण ईसाई धर्मावलंबी कई संप्रदायों में बंटे हुए थे। इनमें से एक संप्रदाय मातीकी था जिसके अनुयायी उत्साही, ईमानदार, समर्पित और निष्कपट थे। वे ज्योतिष, चिकित्सा और गणित में भी पारंगत थे। बहुत से अरबवासी उन्हें इन गुणों के कारण अपनी सेवा में रखते थे। इसी तरह एक दूसरा संप्रदाय नेस्टोरियन था जिन्होंने अपने मत का प्रचार दूर-दूर तक किया और वहां अपने केन्द्र भी स्थापित किए। बहुत से श्रद्धालु ईसाइयों का जीवन गरीब और रोगी लोगों की सेवा में समर्पित था। इस जमाने में अरब में कन्या शिशुओं को जिन्दा ही दफना दिया जाता था। ये ईसाई इस प्रचलन के भी विरोधी थे।

कुछ ईसाई साधु छोटे छोटे मठों में भी रहने लगे। लोग इन्हें सम्मान की दृष्टि से देखते थे क्योंकि ये साधु अपना अधिकतर समय प्रार्थना एवं ध्यान में

बिताते थे। इन मठों में लम्बी यात्रा पर निकले राहगीरों को भी आश्रय और विश्राम मिल जाता था। ये साधु दिन में पांच बार प्रार्थना करते थे और कभी-कभी पूरी रात ही प्रार्थना में बिता दिया करते। ध्यान के वक्त अक्सर अपने सिर को कपड़े से ढंक लिया करते थे ताकि बाहरी शोर-शराबे से उनका ध्यान न भटके। इनमें से कुछ सिजदा (जमीन पर दंडवत) भी करते थे। इस प्रकार माथे पर पड़े निशान को लोग पवित्रता का प्रतीक मानते थे।

माना जाता है कि पैगम्बर मोहम्मद बहुत से ऐसे साधुओं से मिले थे और वे उनकी श्रद्धा, भक्ति और नम्रता से प्रभावित थे। हालांकि पैगम्बर मोहम्मद ने मठों में जीवन बिताने को उचित नहीं माना, लेकिन उनकी विचारधारा को उन्होंने अवश्य प्रभावित किया। बहुत से सूफी जो मठों में जीवन यापन को उचित मानते थे, इस विचार के थे कि मठ में रहना परमात्मा की प्रसन्नता के लिये ठीक तो है लेकिन जिस तरह इसे व्यवहार में लाया जा रहा था वह विकृत हो गया था।

सूफी साधकों के लिये सूफी-साधना का अर्थ था वह आत्म-ज्ञान प्राप्त करना जिससे परम सत्य का साक्षात्कार हो सके क्योंकि सभी धर्मों का भी अन्ततः उद्देश्य परमसत्य का साक्षात्कार ही है अतः सूफी साधना की आधारभूत भावना सभी धर्मों में विद्यमान थी और इसी कारण सूफी साधना धर्म की चारदीवारी को लांघ लोकप्रिय हुई। सूफी-साधना का भी उन सभी पद्धतियों में मौजूद था जिनका लक्ष्य पूर्णता हासिल करना था। महात्मा राधामोहनलाल जी का कहना है कि समस्त ज्ञान एक ही समय में अवतरित नहीं हाता। जैसे जैसे मानवता आगे बढ़ती है अधिक और अधिक ज्ञान भी प्राप्त होता जाता है। पवित्र कुरान में भी उल्लेखित है कि,"हमारे यहां हर चीज के खजाने हैं और हम उनको मुनासिब मिक्दार में उतारते रहते हैं।" (कुरान 15:21) यह भी कहा जाता है कि पैगम्बर मोहम्मद साहब ने फरमाया था कि कुरान में प्राचीन एवं आधुनिक ज्ञान शामिल हैं। पैगम्बर मोहम्मद के समक्ष सबसे बड़ा कार्य अरबवासियों को जाहिली से निकालकर उन्हें एक खुदा में विश्वास दिलाना था। इसके लिये एक ऐसे मत की स्थापना की जरूरत थी जो उनकी आवश्यकताओं के अनुरूप हो और वे कुरान के अनुसार एक पूर्व विकसित समाज के रूप में संगठित हो सके। सूफी-साधना के आवश्यक तत्त्व कुरान में बहुतायत से शामिल हैं और उनके कुछ साहबा (साथी) और मित्रों में जो रहस्यावादी प्रवृत्ति देखने में आती है उसका समर्थन और औचित्य भी कुरान में मिलता है। सांसारिक सुखों के त्याग और खुदा से अत्यधिक खौफ की प्रवृत्ति शुरू के मुस्लिम अनुयायियों में प्रचुरता

से देखने में आती है।

इस्लाम का शुरुआती दौर लोगों को कोमलता से समझा-बुझाकर मनाने का था। लेकिन प्रथम चार खलीफाओं के बाद उम्मैद के शासन के दौरान ऐसी परिस्थितियां पैदा हुईं कि लोग तंग आकर शांति के लिये घर-बार छोड़कर एकान्तवास को अपनाने पर मजबूर होने लगे। पहली शताब्दी हिजरी के अन्त तक बहुत से लोग एकान्तवास और यति का जीवन छोड़ चिंतन-मनन, दिव्य-दृष्टि और समाधि की ओर बढ़ने लगे। अभी तक जन्नत के लिये आवश्यक समझे जाने वाले संयमी और दरिद्रतापूर्ण जीवन को अब लोग भक्ति के अंग के रूप में देखने लगे। इतना ही नहीं, धीरे-धीरे लोग दारिद्र्य की जगह सांसारिक मोह-माया के त्याग को तरजीह (प्राथमिकता) देने लगे। फिर भी अभी इनमें से अधिकतर भीतर से मुस्लिम धर्म के कट्टर अनुयायी ही थे जिनके लिये धर्म और आध्यात्मिकता में कोई भेद न था।

पैगम्बर मोहम्मद के तुरंत बाद के सूफी उपवास और शरीयत (कर्म-कांड) के नियमों का कठोर पालन करते हुए सांसारिक सुखों-यथा धन, यश, अच्छा भोजन और परिवार से दूर रहते हुए अपना जीवन समाज से अलग गुमनामी, भूख और कठोर संयम में गुजारते थे। उनका ध्यान काफिरों को दंड और ऐतकार (विश्वास) वालों को मिलने वाले पुरस्कार की तरफ ज्यादा रहता था। नौवीं सदी ए.डी. में उन्हें इस बात का अहसास होने लगा कि केवल शरीयत का अनुपालन करने मात्र से आध्यात्मिक उन्नति नहीं हो सकती। शरीयत का पालन आचरण को सुधारने के लिये आवश्यक था लेकिन यह काफी नहीं था। अतः वे विभिन्न आध्यात्मिक साधनाओं का अभ्यास करने लगे, जिन्हें 'तरीकत' (साधना-मार्ग) का नाम दिया गया। शरीयत और तरीकत का पालन हकीकत (सत्य) तक पहुंचने के लिये आवश्यक माना जाने लगा।

प्रारंभिक खलीफाओं ने बहुत सा इलाका जीतकर काफी संपदा एकत्रित की और वे काफी शक्तिशाली शासकों के रूप में उभरकर सामने आये। इसके परिणामस्वरूप बहुत से पुराने और जाने-माने तालीम के केन्द्र भी उनके अधिकार क्षेत्र में आ गए। इनमें वे भी शामिल थे जिनमें गूढ़ विद्या प्रदान की जाती थी। तब तक मध्य एशिया में बौद्ध धर्म ने अपने पांव भली भांति पसार लिये थे और उत्तरी-पश्चिमी भारत के साथ यह इलाका उनके आधिपत्य में आ चुका था।

इन सब बाहरी संपर्कों का प्रभाव सूफी-साधनाओं पर पड़ा। परंपरागत नमाज से इतर उन्होंने अन्य बहुत सी साधनाओं को अपने आत्मिक अनुभवों को

उच्चतर स्तर पर ले जाने और परमानन्द को प्राप्त करने हेतु अपनाया। इनमें से कुछ लोग, इस्लाम धर्म के भीतर रहते हुए, गैर रूढ़िवादी जीवन पद्धति को अपनाने लगे, जिसके कारण रूढ़िवादी मुस्लिम उन्हें बहिष्कृत करने लगे। इन उदारवादी लोगों का मानना था कि आत्मिक उन्नति के लिये किसी धर्म-विशेष का पालन आवश्यक नहीं है। इनका मानना था कि अन्दरूनी अभ्यास, ऊपरी तौर से प्रार्थना करने या उपवास आदि रखने से ज्यादा जरूरी है। यहां तक कि घर से बाहर कदम रखे बगैर ही तीर्थयात्रा की जा सकती है। कहा जाता है कि महान नक्शबंदी सूफी हजरत बयाजिद ने एक बार हज यात्रा करने का विचार किया। वे यात्रा पर निकले ही थे कि मार्ग में उन्हें एक वृद्ध-महापुरुष मिले जिन्होंने हजरत बयाजिद से फरमाया कि 'तुम सात दफा मेरी परिक्रमा कर लो। यह काबा जाने के समान होगा और तुम्हारी तकलीफ और समय दोनों बचेंगे।' हजरत बयाजिद ने इस आज्ञा का पालन कर काबा जाने का विचार त्याग दिया। इन लोगों के लिये वास्तविक मूर्तिपूजा का अर्थ आंख मूंदकर रीति-रिवाजों का पालन करना था। बहुत से सूफी संतों ने शरीयत से इतर मौलिक-सुधारवादी नियमों का पालन करना शुरू कर दिया।

सूफी-साधकों की यह सोच बहुत से अन्य तत्त्वों से भी प्रभावित थी। इनमें इस्लाम के भीतर ही बने बहुत से समूह जैसे मुत्तजिलि (तर्कवादी समूह) बातिनी (गुह्यवादी समूह), बिशरिया और अन्यों ने भी एक प्रमुख भूमिका निभाई। इस बात के प्रमाण मिलते हैं कि सूफी-संत मठों में जाकर उनके साहित्य को पढ़ते थे और आध्यात्मिक विषयों पर चर्चा किया करते थे। बहुत से सूफियों का कहना है कि उनकी तालीम इस्लाम से पहले ही से उपलब्ध थी। उनका मानना था कि यह तालीम प्राचीन काल से ही विभिन्न पैगम्बर और संत-महात्मा हृदय-से-हृदय में प्रसारित करते आये हैं।

सूफी-संत जहां से जो अच्छा मिले, अपनी साधना पद्धति में शामिल करते रहे हैं ताकि वे आत्मिक उन्नति के सर्वोपरि स्तर पर पहुँच सकें। प्राचीन समय से लेकर वर्तमान तक समस्त ज्ञान का सार सूफी साधना पद्धति में समाहित है। डॉ. एस.एस. राधाकृष्णन के अनुसार, 'प्रज्ञा (ज्ञान-बुद्धिमत्ता) को किताबी-ज्ञान या सही मान्यता समझना भ्रम होगा, क्योंकि अज्ञानता (जानकारी न होना) कोई बुद्धि की कमजोरी नहीं है। यह आध्यात्मिक दृष्टिहीनता है। इसे दूर करने के लिये आत्मा पर छाई मलिनता को साफ कर ज्ञान-चक्षु को खोलना होगा।' आत्म-ज्ञान प्राप्त करने हेतु हृदय को निर्मल बनाने और अहं का त्याग करने की

आवश्यकता होती है।

महात्मा राधामोहन लाला जी का कथन है कि सूफियों की साधना पद्धति केवल उन्हीं के लिये कुछ विशेष हो, ऐसा नहीं है। श्रीमद्भगवद्गीता में वर्णित साधना पद्धति भी वैसी ही है। सूफियों में तवज्जोह (गुरु द्वारा हृदय-से-हृदय में आत्मिक ऊर्जा का प्रसारण-अर्थात् गुरु द्वारा अपनी आत्मिक ऊर्जा का शिष्य पर शक्तिपात) का एक विशेष स्थान है और यही उनकी और अन्यों की साधना पद्धति में विशेष अंतर है। ('डाटर ऑफ फायर' - इरीना ट्वीडी द्वारा संकलित)।

इस संदर्भ में यहां श्रीमद्भगवद्गीता का उल्लेख करना समुचित होगा। गीता के चतुर्थ अध्याय के श्लोक 1 व 2 में भगवान श्रीकृष्ण कहते हैं कि 'यह ज्ञान मैंने पूर्व में विवस्वान को दिया था। विवस्वान से यह मनु को और मनु से यह ईक्ष्वाकु को प्राप्त हुआ। इस तरह यह ज्ञान परंपरा से एक से दूसरे को मिला परंतु समय के साथ काल के गर्त में खो गया (विलुप्त हो गया)। नक्शबंदी सूफी परंपरा के महान संत हजरत मौलाना फज्ल अहमद खान (19-20 वीं सदी ई.पू.) का फरमान था कि सूफी-संतों की यह गूढ़ विद्या हकीकत में प्राचीन ऋषि-मुनियों की विद्या है जो समय के साथ लुप्त हो गई थी और अब उनमें (हिन्दुओं में) पुनः प्रसारित की जा रही है।

यह प्राचीन ज्ञान उन महापुरुषों का दिव्यज्ञान है जिन्होंने परमसत्य का साक्षात्कार किया। श्रीमद्भगवद्गीता में इसे सांख्य योग, बुद्धियोग और कर्मयोग के रूप में प्रस्तुत किया गया है। इसका सार है कि प्रत्येक जीवित प्राणी को एक न एक दिन यह देह त्यागनी होगी, लेकिन आत्मा शाश्वत है। देह में निरंतर परिवर्तन होते रहते हैं लेकिन आत्मा उनसे प्रभावित नहीं होती। बुद्धिमान पुरुषों के लिये सुख और दुःख, हानि और लाभ, और विजय-पराजय एक समान होते हैं। लेकिन किसी को भी अपने कर्त्तव्य से विमुख नहीं होना चाहिये क्योंकि कर्त्तव्य का पालन न करना पाप (अपराध) है। धर्म और अधर्म (सही और गलत) के युद्ध में कायरता या मोहग्रस्त हो एक-तरफ खड़े हो जाना (दूर हट जाना) पाप है। निष्काम कर्म करने वाले का प्रयास व्यर्थ नहीं जाता न ही उसे विफल होने का भय होता है। मनुष्य को स्थिर चित्त से अपने कर्त्तव्य का दृढ़तापूर्वक पालन करना चाहिये। अपनी इच्छाओं की पूर्ति के लिये किये गये कर्मकांडों से आत्मज्ञान नहीं मिलता। समता पूर्वक, फल की इच्छा के बिना कर्त्तव्य पालन से मनुष्य को कर्मबन्धन से मुक्ति मिलती है। मोह के इस सघन दलदल को पार करने पर व्यक्ति की किताबी-ज्ञान में रुचि नहीं रहती क्योंकि

उसे अन्तरदृष्टि (प्रज्ञा) प्राप्त हो जाती है। जो इच्छित फल पाकर हर्षित नहीं होता, न ही अप्रिय प्राप्ति में उद्विग्न होता है, उस मोह रहित मनुष्य को स्थिर-बुद्धि (स्थितप्रज्ञ) कहा जाता है। विषयों का चिन्तन करने से उनमें आसक्ति हो जाती है। आसक्ति से काम, काम से क्रोध, क्रोध से अविचार, अविचार से मोह और मोह से स्मृति भ्रम (अपनी हकीकत-सत्यता को भूल जाना) पैदा हो जाता है। स्मृति भ्रम बुद्धि विनाश कर देता है और इस प्रकार मनुष्य की अधोगति (पतन) का कारण बनता है। लेकिन संयम का अभ्यास करने से मनुष्य की इन्द्रियां वश में हो जाती हैं और वह राग-द्वेष से मुक्त हो जाता है। इच्छाओं की समाप्ति, अहं के त्याग और मोह दूर हो जाने से मन शांत, स्थिर और निर्मल हो जाता है और आत्म-साक्षात्कार प्राप्त कर दिव्य-आनन्द प्राप्त करता है।

सच्चा ज्ञान ब्रह्मज्ञानी (सत-गुरु) की सेवा से प्राप्त होता है। जिस तरह प्रज्ज्वलित अग्नि सब पदार्थों को जलाकर भस्म कर देती है, उसी तरह ज्ञानाग्नि भी सभी कर्मफल को जला (समाप्त कर) देती है। धीरे-धीरे मन शांत होकर ब्रह्म-लीन हो जाता है और परम चेतना का सान्निध्य प्राप्त कर लेता है। अब वह परमात्मा को सभी प्राणियों में और सभी प्राणी परमात्मा में स्थित देखता है। ऐसे व्यक्ति का द्वैत समाप्त हो जाता है। कर्मयोगी, ज्ञानयोगी और तपस्वियों से श्रेष्ठ ऐसा व्यक्ति परमसत्य की अनुभूति प्राप्त कर लेता है।

यहां यह कहना अप्रासंगिक नहीं होगा कि गीता रूपी इस ज्ञान का प्रकाश भगवान श्रीकृष्ण ने युद्ध क्षेत्र में किया था जबकि पांडवों और कौरवों दोनों की सेनाएं युद्ध के लिये तत्पर आमने-सामने खड़ी थीं। अत: यह ज्ञान संवाद की तरह समझने-समझाने के रूप में नहीं कहा जा सकता था बल्कि यह ज्ञान हृदय-से-हृदय में अवतरित हुआ था। श्रीकृष्ण और अर्जुन दोनों के पास समय नहीं था कि वे इस तरह के संवाद के लिये रुके रहते। यह अत्यधिक शक्तिशाली तवज्जोह का सबसे श्रेष्ठ उदाहरण है जिसमें आत्मिक स्तर पर यह ज्ञान भगवान श्रीकृष्ण ने अपने हृदय से अर्जुन के हृदय में प्रेषित किया। यह आचरण-गत ज्ञान था जो अत्यंत कठिन परिस्थितियों में अर्जुन को अपने स्व को त्यागपूर्ण निष्ठा से कर्त्तव्य पालन करने के लिये प्रेरित करता है। यही सूफी-साधना पद्धति का भी सार है। चैतन्य होकर स्वयं अपने अनुभव से सत्य की अनुभूति करना, उसे आचरण में उतारना।

इस ज्ञान के लुप्त हो जाने का अर्थ शाब्दिक रूप में समझना उचित नहीं

है क्योंकि शास्त्रों में तो यह ज्ञान हमेशा से विद्यमान रहा ही है, लेकिन इसका वास्तविक तात्पर्य है उस गुरु-शिष्य परम्परा का लोप हो जाना जिसके द्वारा यह ज्ञान हृदय-से-हृदय में आलोकित होता था। रूहानियत या आध्यात्मिकता कोई किताबी पढ़ाई या शास्त्रों का अध्ययन मात्र नहीं है बल्कि आत्मा का वह प्रकाश है जो पवित्र हृदय में उजागर होता है। केवल ऐसा ही सतगुरु जो स्वयं उस स्तर तक पहुंचा हो शिष्य के हृदय में इस प्रकाश को आलोकित कर सकता है। यद्यपि सूफी साधना पद्धति प्राचीन है लेकिन गुरु-शिष्य परम्परा का लोप हो जाने से यह तवज्जोह (आत्माहुति) की विशेषता भी लुप्त हो गयी थी जो हजरत पैगम्बर मोहम्मद साहब के द्वारा पुनः उजागर हुई।

उपरोक्त वर्णन से स्पष्ट है कि सूफी-संत इस्लाम और बौद्ध धर्म दोनों के पहले से ही विद्यमान रहे हैं। सूफी साधना पद्धति में इस्लामी शब्दावली से बहुत कुछ लिया गया लेकिन यह इसीलिए कि सूफी-साधना को अरब और बाद में पर्सिया में फलने-फूलने का मौका मिला। वहां की सभ्यता और संस्कृति का इस पर प्रभाव पड़ना स्वाभाविक ही था। सूफी-साधना को आज जिस रूप में हम देखते हैं वह विभिन्न प्रभावों का एक उज्ज्वल सम्मिश्रण है। इस्लाम के बाद, विशेषकर पैगम्बर मोहम्मद साहब की परमसत्ता की एकता के ऐलान (एक ही खुदा) ने सूफियों को सर्वाधिक प्रभावित किया। महात्मा राधामोहन लाल जी का कहना है कि इस्लाम के सिद्धांत (न कि धार्मिक मान्यताएं) ''कि खुदा केवल एक ही है और उसके अलावा कुछ भी नहीं'' (लाईलालिल्लाह) - सर्वोपरि और सर्वोत्कृष्ट शिक्षा है। (डाटर आफॅ फायर - ईरीना ट्वीडी द्वारा लिखित)।

जैसाकि ऊपर लिखा जा चुका है, आठवीं सदी ई.पू. के अंत तक सूफी साधना पद्धति परमसत्य के साक्षात्कार की एक गैर रूढ़िवादी परंपरा के रूप में उभरकर सामने आ चुकी थी। पूर्ववर्ती सूफी संतों में से कुछ महान सूफी संत थे : बसरा शहर के हसन (निधन 728 ई.पू.), बासिल इब्न-अता (नि. 749 ई.पू.), अब्दुल्ला इब्न-मैमून (नि. 760 ई.पू.), इब्राहिम अब्न-आदम (नि. 777 ई.पू.), बसरा शहर की राबिया (नि. 801 ई.पू.), मारूफुल.खार्की (नि. 815 ई.पू.), खाबित (नि. 820 ई.पू.), अबु सुलेमान दारानी (नि. 830 ई.पू.), अहमद इब्न-हारिथ-अल-मुहासिबि (नि. 857 ई.पू.), धुल नुन मिसरी (नि. 859 ई.पू.), अबु याजिद बिस्तामी (नि. 875 ई.पू.), हुसैन मंसूर हलाज (नि. 992 ई.पू.), अबु-सईद (नि. 1049 ई.पू.), ऊमर खैय्याम (नि. 1123 ई.पू.), सनाई

(नि. 1131 ई.पू.), इब्न अरबी (नि. 1240 ई.पू.), मौलाना रूमी (नि. 1273 ई.पू.) एवं हाफिज (नि. 1398 ई.पू.)।

बहुत से सूफी-संतों ने धर्म और देश की सीमाओं को लांघ, सूफी साधना का प्रचार लोगों के दिलों को अपनी काव्य प्रतिभा द्वारा आह्लादित कर किया। मौलाना रूमी, हाफिज और अमीर खुसरो इनमें से प्रमुख हैं। हसन बसरा सूफी संप्रदायों के तीन प्रमुख संप्रदाय - कादरिया, चिश्ती और सुहरावर्दी के शीर्षस्थ शेख थे और वे अपने समय के महानतम सूफी संतों में से एक थे। वे इस्लाम के गूढ़ अर्थ को जानने वाले महान् विद्वान थे जिन्होंने ज्ञान हासिल करने पर बहुत जोर दिया। वासिल इब्न अता उनके प्रमुख शिष्य थे जिन्होंने मुत्तजिली नामक समूह को जन्म दिया जिसके सदस्य तर्क और मुक्त विचार के पक्षधर थे। इसी तरह अब्दुल्ला, इब्न मैमून के शिष्यों ने बातिनी नामक समूह को जन्म दिया जिसके समर्थक कुरान-शरीफ की उदार विवेचना एवं उसके गहरे अर्थ को महत्व देते थे।

हजरत राबिया भी बसरा शहर की रहने वाली थीं और महिला सूफी-संतों में सर्वोपरि। उन्होंने तवक्कुल (परमात्मा पर पूर्ण निर्भरता) का मार्ग अपनाया। कहा जाता है कि जब उनसे पूछा गया कि क्या वे पैगम्बर मोहम्मद को प्रेम करती हैं तो उनका उत्तर था कि परमात्मा के प्रेम ने उनके हृदय में किसी अन्य के लिये कोई स्थान ही नहीं छोड़ा। उनकी निगाह में काबा की यात्रा सहित अन्य कर्मकाण्डों का भी कोई महत्त्व नहीं था। सूफी साधना पद्धति में प्रार्थना के महत्त्व के लिये हजरत राबिया को विशेष रूप से जाना जाता है। उनके लिये प्रार्थना का अर्थ था परमात्मा से सच्ची और गहरी विनती करना। परमात्मा के हुजूर में हाजिर होकर उससे एकाकार हो जाना। उनकी प्रार्थना थी कि हे खुदा, यदि मैं तुझे जहन्नुम के डर के कारण याद करती हूँ तो मुझे जहन्नुम की आग में जला डाल और यदि मैं तुझे जन्नत के प्रलोभन के कारण याद करती हूँ तो मुझे उससे बाहर कर देना; लेकिन यदि मैं तुझे तेरे लिये याद करती हूँ तो मुझसे अपने शाश्वत सुन्दर स्वरूप को मत छिपा।

राबिया का जन्म एक बहुत ही गरीब परिवार में हुआ। बचपन में ही माता-पिता का साया उनके सर से उठ गया था और वे अनाथ हो गयीं। अकाल के कारण उनका रहा सहा परिवार भी छिन्न-भिन्न हो गया और उन्हें छह दिरहाम में एक गुलाम के रूप में बेच दिया गया। वे अपने मालिक के यहां घर का कार्य करने में लगनपूर्वक सारे दिन जुटी रहतीं और रात में अपनी कोठरी में प्रार्थना

में लीन हो जातीं। एक रात उनके मालिक ने घर की एक खिड़की से उन्हें प्रार्थना में मगन अवस्था में देखा। उनके सर पर एक दिव्य प्रकाश छाया हुआ था। यह देखकर मालिक बहुत प्रभावित भी हुआ और कुछ डर भी गया। अगली सुबह ही उसने हजरत राबिया को अपनी गुलामी से मुक्त कर दिया।

हजरत राबिया ने अपना शेष जीवन नितांत गरीबी में बिताया, लेकिन परमात्मा में उनका विश्वास इतना दृढ़ था कि वे किसी से कोई सहायता स्वीकार न करतीं। उनका मानना था कि सारी सृष्टि के मालिक परमात्मा से अपने लिये कोई दुनियावी वस्तु मांगना शर्मनाक है। फिर किसी और से तो कुछ मांगने का प्रश्न ही उनके लिये नहीं उठता था। उनका विश्वास था कि वह, जो, उन्हें भी अपनी कृपा से महरूम नहीं रखता जो उससे इर्ष्या करते हैं, क्या वह उन्हें भूल जाएगा जो उससे प्रेम करते हैं? उन्होंने अपना ध्यान दुनिया से पूरी तरह समेटकर एकमात्र परमात्मा के प्रेम में समर्पित कर दिया।

लोगों का कहना था कि उन्हें पूजास्थल पर धन मिल जाता है, वे अपना खाना बिना आग के पका लेती है इत्यादि। हजरत राबिया ने इन सभी बातों का खंडन किया और अपने आप को सभी चमत्कारी उपलब्धियों से दूर रखा। उनका कहना था कि वे उस हाल में खुश हैं जिसमें परमात्मा उन्हें रखता है। उनका जीवन ही स्वयं में परमात्मा की सच्ची प्रार्थना बन गया था।

'अनअलहक' (मैं ही सत्य हूँ या परमात्मा हूँ) उच्चारण के लिये प्रसिद्ध, हुसैन इब्न मंसूर हलाज अपने समय के महानतम सूफी-संतों में से एक थे, जिन्हें 'अनअलहक' कहने के कारण बन्दी बनाया गया, उनका अंग भंग किया गया और अंत में सूली पर चढ़ाकर जला दिया गया। उस समय के बहुत से सूफी संतों का यह मानना था कि मंसूर का 'अनअलहक' कहना निदंनीय और गलत था। कुछ लोगों ने कहा भी :

सजा सूली की ही मंसूर को वाजिब थी,
किसी का राज क्यों खोले, किसी का राजदां होकर।

और

बात तो सच थी मगर मंसूर को कहनी ना थी,
यार की महफिल के बाहर, यार की महफिल की बात।

बाद के सूफियों ने हालांकि उनकी प्रशंसा की। मौलाना रूमी का तो यहां तक कहना था कि मंसूर हलाज का अनअलहक कहना दीनता की परिकाष्ठा थी। यदि कोई कहता है कि मैं खुदा का सेवक हूँ, तो उस कथन से खुदा और

सेवक दो की मौजूदगी का आभास होता है लेकिन अनअलहक कहने में, यानी मैं ही सत्य हूँ कहने में 'सत्य' के अतिरिक्त और किसी की मौजूदगी नहीं रहती। कहने वाले का अपना कोई अलग अस्तित्व ही न रहा, वह परमात्मा (सत्य) में मिलकर उससे एकाकार हो गया। लेकिन लोगों ने इस बात को नहीं समझा न उसकी गहराई को वे जान सके। (फिहा-मा-फिहा - टेबल टाक्स ऑफ मौलाना रूमी, डॉ. बांके बिहारी द्वारा लिखित)।

'अनअलहक' स्थिति का सही उदाहरण अंगारों में दहकती लोहे की छड़ है जो उस आग में पड़ी आग सरीखी ही है, आग में और उसमें कोई अन्तर नहीं; यदि कोई छू ले तो जल जाए। लेकिन आग से बाहर निकलकर वह वही सख्त और ठंडी लोहे की छड़ मात्र रह जाती है।

नौंवी सदी ई.पू. के शुरुआत में खलीफा हारून अल-रशीद के बेटे मामून ने धर्म पर चर्चा के महत्त्व को समझा और विभिन्न मतावलंबियों को इसके लिये प्रेरित किया। आठवीं और नौंवी सदी ई.पू. में बहुत से सूफी शेखों जैसे कि मारूफुल खार्की, अबु सुलेमान दारानी और धुल नुन मिसरी के विचारों में गूढ़ ब्रह्मज्ञान संबंधी चिन्तन ने एक विशेष जगह बना ली (ए लिटरेरी हिस्ट्री ऑफ अरबस —प्रो. निकोलसन द्वारा लिखित)। यह वह समय था जब ग्रीक दार्शनिक प्लूटो, अरस्तू और पेरफीरी को पढ़ा और समझा जाने लगा था। लोग तर्कसम्मत विचारों से अधिक सहमत होने लगे थे। इसके साथ ही सूफी विचारधारा में भी बदलाव आया और वे आत्मज्ञान, गूढ़ रहस्यों और सर्वात्मावाद से प्रभावित दिखने लगे। धुल नुन मिसरी एक विद्वान पुरुष थे, जो अक्सर हर्षातिरेक (परमानंद) की स्थिति का अनुभव करते थे। उनकी दृष्टि में भक्ति संगीत ऐसा दिव्य उपहार था जो परमात्मा की अनुभूति में सहायक था। वह एक स्वतंत्र विचारक थे, जिन्हें पाखंड के शक में तत्कालीन खलीफा मुत्तवकील ने बंदी बना लिया लेकिन बाद में उन्हें मुक्त कर सम्मानित किया गया। 'नफहातुल उन्स' नामक पुस्तक में हजरत जामी ने उनका सूफी साधना के सिद्धांतों की व्याख्या करने वाले पहले व्यक्ति के रूप में उल्लेख किया।

अबु याजिद अल-बिस्तामी (हजरत बयाजिद) नौवीं सदी ई.पू. के महानतम सूफी-संतों में से थे जो फ़ना (परमात्मा में लय-या अहं के संपूर्ण त्याग) की वास्तविकता के विषय में बोलने वाले पहले व्यक्ति थे। उनका कहना था कि मैंने संसार का तीन बार त्याग किया ताकि मुझे इसमें लौटना न पड़े। जब मैंने परमात्मा की सहायता की पुकार की तो मुझे प्रार्थना की स्वीकार्यता के बारे

में ज्ञात हुआ। वहां मेरे अहं का कोई अस्तित्व नहीं था। परमात्मा की कृपा से मैंने अनुभव किया कि मेरा स्वयं का कोई अस्तित्व नहीं है तथा मैं उसके अस्तित्व में विलीन हो गया हूँ। परमात्मा ने कृपा कर मुझे अपने प्रकाश एवं अन्य विभूतियों से परिपूर्ण कर दिया। इसके अलावा हजरत बयाजीद ने फरमाया कि जब वे परमात्मा के हुजूर में हाजिर हुए और परमात्मा ने उनसे पूछा कि वे वहां तक कैसे पहुँचे तो उन्होंने कहा संसार के त्याग द्वारा। परमात्मा ने कहा संसार का मूल्य उसकी निगाह में पतंगे के पर से अधिक कुछ नहीं है। हजरत बयाजीद ने कहा परमात्मा में विश्वास के द्वारा। परमात्मा ने कहा कि उसने कभी किसी के विश्वास को ठेस नहीं पहुँचायी। इस पर हजरत बयाजीद ने अनुभव किया कि वे परमात्मा के पास उसकी कृपा से ही पहुँच पाये हैं, अन्य किसी उपाय द्वारा नहीं।

हजरत बयाजीद ने एक बार कहा कि 'हे परमात्मा ! आपकी कृपा मेरे प्रति अभूतपूर्व है। आप कृपा कर मेरी प्रार्थना स्वीकार कर रहे हैं जबकि मैं अभी तक आपकी आज्ञा का ठीक से पालन करने में भी असमर्थ हूँ।' हजरत बयाजीद ने कहा कि उन्होंने अपने आध्यात्मिक जीवन के प्रारंभिक दौर में चार गलतियां कीं। उन्होंने सोचा कि वह परमात्मा को याद करते हैं; वह परमात्मा को जान गये हैं; वह परमात्मा से प्रेम करते हैं और उसका सान्निध्य चाहते हैं। जब वे इस राह पर आगे बढ़े तो जाना कि परमात्मा उन्हें उनसे पहले याद कर रहा था, परमात्मा का उनके बारे में ज्ञान उनसे पहले से था, परमात्मा का उनके प्रति प्रेम अति प्राचीन था और परमात्मा ही उन्हें अपने सान्निध्य के लिये प्रेरित कर रहा था।

पन्द्रहवीं सदी ई.पू. में सूफी साधना पद्धति पर काश्मीरी संतों की विशाल हृदयता का भी बहुत प्रभाव पड़ा। काश्मीरी संतों के जीवन में हिन्दू-मुस्लिम दोनों ही धर्मों का समावेश था। सन् 1437 के आसपास प्रसिद्ध सूफी संत सैय्यद अली हमदानी का हमदान (सैंट्रल एशिया) से काश्मीर आना हुआ। इस्लाम धर्म का प्रचार करते वहां उन्होंने करीब छह वर्ष बिताये। इस दौरान उनकी मुलाकात काश्मीर की प्रसिद्ध शिव भक्त योगिनी लल्लेश्वरी से हुई। लल्लेश्वरी का विवाह काश्मीर में हुआ था। ससुराल में उनका जीवन बड़ा कठिनाइयों भरा था। दिन भर वे घर का कार्य करतीं, परंतु खाने को उन्हें केवल एक कटोरी भात मिलता। बाद में उनका पति भी उनका विरोधी हो गया। परिणामतः लल्लेश्वरी ने अपना ससुराल छोड़ दिया। धीरे-धीरे वे शिव-भक्ति में इतना डूब गयीं कि दिगंबर वेश में ही अपने प्रियतम के प्रेम में गलियों में भटकती रहतीं। लोग उन पर पत्थर

फेंकते उनका उपहास करते। लेकिन उनके लिये उनके प्रियतम शिव को छोड़ कोई और पुरुष न था; सभी प्राणी उनके प्रियतम शिव के प्रेमी थे। एक दिन उनकी नजर अनायास ही शेख हमदानी पर पड़ी और तुरंत वे पुरुष-पुरुष कहते हुए दौड़कर एक जलते हुए तंदूर में कूद गईं। शेख हमदानी भी उनका पीछा करते तंदूर तक पहुँचे और तंदूर वाले से उनके बारे में पूछा। उसने कहा कि वह तो तंदूर में कूद गईं और अब तक तो जलकर राख हो गयी होंगी। शेख हमदानी ने तंदूर के पास खड़े होकर उन्हें आवाज लगाई। कहा जाता है क शेख हमदानी के पुकारने पर वे हरे वस्त्रों में सुसज्जित तंदूर से बाहर निकल आईं। दोनों एक दूसरे की साधना और विचारधारा से बहुत प्रभावित हुए, जिसके फलस्वरूप वेदान्त, भक्ति और इस्लाम के संगम से भक्ति की एक नई सरिता का प्रवाह प्रारंभ हुआ।

शेख सैय्यद अली हमदानी के पुत्र मीर मोहम्मद हमदानी रूढ़िवादी धर्म के घोर समर्थक थे। दूसरी ओर शेख नूरुद्दीन वली जो उनके सम-सामयिक थे कट्टर धर्मांधता के विरोधी थे। दोनों के बीच बहस में देहात बीवी ने जो शेख नूरुद्दीन वली की मुरीद थी, मध्यस्थ का कार्य किया और वेदान्त व इस्लाम की बेहतरीन शिक्षाओं का संगम कर दोनों के बीच सहमति का मार्ग बनाया। कहा जाता है कि इसके बाद मीर मोहम्मद हमदानी ने शेख नूरुद्दीन वली को खत-ऐ-ईरशाद (स्वीकृति पत्र) देकर सम्मानित किया। काश्मीर में सभी धर्मों का आदर और अहिंसा की परंपरा चल पड़ी। हृदय की पवित्रता, प्रेम, औरों के प्रति आदर और मानवता में विश्वास को जीवन का आदर्श माना जाने लगा जिससे सौहार्द्रपूर्ण सहजीवन की नींव रखी गयी। फलस्वरूप सूफी, हिन्दू और बौद्ध संतों के जीवन में साम्यता की झांकी मिलने लगी (फिरोज बख्त अहमद)

आज आध्यात्मिकता की जिस व्यापक परिभाषा को स्वीकार कर उसे हम मानवता का सर्वोपरि लक्ष्य मानते हैं, यह उसकी नींव थी।

❒ ❒ ❒

2 सृष्टि, काल और माया

मानव का अस्तित्व है और इसी कारण परमात्मा के अस्तित्व का प्रश्न। यदि मानव का ही अस्तित्व नहीं होता तो परमात्मा का अस्तित्व है या नहीं, यह प्रश्न ही नहीं उठता। अनादि काल से मानव-मन को यह प्रश्न आन्दोलित करता रहा है कि वह कौन है, कहां से आया है और कहां जाएगा? परमात्मा क्या है और उसे कैसे जाना जा सकता है? सभी प्राणियों का जीवनकाल निश्चित है। जिसने जन्म लिया उसे एक दिन मरना भी होगा। प्रकृति में वस्तुएँ परिवर्तनशील हैं और निरंतर अपना रूप बदलती रहती हैं। सभी जीवित प्राणियों के लिये मृत्यु एक शाश्वत सत्य है। अलग अलग धर्मों की अलग अलग मान्यताएं हैं। कुछ धर्म पुनर्जन्म में विश्वास रखते हैं और कुछ धर्म इसी जीवन को अन्तिम समझते हैं जिसके बाद उनके कर्मों के फलानुसार उन्हें दोजख या बहिश्त में हमेशा के लिये भेज दिया जाएगा। सत्य जो भी हो, एक बात निश्चित है कि सभी धर्म इस बात पर एकमत हैं कि सभी कुछ परमात्मा से ही उत्पन्न हुआ है और एक दिन उसी की ओर वापस लौट जाएगा। परमात्मा ही सभी का सृष्टिकर्ता है और सब कुछ उस से परिव्याप्त है।

सदियों से अपनी अपनी समझ के अनुसार, सृष्टि की रचना किस प्रकार हुई, इस विषय पर लोग अपने अपने मत व्यक्त करते रहे हैं। वैज्ञानिक अपने दृष्टिकोण से इस विषय पर अपनी खोजों के परिणाम व्यक्त करते आए हैं और दूसरी ओर ऋषि-मुनि भी इस विषय में अपना मत प्रकट करते रहे हैं, जो शायद उनकी अतींद्रिय अनुभूति का परिणाम हो या ध्यानावस्था में सत्य के अवलोकन का। अधिकतर धर्मग्रंथ सृष्टि-रचना का वर्णन एक जैसा ही करते हैं। धर्मग्रंथों के अनुसार सृष्टि के प्रारंभ में एकमात्र परम सत्य ही था जो पूर्णरूपेण अव्यक्त था। यह वह अवस्था है जब किसी तरह का कोई प्राकट्य अभी नहीं हुआ था। कुछ मनीषियों ने इसे अव्यक्त की परम-अंधकार या लयमयी अवस्था भी कहा है। इससे पहले कोई सृष्टि थी या नहीं इसका उत्तर कोई नहीं दे सकता। समस्त

चराचर अपने सारतत्त्व में लय होकर, उस समस्त सारभूतों के सार परमशांत, परमोत्तम एवं परमानन्द परमात्मा में पूर्ण रूप से लीन हो चुके थे। इस अवस्था में समस्त गुण व उपाधियां भी परमात्मा में शांत रूप से विलीन थे। तब न प्रकृति (माया) थी न काल; जो कुछ था वह एकमात्र सर्वशक्तिमान परमात्मा।

क्योंकि इस परम अंधकारमय अवस्था में परमात्मा के सिवाय कुछ न था, अत: कोई नहीं जानता कि यह अवस्था कितने समय तक रही। यह अवस्था वर्णन और कल्पना से परे है। परम सत्य की यह परम एकाकी अवस्था थी, जब न समय था, न कोई दृश्य या दृष्टा (सापेक्षता) ना किसी प्रकार की कोई सृष्टि। लेकिन इस अवस्था को शून्यता नहीं कहा जा सकता क्योंकि यह अवस्था परिपूर्णता, समग्रता और नितांतता की अवस्था थी। इसे पूर्ण आन्दमय अवस्था भी कहा गया है क्योंकि यह अवस्था पूर्ण साम्यता, संतुलन एवं पराकाष्ठा की अवस्था थी।

आनन्द से परिपूर्ण परमात्मा ने एक से बहुत होने की इच्छा की, ताकि जिस प्रकार वह आनन्दित हैं, अन्य प्राणी भी उस आनन्दमय अवस्था को प्राप्त हों। श्रीमद्भागवत महापुराण इस विषय में लिखता है, ''सृष्टि रचना के पूर्व समस्त आत्माओं के आत्मा एक पूर्ण परमात्मा ही थे - न दृष्टा था न दृश्य। सृष्टिकाल में अनेक वृत्तियों के भेद से जो अनेकता दिखाई पड़ती है, वह भी वही थे; क्योंकि उनकी इच्छा अकेले रहने की थी। वे ही दृष्टा होकर देखने लगे, परंतु उन्हें कोई दृश्य दिखाई नहीं पड़ा, क्योंकि उस समय वे ही अद्वितीय रूप से प्रकाशित हो रहे थे।'' (तृतीय स्कन्ध, अध्याय 5, श्लोक 23)।

सृष्टि की रचना परमात्मा के विचार करने मात्र से हुई। विचार सर्वाधिक शक्तिशाली है क्योंकि विचार से ही सृष्टि की रचना होती है और विचार से ही उसका विलय। यह एक साधारण अनुभव की बात है कि सभी क्रियाएं पहले विचार के स्तर पर ही जन्म लेती हैं। विचार ही सभी क्रियाकलापों का बीज है। इसी तरह परमात्मा का विचार कि वह एक से अनेक हो जाए, समस्त सृष्टि की रचना का मूल कारण था। मनीषियों का विचार है कि सृष्टि की रचना का आधार है ''एकोऽहं-मोस्याम', अर्थात् मैं एक हूँ, अनेक हो जाऊँ। मुस्लिम विद्वान भी इसका समर्थन प्रसिद्ध हादिस ''मैं गुप्त था, मेरी इच्छा हुई कि स्वयं को प्रकट करूँ अत: मैंने सृष्टि की रचना की कि मैं जाना जा सकूं'' द्वारा करते हैं।

परमात्मा की यह एक से अनेक होने की इच्छा सभी कारणों का मूल आधार है, और यह किसी के लिए भी संभव नहीं है कि वह इस प्रश्न का उत्तर दे सके कि परमात्मा में यह इच्छा, यह विचार क्यों आया? इच्छा तभी उत्पन्न

होती है जब किसी चीज की कमी होती है। उसी कमी को पूर्ण करने के लिये ही इच्छा उत्पन्न होती है। लेकिन परमात्मा तो सभी तरह से परिपूर्ण, समग्र और सर्वोत्तम है, फिर उसमें यह इच्छा क्यों?

परमात्मा की यह इच्छा कि वह एक से अनेक हो जाये और वे अनेक आनन्द की अनुभूति करें, वह आदि-संकल्प या मूल-प्रज्ञा है जो हर स्तर पर कार्यरत है एवं प्राणियों को निरंतर सुख की तलाश एवं वंशवृद्धि के लिये प्रेरित करती रहती है। प्रत्येक प्राणी में यह इच्छा स्वाभाविक है। वृक्षों को देखें। उनमें फल-फूल लगते हैं और वे फल-फूल बीज प्रदान करते हैं जिनसे फिर वृक्ष तैयार होते हैं और इसी प्रकार सृष्टि का यह क्रम एक से अनेक होने का चलता रहता है। यही क्रम अन्य प्राणियों में भी देखने को मिलता है। सभी प्राणी अपनी संतति बढ़ाने व निरंतर सुख की खोज के इच्छुक रहते हैं। कोई भी दु:ख या तकलीफ में नहीं रहना चाहता।

कुछ लोगों का मानना है कि सारी सृष्टि परमात्मा से ही उत्पन्न हुई है और वही सबका कारक है। अत: सृष्टि की समस्त चीजें परमात्मा का ही एक रूप हैं। दूसरी ओर कुछ अन्य लोगों का मानना है कि सारी सृष्टि परमात्मा से उत्पन्न हुई है, लेकिन समस्त चीजें परमात्मा का रूप नहीं हैं बल्कि वे परमात्मा पर आधारित हैं। परमात्मा उनका आधारभूत है। यह विषय दार्शनिक वाद-विवाद का केन्द्र रहा है और इसने बहुत से मत-मतान्तरों को जन्म भी दिया। ऊपरी तौर पर देखने पर ये दोनों मत भिन्न लगते हैं लेकिन यदि इनके सार को समझा जाए तो ये भिन्न नहीं दिखाई पड़ते। उदाहरण के लिये समुद्र असंख्य जलकणों से मिलकर बना है। इन सभी बूंदों का एकत्रित स्वरूप समुद्र है। यदि समुद्र की दृष्टि से देखा जाए तो प्रत्येक जलकण अपने आप में समुद्र है, लेकिन उस बूंद की दृष्टि से देखने पर उसका पृथक् अस्तित्व मात्र जल की एक बूंद का है न कि समुद्र का। दोनों ही स्थितियों में सत्य एक ही है। हर हाल में समुद्र समुद्र ही है, चाहे कोई उसे जलकणों के अथाह समूह के रूप में देखे या जलकणों को समुद्र के एक हिस्से के रूप में। समुद्र का अस्तित्व है क्योंकि जलकणों का अस्तित्व है, और जलकणों का अस्तित्व है क्योंकि समुद्र का अस्तित्व है। अंतर मात्र इतना है कि समुद्र जल की बूंद पर निर्भर नहीं है जबकि जल की बूंद समुद्र पर निर्भर है। यह प्रश्न अनुभूति का है। यदि जलकण स्वयं को समुद्र के रूप में अनुभूत करता है तो वह समुद्र ही है वरना उसकी हस्ती एक बूंद से अधिक कुछ भी नहीं।

परमात्मा की यह इच्छा कि वह एक से अनेक हो जाए और वे अनेक भी उसी की तरह आनन्द का अनुभव करें, एक द्विआयामी संकल्प था जिसके दो आयाम परमात्मा की इच्छा के दो पहलू थे। प्रथम था एक से अनेक होने का और दूसरा पहलू था परमात्मा की ही तरह आनंद अनुभव करने का। परमात्मा की इच्छा के ये दोनों पक्ष एक दिशा में न होकर बिल्कुल विपरीत दिशा में थे। प्रथम पक्ष - एक से अनेक होने के लिये, परमात्मा ने जो अब तक स्वयं नितांत अकेले थे, एक से अनेक का रूप धारण किया और एक से अनेक होने के कारण इस अनेक सृष्टि में अपनी स्वयं की अलग पहचान, स्वयं का अलग अस्तित्व होने का भाव पैदा कर दिया। वह एक से अनेक हो गया और इस अनेक का 'एक' होने का भाव, परिपूर्णता और समग्रता का भाव, तिरोहित हो गया। परमात्मा की इच्छा का दूसरा पक्ष था इस अनेक सृष्टि द्वारा आनंद अनुभव करने का। इस अनुभूति के लिये यह आवश्यक था कि यह अनेक रूपी सृष्टि अर्थात् प्राणी अपने एक होने का, परिपूर्ण होने का, समग्र होने का अनुभव करे क्योंकि कोई भी चीज अपने उद्गम से अलग होकर कभी पूर्णता का, आनंद का अनुभव नहीं कर सकती। उसे अपनी पूर्णता का आभास अपने उद्गम से जुड़ने पर ही हो सकता है। किसी कंकड़ को हवा में उछालिये, वह वापस पृथ्वी पर लौटकर ही विश्राम को प्राप्त होता है। इसी प्रकार जल की धारा भी अपने उद्गम समुद्र में मिलकर, उससे एकाकार होकर अपनी समग्रता को प्राप्त होती है। यह शाश्वत नियम है कि कोई भी वस्तु अपने उद्गम से एकाकार होकर ही शांति और विश्राम को प्राप्त होती है। यही उसके आनंद की अवस्था है। अपने उद्गम से बिछड़कर कोई भी वस्तु आनंदित नहीं हो सकती।

परमात्मा की इस इच्छा के दो परंतु एकदम विपरीत आयाम थे, उद्गम से बिछुड़ना व पुनः उद्गम में लय होना। परमात्मा की यह इच्छा वह आदिसंकल्प है जो सृष्टि के प्रत्येक प्राणी में निरंतर गूंज रहा है। सृष्टि की प्रत्येक रचना इस द्विआयामी संकल्प की नकल करती प्रतीत होती है जो दो विपरीत सिरों से या दो परस्पर विरोधी लेकिन एक दूसरे के पूरक तत्वों से उपजी है। आरंभिक बिन्दु, अन्त का अन्तिम सिरा और अन्तिम सिरा आरंभ का प्रथम बिन्दु कहा जा सकता है। इस तरह ये दोनों अन्तिम छोर एक ही उद्गम से मिलकर बाहर की तरफ प्रवाहित होते हैं जिसके घेरे में समस्त सृष्टि समायी हुई है।

परमात्मा की यह द्विआयामी इच्छा वह पहला पर्दा था जिस पर परम सत्य - परमात्मा का रूप एक विलक्षण तेज-परम चैतन्य रूप में तत्क्षण प्रकट हुआ,

शास्त्रों में जिसे सतपुरुष, आदिपुरुष या सगुणब्रह्म के नाम से जाना गया है। सतपुरुष सभी ओर से दैदीप्यमान थे और सभी गुणों व उपाधियों को पूर्ण रूप से धारण किये हुए थे। परमात्मा की इच्छा को शास्त्रों ने आदि-माया के नाम से संबोधित किया है। श्रीमद्‌भागवत के तृतीय स्कन्ध के पांचवें अध्याय में कहा गया है, ''यह दृष्टा और दृश्य का अनुसंधान करने वाली शक्ति ही कार्य कारण रूपी माया है। इस भावाभाव रूप अनिर्वचनीय माया के द्वारा ही भगवान ने इस विश्व का निर्माण किया है।''

शास्त्रों में कहा गया है कि परमचेतना एवं समस्त ज्ञान के भंडार परमात्मा अपने संकल्प (विचार) मात्र से सृष्टि की रचना करते हैं। उनका यह संकल्प ही आदिसंकल्प के रूप में कण-कण में व्याप्त दिखाई देता है जो कि सृष्टि रचना का मूल कारण है। इस विषय में श्रीमद्‌भागवत महापुराण प्रथम स्कन्ध तृतीय अध्याय में कहता है कि, ''सृष्टि के आदि में भगवान ने लोकों के निर्माण की इच्छा की। इच्छा होते ही उन्होंने महतत्त्व आदि से संपन्न पुरुषरूप ग्रहण किया।''

पवित्र कुरान इस विषय में कहता है, ''भला जिसने आसमानों और जमीन को पैदा किया, क्या वह उन पर कुदरत नहीं रखता कि (उन को फिर) वैसे ही पैदा कर दे, क्यों नहीं, और वह तो बड़ा पैदा करने वाला (और) इल्म (ज्ञान) वाला है। उस की शान यह है कि जब वह किसी चीज का इरादा करता है तो उससे फरमा देता है कि हो जा, तो वह हो जाती है। वह (जात) पाक है, जिसके हाथ में हर चीज की बादशाही है और उस की तरफ तुम को लौट कर जाना है।'' 36:81-83

इसी तरह पवित्र बाईबल में भी अध्याय एक में लिखा है कि परमात्मा ने आकाश और धरती को बनाया। जब उसने देखा कि पृथ्वी आकाररहित, खाली और अन्धकारमय है तो परमात्मा ने इच्छा की कि प्रकाश हो जाये और तुरंत वहां प्रकाश हो गया। उसी ने प्रकाश और अंधकार को अलग किया और प्रकाश का नाम दिन रखा और अंधकार का नाम रात। उसी ने सूखी धरती को बनाया, उस पर वनस्पति उगायी जो बीज से फल और फल से बीज होकर बढ़ने लगी। इसी तरह परमात्मा की इच्छा करते ही जीव जन्तु पैदा हो गये। परमात्मा ने मनुष्य को अपनी छवि में ढाला और उसे सभी प्राणियों में श्रेष्ठता प्रदान की। परमात्मा ने इस प्रकार छह दिन में संपूर्ण सृष्टि रच डाली। पवित्र बाईबल वर्णन करती है कि परमात्मा जब किसी वस्तु की इच्छा करता है तो उसका आदेश होता है 'हो

जा' और तुरंत वह चीज हो जाती है।

शास्त्रों में उल्लिखित इन वर्णनों के अनुसार यह स्पष्ट है कि यह सृष्टि परमात्मा द्वारा ही रची गयी है। कोई नहीं कह सकता कि जिसमें हम रह रहे हैं, इस से पूर्व भी कोई सृष्टि थी या नहीं, या यही परमात्मा द्वारा रचित प्रथम सृष्टि है? लेकिन इससे इंकार नहीं किया जा सकता कि इससे पूर्व भी कोई सृष्टि हो सकती है। हिन्दू मान्यतानुसार इस सृष्टि की समय-समय पर रचना एवं विलय होता रहता है। उनके अनुसार काल (समय) क्रमानुसार सृष्टि की रचना और विनाश करता रहता है। हिन्दू शास्त्रानुसार ब्रह्मा (सृष्टि के रचयिता) की जीवन अवधि एक सौ दिव्य वर्ष होती है। ब्रह्मा का एक दिन 'कल्प' कहलाता है, जो पृथ्वी के 4,32,00,00,000 वर्ष के बराबर होता है। इसी तरह ब्रह्मा की एक रात भी 'कल्प' के समान लम्बी होती है। प्रत्येक नये कल्प (दिन) की शुरुआत में ब्रह्माजी सृष्टि की रचना करते हैं, जो ब्रह्मा की रात्रि में (अर्थात् एक कल्प के लिये) लय होकर उनमें विश्राम करती है। इस प्रकार ब्रह्माजी के जीवन काल में यह सृष्टि बारम्बार रची जाती है और फिर लय हो जाती है लेकिन इस दौरान प्रकृति (माया) और काल (समय) का विलय नहीं होता अर्थात् वे यथावत रहते हैं। केवल महाप्रलय के समय, अर्थात् ब्रह्माजी का जीवन काल समाप्त होने पर समस्त सृष्टि, प्रकृति और काल सहित, समस्त सारों के सारभूत परमात्मा में लय हो जाती है और फिर पुनः परमात्मा की इच्छा होने पर सृष्टि की रचना होती है।

यहां यह बता देना उपयोगी होगा कि प्रसिद्ध दार्शनिक एवं गणितज्ञ आर्यभट्ट के अनुसार 10,80,000 वर्षों में समस्त ग्रह अपनी खगोलीय परिक्रमाएं पूर्ण कर पृथ्वी के सापेक्ष पुनः उसी मूल अवस्था में एकत्रित हो जाते हैं। यह 10,80,000 वर्ष का समय एक युग कहलाता है जबकि सभी ग्रह अपने पूर्ववर्ती स्थान पर आ जाते हैं और इस तरह चार युग - 43,20,000 वर्ष की अवधि एक चतुर्युग कहलाती है। एक हजार चतुर्युग का ब्रह्माजी का एक दिन यानि एक कल्प होता है जिसकी अवधि पृथ्वी के 4,32,00,00,000 वर्षों के समान होती है। (प्रो. एम.के. दवे - वाट अवेटस मैन इन 2000 ए.डी.)

परमात्मा की सृष्टि रचना की इच्छा में ज्ञान का बीज छिपा हुआ था क्योंकि सृष्टि की रचना केवल ज्ञान के द्वारा ही संभव थी। सृष्टि रचना में ज्ञान के महत्त्व के विषय में श्रीमद्भागवत महापुराण के द्वितीय स्कन्ध, नौवें अध्याय के पांचवे श्लोक में कहा गया है कि तीनों लोकों के परम गुरु आदिदेव ब्रह्माजी ('बृहं' - संस्कृत भाषा में बढ़ने को कहते हैं और मनन का अर्थ है विचार।

अतः ब्रह्मण या ब्रह्मा का अर्थ हुआ विचार के साथ विस्तार करने वाला) – अपने जन्मस्थान कमल पर बैठकर सृष्टि करने की इच्छा से विचार करने लगे। परंतु जिस ज्ञान दृष्टि से सृष्टि का निर्माण हो सकता था और जो सृष्टि व्यापार के लिये वांछनीय है वह दृष्टि उन्हें प्राप्त नहीं हुई। जब वह यह चिन्तन कर रहे थे, उन्हें तप करने की प्रेरणा हुई। तपस्या के परिणामस्वरूप उन्हें परमात्मा का साक्षात्कार हुआ व ज्ञात हुआ कि सृष्टि के पूर्व केवल परमात्मा ही थे। उनके अतिरिक्त न स्थूल था न सूक्ष्म और न ही दोनों का कारण अज्ञान। जहां यह सृष्टि नहीं है, वहां परमात्मा-ही-परमात्मा है, और इस सृष्टि के रूप में जो कुछ प्रतीत हो रहा है, वह भी परमात्मा ही है, और जो कुछ बच रहेगा वह भी वही है। वास्तव में न होने पर भी जो कुछ अनिर्वचनीय वस्तु परमात्मा के अतिरिक्त परमात्मा में दो चन्द्रमाओं की तरह (चन्द्रमा और उसकी छाया) मिथ्या ही प्रतीत हो रही है अथवा विद्यमान होने पर भी आकाश-मंडल के नक्षत्रों में राहु की भांति जो परमात्मा की प्रतीति नहीं होती, उसे परमात्मा की माया समझना चाहिये। प्राणियों के शरीर की दृष्टि से परमात्मा उनमें आत्मा के रूप से प्रवेश किए हुए हैं और आत्मदृष्टि से उनके अतिरिक्त और कोई वस्तु न होने के कारण उनमें प्रविष्ट नहीं भी हैं। यह ब्रह्म नहीं, यह ब्रह्म नहीं – इस प्रकार निषेध की पद्धति से, और यह ब्रह्म है, यह ब्रह्म है – इस अन्वय की पद्धति से यही सिद्ध होता है कि सर्वातीत और सर्वस्वरूप भगवान ही सर्वदा और सर्वत्र स्थित हैं, और वही वास्तविक तत्त्व हैं। वही एकमात्र परम सत्य हैं।

इसी प्रकार बारहवें स्कन्ध में वर्णन है कि जब ब्रह्मा जी पूर्व में स्थित सृष्टि का ज्ञान प्राप्त करने के लिये ध्यानमग्न हुए तो एक दिव्य अनाहत नाद उनके कानों में सुनाई दिया जो गले या तालु में किसी घर्षण के कारण उत्पन्न नहीं हुआ था। इसी तरह जब कोई जीव अपने संवेगों पर नियंत्रण कर लेता है तो उसे भी यह अनाहत नाद सुनायी देने लगता है। बड़े-बड़े ऋषि-मुनि भी इस अनाहत नाद को सुनने का अभ्यास करते हैं और इसका अनुसरण कर जन्म-मृत्यु से मुक्ति पा जाते हैं। इसी अनाहत नाद से 'ऊँ' का प्रादुर्भाव हुआ, जिसकी शक्ति से प्रकृति अदृश्य से दृश्यमान रूप में प्रकट होती है।

उपरोक्त वर्णन से स्पष्ट है कि सृष्टि रचना के लिये ज्ञान आवश्यक था, जो परमात्मा की सृष्टि रचने की इच्छा में बीज रूप में छिपा हुआ था। इसी प्रकार काल (समय) का बीज परमात्मा की इच्छा के इस पक्ष में छिपा हुआ था कि

'जिस प्रकार मैं आनन्द में मग्न हूँ, उसी तरह वे अनेक भी आनन्द में मग्न हों।' काल ही क्षोभ, गति, कर्म और अंतत: विलय का कारण है। प्राणी की अलग सत्ता, उसका पृथक् अस्तित्व उसकी वैयक्तिक चेतना के कारण प्रतीत होता है। जब तक पृथक् होने की भावना विद्यमान है, स्वयं के अलग अस्तित्व की भावना है, तब तक प्राणी आनन्द से परिपूर्ण नहीं हो सकता। अहं, अर्थात् स्वयं का पृथक अस्तित्व होने की अनुभूति समाप्त होने पर ही, जो कि अहं के परमात्मा में विलय होने पर ही संभव है, प्राणी अपनी मूल अवस्था में लौटकर पूर्ण आनंदमय हो सकता है।

ज्ञान और काल का बीज अपने में समाये आदि माया को सतपुरुष ने ज्ञान और काल रूपी दो भागों में विभाजित हो जाने को प्रेरित किया। काल का सूक्ष्म रूप प्रकृति (माया) के त्रिगुणों में क्षोभ है। इसी प्रकार ज्ञान भी एक सूक्ष्म पर्दा है। ज्ञान भी आदि माया के अधिकार क्षेत्र में है। ज्ञान से सत्य की ओर बढ़ने में सहायता मिलती है, ज्ञान सत्य को प्राप्त करने का मार्ग है, एक ऊँची अवस्था है, लेकिन ज्ञान अन्तिम 'सत्य' नहीं है। सतपुरुष को सृष्टि रचने के लिये माया (प्रकृति) की सहायता की आवश्यकता थी क्योंकि सतपुरुष स्वयं अपने में सृष्टि नहीं रच सकते थे। मायावी सृष्टि रचने के लिये माया की सहायता लेना उनके लिये आवश्यक था।

ज्ञान और काल रूपी माया के इस द्विआयामी पर्दे पर, सभी ओर से दैदीप्यमान सतपुरुष का प्रतिबिंब पड़ा, जिसने माया के गुण-ज्ञान और काल के साथ संयुक्त हो कालपुरुष का रूप ग्रहण किया। कालपुरुष ही काल एवं स्थान रूपी वह शक्ति है जो जन्म और मृत्यु से त्रस्त सभी प्राणियों की नियन्ता है। दैदीप्यमान सतपुरुष की ओर देखकर कालपुरुष का अपना स्वयं का पृथक् अस्तित्व "अहं" अर्थात् "मैं हूँ" के रूप में प्रकट हुआ। अहंकार ही वह तत्त्व है जो जीवों की पृथक् सत्ता, उनके अस्तित्व का कारण है। इसी अहंकार के कारण मनुष्य अपना अलग अस्तित्व समझता है और इसी के कारण वह सत्य की खोज में आगे बढ़ता है।

ज्ञान, काल और अहंकार ने मिलकर एक त्रिआयामी पर्दे का रूप ले लिया। उचित समय पर परमात्मा के आदिसंकल्प से प्रेरित, कालपुरुष दो त्रि-आयामी भागों में विभाजित हुआ। कालपुरुष का पहला त्रि-आयामी रूप - सतपुरुष से संबंधित आध्यात्मिक रूप था जो ब्रह्मा, विष्णु एवं महेश (प्रकृति के तीनों गुण —रजोगुण, सतगुण एवं तमोगुण के नियन्ता देवता) के रूप में प्रकट

हुआ। दूसरा त्रिआयामी रूप - प्राकृतिक, जो माया से संबंधित था, अहंकार के तीन रूप - वैकारिक, तैजस एवं तामसिक या सात्विक, राजसी और तामसिक ऊर्जाओं के रूप में प्रकट हुआ।

अपनी स्वाभाविक मूल स्थिति में प्रकृति के तीनों गुण (तीनों ऊर्जाओं के रूप में) सम, संतुलित और पूर्ण निष्क्रिय स्थिति में विद्यमान थे। सूक्ष्म काल ने इसमें क्षोभ (विकार) पैदा किया। काल और इस त्रिगुणमयी ऊर्जा के बीच क्रिया द्वारा सभी स्थूल और सूक्ष्म तत्त्वों का जन्म हुआ, जिनसे जीवों की उत्पत्ति हुई। सात्विक ऊर्जा (या शुद्ध-कारण ऊर्जा) से मन एवं इन्द्रियों के नियन्ता देवताओं की उत्पत्ति हुई। श्रीमद्भागवत द्वितीय स्कन्ध, अध्याय 5 में इस विषय में वर्णन है कि वैकारिक, तैजस और तामस रूपी अहंकार के तीन भेद क्रमशः ज्ञान शक्ति, क्रियाशक्ति और द्रव्यशक्ति प्रधान हैं। वैकारिक अहंकार से मन की और इन्द्रियों के दस अधिष्ठातृ-देवताओं की भी उत्पत्ति हुई। तैजस अहंकार के विकार से श्रोत्र (सुनने की शक्ति), त्वचा, नेत्र, जिह्वा और प्राण (सूंघने की शक्ति) - ये पांच ज्ञानेन्द्रियां एवं वाक्, हस्त, पाद, गुदा और जननेन्द्रिय - ये पांच कर्मेन्द्रियां उत्पन्न हुईं। साथ ही ज्ञानशक्तिरूप बुद्धि और क्रियाशक्तिरूप प्राण भी तैजस अहंकार से ही उत्पन्न हुए। मन सभी इन्द्रियों का शीर्षस्रोत है और समस्त इच्छाओं का भंडार। बुद्धि ज्ञान प्राप्त करने की क्षमता प्रदान करती है और इन्द्रियों को निर्देशित करती है। बुद्धि ही ज्ञान प्राप्त करने का आधार है। दूसरी और प्राण सभी क्रियाओं का आधार है और इन्द्रियों को कर्म में प्रवृत्त करता है। तामस अहंकार से समस्त द्रव्यरूपी-स्थूल सृष्टि की उत्पत्ति हुई। इन तीन तरह की उत्पत्ति को नेत्र (स्थूल आंखें), दृष्टि (देखने की शक्ति) एवं प्रकाश (सूर्य) के उदाहरण से समझा जा सकता है। इस उदाहरण में नेत्र स्थूल उत्पत्ति हैं, जो तामस अहंकार द्वारा उत्पन्न हुए, दृष्टि (देखने की शक्ति) तैजस अहंकार से और प्रकाश (या सूर्य) सात्विक अहंकार से।

सृष्टि रचना के प्रारंभिक क्रम में ऊर्जा एक समान रूप से समस्त ब्रह्माण्ड में व्याप्त थी। काल और तामसिक ऊर्जा की क्रिया स्वरूप समस्त ब्रह्माण्ड में द्रव्य की रचना एक साथ सूक्ष्मतम कण-परमाणु के रूप में हुई जो अपनी धुरी पर और ब्रह्माण्ड में एक साथ गति करने लगा। यह गति तामसिक ऊर्जा के द्रव्य में रूपांतरण के कारण प्रकट हुई थी क्योंकि यह एक सार्वभौमिक सिद्धांत है कि प्रत्येक वस्तु में उसके कारक तत्त्व का प्रभाव विद्यमान रहता है। इस सिद्धांत के अनुसार परमाणुओं में भी उनके कारक तत्त्व ऊर्जा का प्रभाव उनकी इस

द्वि–आयामी गति के रूप में प्रकट हुआ और परमाणु द्रुतगति से ब्रह्माण्ड में फैलने लगे जिसके कारण आकाश (ईथर–स्थान–व्योम) की उत्पत्ति हुई जो सभी वस्तुओं को आश्रय प्रदान करता है। ऊर्जा का इस तरह आकस्मिक द्रव्य रूप में परिवर्तित होने एवं परमाणुओं में गति उत्पन्न होने और उनके फैलने के फलस्वरूप द्रव्य का निर्माण एक घनघोर ध्वनि (गर्जन) के साथ हुआ। यह द्रव्य के अस्तित्व में आने का प्रथम क्षण था। समय के साथ द्रव्य दूर और दूर गति करता रहा, फैलता रहा और इस तरह अंतरिक्ष का विस्तार होता रहा। प्रसिद्ध वैज्ञानिक सूत्र $E=mc^2$ भी इस तथ्य को उजागर करता है। ऊर्जा 'E', द्रव्य m को अंतरिक्ष में प्रतिक्षण d/t^2 त्वरण द्वारा दूर और दूर फैला रही है। (c^2 को d.d/t.t के रूप में भी देखा जा सकता है, जहां 'd' दूरी को व 't' समय को सूचित करता है। अत: c^2 को $d.d/t^2$ के रूप में देखा जा सकता है जो द्रव्य को निरंतर त्वरित कर दूर फैला रहा है।) काल की क्रिया स्वरूप द्रव्य का निरंतर ऊर्जा के रूप में इस तरह विलय भी होता रहता है कि ऊर्जा, द्रव्य एवं अंतरिक्ष एक चलायमान संतुलन में अवस्थित रहते हैं।

परमाणु द्वारा अपनी धुरी पर एक चक्कर लगाने की अवधि स्थूल समय की सूक्ष्मतम इकाई है। ब्रह्माण्ड के प्रत्येक कण का समय का अपना माप है, जिसके कारण इस भौतिक जगत में सापेक्षता (दृश्य एवं दृष्टा) का सिद्धांत कायम है। हमारे अपने सौरमंडल में पृथ्वी द्वारा अपनी धुरी पर एक चक्कर पूरा करने की अवधि को एक दिन कहा जाता है। यह पृथ्वी का एक दिन है। इसी प्रकार चन्द्रमा द्वारा अपनी धुरी पर एक चक्कर पूरा करने की अवधि एक चन्द्र–दिवस कहलाती है जो कि पृथ्वी के एक दिन से कहीं कम है। लेकिन परमाणु के केन्द्र बिन्दु पर समय का माप नगण्य या अनन्त है - अपनी अपनी दृष्टि अनुसार इसे नगण्य या अनन्त दोनों ही समझा जा सकता है। इसी प्रकार ब्रह्माण्ड के ध्रुव बिन्दुओं पर भी समय नगण्य या अनन्त है। परमाणु के केन्द्र बिन्दु पर द्रव्य तथा समय दोनों ही का माप शून्य है, क्योकि यहां नितान्त रिक्तता है। यह वह रिक्तता या अव्यक्तता है जो कि ब्रह्माण्ड की प्रत्येक वस्तु में परमसत्य की सांकेतिक उपस्थिति दर्शाती है। इस संदर्भ में श्रीमद्भगवद् गीता के अध्याय 13 के 14वें श्लोक में कहा गया है कि परमात्मा इस प्रकार स्थित है कि ब्रह्माण्ड में सब कुछ उससे परिव्याप्त है।

काल के विषय में श्रीमद्भागवत महापुराण तृतीय स्कन्ध, ग्यारहवें अध्याय में वर्णन करता है कि ''पृथ्वी आदि कार्य वर्ग का जो सूक्ष्मतम अंश है

– जिसका और विभाग नहीं हो सकता तथा जो कार्यरूप को प्राप्त नहीं हुआ है और जिसका अन्य परमाणुओं के साथ संयोग भी नहीं हुआ है, उसे परमाणु कहते हैं। इन अनेक परमाणुओं के परस्पर मिलने से ही मनुष्य को भ्रमवश उनके समुदाय रूप एक अवयवी की प्रतीति होती है जो काल प्रपंच की परमाणु जैसी सूक्ष्म अवस्था में व्याप्त रहता है, वह अत्यन्त सूक्ष्म है, और जो सृष्टि से लेकर प्रलय पर्यन्त उसकी सभी अवस्थाओं का भोग करता है, वह परम महान् है।''

ऊपर लिखा जा चुका है कि द्रव्य की रचना परमाणुओं के रूप में समस्त ब्रह्माण्ड में एक साथ हुई और तत्क्षण परमाणुओं ने ब्रह्माण्ड में गति करना और विस्तार करना प्रारंभ कर दिया। इस क्रम में सर्वप्रथम परमाणु ने अपने निकट स्थित परमाणु से मिलकर एक बड़ा कण बनाया और फिर इस कण ने और कणों से मिलकर और बड़ा कण, व इस प्रकार क्रम से खगोलीय पिण्डों व उनके बीच रिक्त स्थान की संरचना हुई। परमाणुओं के आपस में विभिन्न प्रकार से सम्बद्ध होने से अलग अलग पदार्थों की संरचना हुई। इसी कारण संसार में स्थूल पदार्थों की संरचना में एक क्रम व नियम दिखलायी पड़ता है। परमाणुओं का यह संगठित होना व उनमें गति होना दोनों ही परमात्मा के आदि संकल्प के प्रत्युत्तर स्वरूप दिखलायी देते हैं क्योंकि ब्रह्माण्ड की संरचना और उसके लय के लिये परमाणुओं का संगठन और गति दोनों आवश्यक थे। काल द्वारा परमाणुओं में गति उत्पन्न करना, उनके विद्यमान रहने एवं लय होने दोनों के लिये आवश्यक थी। यदि गति नहीं होती तो समस्त द्रव्य एक जगह एकत्रित होकर कोई संरचना न कर पाता और पुन: ऊर्जा में बदल जाता। और यही गति धीरे-धीरे द्रव्य में निहित ऊर्जा को शोषित कर उसके अन्तत: विलय के लिये मार्ग प्रशस्त करती है।

परमाणुओं की अपनी धुरी एवं ब्रह्माण्ड में गति (कंपन) के कारण शब्द उत्पन्न हुआ। शब्द (कंपन) आकाश की उत्पत्ति का मूल कारण था जिसमें परमाणु या द्रव्य गति और विस्तार करने लगा। आकाश अपने मूल कारण शब्द के साथ अन्य स्थूल तत्त्वों एवं उनकी तन्मात्राओं का कारक तत्त्व था। श्रीमद्‌भागवत महापुराण द्वितीय स्कन्ध, अध्याय 5 में इस विषय में लिखा है कि ''जब पंचमहाभूतों के कारण रूप तामस अहंकार में विकार हुआ, तब उससे आकाश की उत्पत्ति हुई। आकाश की तन्मात्रा (आधार) और गुण शब्द है। इस शब्द के द्वारा ही दृष्टा और दृश्य का बोध होता है।'' यहां शब्द का अर्थ है कंपन और परमाणु में कंपन-अपनी धुरी पर गति-द्वारा ही समय का बोध हुआ, जिससे दृष्टा और दृश्य का बोध हुआ। द्रव्य के ब्रह्माण्ड में विस्तार करने के कारण पहले

विभिन्न गैस और फिर उनसे मिलकर वायु उत्पन्न हुआ। वायु की तन्मात्रा और गुण स्पर्श है। अपने कारण का गुण आ जाने से यह शब्द वाला भी है।

विस्तार के कारण तेज गति से फैलती वायु में पहले संलयन (Fusion) हुआ, जिसके कारण अग्नि के रूप में ऊर्जा निकली और इस संलयन के फलस्वरूप निकली ऊर्जा ने विखंडन (Fission) का कार्य किया, जिसके फलस्वरूप कहीं अधिक ऊर्जा का निकास हुआ और इस तरह क्रमश: संलयन-विखंडन प्रक्रिया का सूत्रपात हुआ जिससे अग्नि रूपी तत्त्व (तेज) का जन्म हुआ। अग्नि (तेज) की तन्मात्रा और प्रधान गुण रूप है। (अग्नि सभी पदार्थों को जलाकर राख कर देती है और उनके रूप को निगल जाती है) साथ ही इसमें अपने कारण आकाश और वायु के भी गुण शब्द और स्पर्श भी हैं।

इस तरह उत्पन्न अग्नि ने वायु (हाइड्रोजन गैस) को जलाकर (ऑक्सीजन गैस के साथ) अगले तत्त्व जल को जन्म दिया। जल का आधार और गुण रस है और अपने कारण तत्त्व आकाश, वायु और अग्नि के कारण इसमें शब्द, स्पर्श और रूप के भी गुण हैं।

पंच महाभूतों में अंतिम तत्त्व पृथ्वी का जन्म जल में अनेक प्रकार की गैसों के घुलने से हुआ। पृथ्वी की तन्मात्रा और गुण है गन्ध। कारण के गुण कार्य में आने के सिद्धांत स्वरूप पृथ्वी में अपने कारण तत्त्वों —आकाश, वायु, अग्नि और जल के गुण शब्द, स्पर्श, रूप और रस भी विद्यमान हैं।

पवित्र कुरान में कहा गया है कि अल्लाह ने पृथ्वी और आकाश को छह दिनों में बनाया। इसी प्रकार बाईबल के प्रथम अध्याय में भी उल्लेख आता है कि परमात्मा ने सृष्टि की रचना छह दिनों में की। दोनों ही ग्रंथ सृष्टि रचना में छह दिन का वर्णन करते हैं, लेकिन यहां यह कह देना उपयुक्त होगा कि इन छह दिनों का माप पृथ्वी के छह दिन न होकर ब्रह्मलोक के (ब्रह्मा-हिन्दू मान्यता अनुसार सृष्टि के कर्त्ता हैं। इस्लाम में अल्लाह के इस पक्ष को अल-बारी या अल-खालिक कहा गया है।) छह दिन हैं जो कि पृथ्वी के मापानुसार कई करोड़ों वर्ष के समान हैं।

प्राणियों की उत्पत्ति के संदर्भ में श्रीमद्‌भागवत महापुराण के तृतीय स्कन्ध-अध्याय 26 में वर्णन है कि भगवान की चेतन शक्ति की प्रेरणा से तामस अहंकार के विकृत होने पर उससे शब्द तन्मात्रा का प्रादुर्भाव हुआ। शब्दतन्मात्रा से आकाश तथा शब्द का ज्ञान कराने वाली श्रोत्रेन्द्रिय (कर्ण) उत्पन्न हुई। अर्थ का प्रकाशक होना, ओट में खड़े हुए वक्ता का भी ज्ञान करा देना ओर आकाश

का सूक्ष्म रूप होना, शब्द के लक्षण हैं। भूतों को (सभी पदार्थों को) अवकाश (आश्रय) देना, सबके बाहर-भीतर वर्तमान रहना तथा प्राण, इन्द्रिय और मन का आश्रय होना - ये आकाश के वृत्ति (कार्य) रूप लक्षण हैं।

स्पर्श तन्मात्र से वायु तथा स्पर्श का अनुभव कराने वाली त्वगिन्द्रिय (त्वचा) उत्पन्न हुई। कोमलता, कठोरता, शीतलता और उष्णता तथा वायु का सूक्ष्म रूप होना ये स्पर्श के लक्षण हैं। वृक्षों की शाखा आदि को हिलाना, तृणादि को इकट्ठा कर देना, सर्वत्र पहुँचना, गन्ध तथा शब्द को ले जाना तथा समस्त इन्द्रियों को कार्यशक्ति देना - ये वायु की वृत्तियों के लक्षण हैं।

रूपतन्मात्र से तेज और रूप को उपलब्ध कराने वाली नेत्रेन्द्रिय का प्रादुर्भाव हुआ। वस्तु के आकार का बोध कराना, गौण होना - द्रव्य के अंगरूप से प्रतीत होना, द्रव्य का जैसा आकार-प्रकार और परिमाण आदि हो उसी रूप में उपलक्षित होना तथा तेज का स्वरूपभूत होना - ये सब रूप तन्मात्र की वृत्तियां हैं। चमकना, पकाना, शीत को दूर करना, सुखाना, भूख-प्यास पैदा करना और उनकी निवृत्ति के लिये भोजन एवं जलपान कराना - ये तेज की वृत्तियां हैं।

रसतन्मात्र से जल तथा रस को ग्रहण करने वाली रसनेन्द्रिय (जिह्वा) उत्पन्न हुई। रस अपने शुद्ध स्वरूप में एक ही है; किन्तु अन्य भौतिक पदार्थों के संयोग से वह कसैला, मीठा, तीखा, कड़वा, खट्टा और नमकीन आदि कई प्रकार का हो जाता है। गीला करना, मिट्टी आदि को पिण्डाकार बना देना, तृप्त करना, जीवित रखना, प्यास बुझाना, पदार्थों को मृदु कर देना, ताप की निवृत्ति करना और कूपादि में से निकाल लिये जाने पर भी वहां बार-बार पुनः प्रकट होना - ये जल की वृत्तियां हैं।

अन्त में गन्ध तन्मात्र से पृथ्वी तथा गन्ध को ग्रहण कराने वाली घ्राणेन्द्रिय (नासिका) प्रकट हुई। गन्ध एक ही है; तथापि परस्पर मिले हुए द्रव्य भागों की न्यूनाधिकता से वह मिश्रित गन्ध, दुर्गन्ध, सुगंध, मृदु, तीव्र और अम्ल (खट्टा) आदि अनेक प्रकार की हो जाती है। प्रतिमादि रूप से ब्रह्म की साकार भावना का आश्रय होना, जलादि कारण तत्त्वों से भिन्न किसी दूसरे आश्रय की अपेक्षा किये बिना ही स्थित रहना, जल आदि अन्य पदार्थों को धारण करना, आकाशादि का अवच्छेदक होना तथा परिणाम विशेष से संपूर्ण प्राणियों के (स्त्रीत्व, पुरुषत्व आदि) गुणों को प्रकट करना - ये पृथ्वी के कार्यरूप लक्षण हैं।

आकाश का विशेष गुण शब्द जिसका विषय है, वह श्रोत्रेन्द्रिय है; वायु का विशेष गुण स्पर्श जिसका विषय है, वह त्वगिन्द्रिय है; तेज का विशेष गुण

रूप जिसका विषय है, वह नेत्रेन्द्रिय है; जल का विशेष गुण रस जिसका विषय है, वह रसनेन्द्रिय है, और पृथ्वी का विशेष गुण गन्ध जिसका विषय है, वह घ्राणेन्द्रिय है। वायु आदि कार्य तत्त्वों में आकाशादि कारण-तत्त्वों के रहने से उनके गुण भी अनुगत देखे जाते हैं; इसलिये समस्त महाभूतों के गुण शब्द, स्पर्श, रूप, रस और गन्ध केवल पृथ्वी में ही पाये जाते हैं। सांख्ययोग के अनुसार महतत्त्व, अहंकार, पंचमहाभूत (आकाश, वायु, अग्नि, जल एवं पृथ्वी) पांच तन्मात्र (शब्द, स्पर्श, रूप, रस एवं गन्ध) मन, पांच ज्ञानेन्द्रियां (कर्ण, त्वचा, चक्षु, जिह्वा तथा नासिका) एवं पांच कर्मेन्द्रियां (वाक्, हस्त, पाद्, जननेन्द्रिय एवं उपस्थ) ये 23 तत्त्व परस्पर संयुक्त न हो सके व पृथक्-पृथक् ही रह गए। तब सतपुरुष (परमात्मा) ने आत्मरूप से उनमें प्रवेश कर उन्हें मानव देह के रूप में जन्म दिया।

मानव देह इन सभी तत्त्वों के संयोग से बनी है और ये तत्त्व मानव देह के संयुक्त और सुनियोजित कार्य के लिये उत्तरदायी हैं। तामसिक अहंकार से उत्पन्न पंचमहाभूतों ने उसी क्रम में मानव शरीर में स्थान ग्रहण किया जिस क्रम में उनकी उत्पत्ति हुई थी। जीव की देह में उतरने वाला प्रथम तत्त्व आकाश था, जिसने अपने आधार शब्द के साथ कंठ में स्थान ग्रहण किया, जहां से शब्द की उत्पत्ति होती है और मनुष्य को वाक्शक्ति मिलती है। अगला तत्त्व वायु था, जिसने हृदय में फेफड़ों के पास स्थान ग्रहण किया। इसका सबसे महत्त्वपूर्ण कार्य रक्त को शुद्ध करना है, जो जीवन के लिये अत्यंत आवश्यक है। वायु के बाद अग्नि ने अपना स्थान नाभिक्षेत्र में ग्रहण किया। अग्नि का सबसे महत्त्वपूर्ण कार्य खाये हुए अन्न को पचाकर शरीर को पोषण प्रदान करना है। इसके उपरांत जल ने अपना स्थान जननेन्द्रियों में ग्रहण किया, जिसका कार्य प्रजनन है। सबसे अंत में स्थान ग्रहण करने वाला पंचमहाभूत पृथ्वी तत्त्व था, जिसने गुदा में आश्रय लिया, जिसका महत्त्वपूर्ण कार्य है जीवों को विश्राम के लिय आधार प्रदान करना और मलत्याग करना। ये पंचमहाभूत इस प्रकार शरीर के आवश्यक कार्य और उसकी जरूरतें पूरी करते हैं।

ये सभी तत्व परमात्मा की इच्छास्वरूप उत्पन्न हुए। परमात्मा की यह इच्छा माया का पहला पर्दा थी। स्वयं माया होने के कारण यह अपने आप से 'परमात्मा की तरह आनन्द मग्न अनेकों जीव' नहीं उत्पन्न कर सकती थी। इसके लिये परमात्मा को आत्म-रूप से जीवों की देह में प्रवेश करना आवश्यक था ताकि वे चैतन्य जीवों के रूप में जन्म ले सकें।

इस्लाम मतानुसार कुरान में उल्लेख है "जब तुम्हारे परवरदिगार ने फरिश्तों से कहा कि मैं मिट्टी से इंसान बनाने वाला हूँ। जब उसको दुरुस्त कर लूं और उस में अपनी रूह फूंक दूं तो उस के आगे सिज्दे में गिर पड़ना। तो तमाम फरिश्तों ने सज्दा किया, मगर शैतान अकड़ बैठा और काफिरों में हो गया। (खुदा ने) फरमाया कि ऐ इब्लीस, जिस शख्स को मैंने अपने हाथों से बनाया, उस के आगे सज्दा करने से तुझे किस चीज ने मना किया। क्या तू घमंड में आ गया या ऊँचे दर्जे वालों में था? (इब्लीस) बोला कि मैं इससे बेहतर हूँ (कि) तू ने मुझ को आग से पैदा किया और इसे मिट्टी से बनाया। (खुदा ने) कहा, यहां से निकल जा, तू मर्दूद है, और तुझ पर कयामत के दिन तक मेरी लानत (पड़ती) रहेगी।" *कुरान - 38:71-77*

इंसान की श्रेष्ठता अन्य प्राणियों से स्वत: सिद्ध होती है क्योंकि उसे मिट्टी से बनाया गया है और जैसाकि पहले वर्णन किया जा चुका है, सभी स्थूल तत्त्वों के गुण यथा: शब्द, स्पर्श, रूप, रस एवं गन्ध केवल पृथ्वी तत्त्व में ही उपलब्ध हैं। मनुष्य देह की रचना ब्रह्माण्ड में मौजूद सभी तत्त्वों को मिलाकर की गई और परमात्मा ने उसमें आत्म-रूप से प्रवेश कर चेतना का प्रवाह किया, उसमें जीवन का संचार किया। अत: यह इंसान के लिये ही संभव है कि वह हरेक उपलब्धि को प्राप्त कर सकता है। कुरान के शब्दों में 'खुदा ने उसमें अपनी रूह फूंकी' और बाईबल के अनुसार 'परमात्मा ने इंसान को अपनी प्रतिकृति के रूप में बनाया।' उपरोक्त वर्णनों के अनुरूप ही हिन्दू शास्त्रों में कहा गया है कि मानव देह में आत्मा के रूप में प्रवेश कर परमात्मा ने उसमें जीवन का संचार किया। आत्मा के स्वरूप का वर्णन करना असंभव है क्योंकि यह बुद्धि से परे है। समस्त शास्त्रों का प्रयोजन आत्म तत्त्व का विवेचन है मगर शब्दों में इसका वर्णन असंभव है। आत्मा का ज्ञान केवल साक्षात्कार (अनुभव) द्वारा ही प्राप्त किया जा सकता है। गीता के द्वितीय अध्याय - 'सांख्य योग' में आत्मा के विषय में कहा गया है कि यह अव्यक्त, अजन्मा और अविनाशी है। शस्त्र इसे काट नहीं सकता, अग्नि इसे जला नहीं सकती, जल इसे गीला नहीं कर सकता और वायु इसे सुखा नहीं सकती। यह आत्मा सर्वव्यापी, स्थिर, सनातन और नित्य है। यह अछेद्य, अक्लेद्य, अदाह्य, अशोष्य, अविनाशी, अव्यक्त और अचिन्त्य है।

कहा जाता है कि महान् दार्शनिक सुकरात से क्रीटो ने पूछा कि उसे किस तरह से दफनाया जाए? सुकरात का उत्तर था, 'किसी भी तरह, तुम्हारी इच्छानुसार, लेकिन यदि तुम मुझे, मेरे असली स्व को पकड़ सको तो। तुम

केवल मेरे शरीर को दफना सकते हो, मेरी आत्मा को नहीं।'

दैदीप्यमान सतपुरुष का अंश होने के कारण आत्मा भी दैदीप्यमान है, लेकिन मानव देह में प्रवेश करने पर झूठे अहं के कारण स्वयं को देह और मन के रूप में जानने से आत्मा के प्रकाश पर पर्दा पड़ जाता है।

सृष्टि रचना के क्रम को श्रीमद्भागवत के तृतीय स्कन्ध, अध्याय 6 में थोड़े से भिन्न रूप में बताया गया है। श्रीमद्भागवत के अनुसार, सर्वशक्तिमान भगवान ने जब देखा कि आपस में संगठित न होने के कारण ये मेरी महत्तत्व आदि शक्तियां विश्व रचना के कार्य में असमर्थ हो रही हैं तब वे कालशक्ति को स्वीकार करके एक साथ ही महतत्व, अहंकार, पंचमहाभूत, पंचतन्मात्रा और मन सहित ग्यारह इंन्द्रियां - इन तेईस तत्त्वों के समुदाय में प्रविष्ट हो गये। उनमें प्रविष्ट होकर उन्होंने जीवों के सोये हुए अदृष्ट को जागृत किया और परस्पर विलग हुए उस तत्त्व-समूह को अपनी क्रियाशक्ति के द्वारा आपस में मिला दिया। इस प्रकार जब भगवान ने अदृष्ट को कार्योन्मुख किया, तब उस तेईस तत्त्वों के समूह ने भगवान की प्रेरणा से अपने अंशों द्वारा अधिपुरूष-विराट को उत्पन्न किया। अर्थात् जब भगवान ने अंश रूप से अपने उस शरीर में प्रवेश किया, तब वह विश्व रचना करने वाला महतत्त्वादि का समुदाय एक दूसरे से मिलकर परिणाम को प्राप्त हुआ। इसे ही विराट पुरुष कहते हैं, जिसमें चराचर जगत विद्यमान है। वह विश्वरचना करने वाले तत्त्वों का गर्भ (कार्य) था तथा ज्ञान, क्रिया और आत्मशक्ति से संपन्न था। यह विराट पुरुष ही प्रथम जीव होने के कारण समस्त जीवों का आत्मा, जीव रूप होने के कारण परमात्मा का अंश और प्रथम अभिव्यक्ति होने के कारण भगवान का आदि-अवतार है। इसी विराट पुरुष से भगवान के सभी अवतारों, देवताओं, मनुष्य एवं अन्य प्राणियों का जन्म होता है।

उपरोक्त वर्णित तत्त्व मीमांसा का एकमात्र प्रयोजन इंसान को परमसत्य की प्राप्ति हेतु प्रेरित करना है, जो केवल आत्म-साक्षात्कार द्वारा, अपने अनुभव से उस भावातीत आधार को सभी में परिव्याप्त जानने पर ही संभव है। जैसाकि पहले लिखा गया है माया का पहला पर्दा मनुष्य की अपनी अलग सत्ता, अपने अहं के रूप में प्रकट होता है, जहां इंसान स्वयं को सत्य से अलग समझकर उसकी खोज में जुटता है। यह द्वैत की भावना है, जहां इंसान अपने अस्तित्व को उस परम सत्ता से पृथक् देखता है और उसकी खोज में लग जाता है।

इंसान समस्त सृष्टि को अपने परिप्रेक्ष्य में ही देखता है। उसकी समस्त

सोच में उसका ध्यान स्वयं अपनी ओर रहता है। दूसरे शब्दों में, यदि उसका स्वयं का अस्तित्त्व ही न होता तो उसके लिये ब्रह्माण्ड के अस्तित्व का या परमात्मा के अस्तित्त्व का प्रश्न ही न उठता। किसी चीज का अस्तित्त्व तभी संभव है जब उससे पृथक् किसी अन्य वस्तु का अस्तित्त्व हो। यदि केवल एक का ही अस्तित्त्व होता तो किसी चीज का अस्तित्त्व होने का प्रश्न ही बेमानी होता, क्योंकि कौन किसके अस्तित्त्व की बात करता। यदि कहीं अंधकार न होता, तो प्रकाश होने का मतलब भी न होता क्योंकि प्रकाश का पृथक् अस्तित्त्व अंधकार के कारण ही है। यदि सभी जगह सर्वत्र प्रकाश होता तो हम कभी न कहते कि कहीं पर प्रकाश है। इसी कारण श्रीमद्‌भागवत महापुराण में कहा गया है कि सृष्टि के प्रारंभ में परमात्मा के सिवा कुछ न था और सृष्टि रचने के लिये परमात्मा सब ओर देखने लगे। यह दृष्टा और दृश्य की अन्वेषण शक्ति माया का प्रथम प्राकट्य था। यह समस्त माया का मूल और सर्वोपरि भ्रम (सापेक्षता) था। मनुष्य को इस सत्य को आत्म-सात् करना होगा ताकि वह परम-सत्य को अनुभूत करने की योग्यता प्राप्त कर सके। उसे द्वैत के इस पर्दे को पार कर, दृष्टा व दृश्य के भ्रम को मिटाने वाला आत्म-साक्षात्कार करना होगा, तभी वह परम-सत्य को पा सकेगा।

यहां यह कहना उचित होगा कि मनुष्य की जो शक्ति आत्म-साक्षात्कार करती है, वह आत्मा नहीं है क्योंकि आत्मा तो वह है जिसके साक्षात्कार का मनुष्य प्रयत्न कर रहा है। वह जो इस साक्षात्कार की अनुभूति करती है, वह शक्ति आत्मा से पृथक् है, लेकिन जब मनुष्य आत्म-साक्षात्कार कर लेता है तो सब पीछे छूट जाता है क्योंकि समस्त अस्तित्त्व आत्मा में लय हो जाता है। सभी सृष्टि का उद्‌भव आत्मा से ही हुआ है ओर उस तक वापस तभी पहुँचा जा सकता है जब उससे उत्पन्न सब कुछ वापस उसमें लय हो जाये।

आत्मा की अनुभूति सर्वप्रथम चित्त (सांख्य योग में महतत्त्व) में होती है जहां सत्य का ज्ञान सबसे पहले प्रकट होता है। इस पर्दे में द्वैत का ज्ञान मौजूद रहता है क्योंकि ज्ञान एवं ज्ञान प्राप्त करने वाला दोनों स्पष्ट रूप से अलग-अलग खड़े दिखाई देते हैं। चित्तरूपी यह पर्दा माया का दूसरा पर्दा है, जहां ज्ञान और काल दोनों की उपाधि आत्मा को घेरे रहती है। जेन कवियत्रि एंजलिस सैलिसियस ने क्या खूब कहा है :

समय तुम्हारा खुद का विचार है,
टिक-टिक करता जो हृदय में,

जिस वक्त छोड़ दोगे सोचना,
रुक जाएगा समय भी।

चित्त के बाद मनुष्य के अपने अलग अस्तित्त्व का अगला स्तर उसका अहंकार है। यह मनुष्य के अस्तित्त्व का एक बहुत ही प्रमुख स्तर है जो अपनी अलग पहचान के रूप में सामने आता है। जैसाकि ऊपर लिखा गया है सतपुरुष का प्रतिबिंब ज्ञान और काल रूपी द्विआयामी माया के पर्दे पर पड़ा, जिसने कालपुरुष का रूप ग्रहण कर लिया और दैदीप्यमान सतपुरुष की ओर देखकर स्वयं अपने अस्तित्त्व की उद्घोषणा ''मैं हूँ'' (अहं) के रूप में की। जिस तरह कालपुरुष सतपुरुष की छाया मात्र है, उसी तरह मनुष्य के अहं का भी केवल छलात्मक भ्रमपूर्ण अस्तित्त्व है। इस (अहं के) स्तर पर इंसान को ज्ञान तो प्राप्त होता है, लेकिन वह ज्ञान हकीकी (परम-सत्य का ज्ञान) नहीं होता। इस स्तर पर ज्ञान अपूर्ण व अस्पष्ट होता है और 'मैं और मेरा - तू और तेरा' रूपी माया के आवरण से ढंका रहता है। अहं मनुष्य की चेतना को पूर्णता का अहसास होने से रोक लेता है क्योंकि अहं के स्तर पर स्वयं की पहचान देह तथा मन तक सीमित रह जाती है।

मनुष्य के अपने अलग अस्तित्त्व की भावना उसके अहं के कारण उत्पन्न होती है। उसका मन और भौतिक शरीर उसके अहं के उद्घोषक हैं, लेकिन उसका मन शासक बनकर न केवल शरीर पर ही बल्कि आत्मा (जीव-जो देह और मन के संपर्क में आने से अहंकार के कारण अपनी मूल तेजोमय अवस्था को भूल बैठा है) पर भी शासन करने लगता है। संत सुंदरदास की यह कहानी इस बात को बड़े अच्छे ढंग से प्रस्तुत करती है : एक शेरनी ने जंगल में अपने बच्चे को जन्म दिया, जो एक गड़रिये के हाथ लग गया। गड़रिये ने शेर के बच्चे का पालन अपनी भेड़ों के साथ करना शुरू कर दिया। शेर का बच्चा भेड़ों के साथ रह कर उन्हीं की तरह खाते-पीते स्वयं को भी भेड़ का बच्चा समझने लगा और उन्हीं की तरह व्यवहार करने लगा। एक दिन एक शेर उधर से गुजरा और उस बच्चे को भेड़ों के झुंड में भेड़ों की तरह विचरते, घास खाते देख हैरान रह गया। शेर के बच्चे पर उसकी असलियत जताने के लिये उस शेर ने जोर से गर्जन किया और उस बच्चे को भी उसी तरह गरजने को कहा। शेर को देखकर शेर का बच्चा भी शेर की तरह गरज उठा। यह गर्जन सुनकर गड़रिया अपनी भेड़ों सहित भाग खड़ा हुआ। शेर उस बच्चे को अपने साथ ले गया और एक तालाब के पानी में उसे उसकी शक्ल दिखलाई। शेर के बच्चे को अपनी सूरत देखकर

अहसास हो गया कि वह भेड़ न होकर शेर था।

इस कहानी के उदाहरण से संत सुंदरदास ने बतलाया है कि हमारी आत्मा शेर के बच्चे की तरह गड़रिये रूपी मन के काबू में रहते रहते स्वयं को देह और इन्द्रिय रूप समझने लग जाती है। हालांकि आत्मा अनन्त से आयी है लेकिन मन ने उसे देह और इन्द्रियों के साथ मिलाकर उसकी असलियत को भुला दिया है। मन अब हमें संसार के विषयों और प्रलोभनों में अटकाए रखता है लेकिन जब शेर रूपी सतगुरु आकार हमें झकझोरता है, हमारी चेतना को जागृत करता है और हमें सत्य का आईना दिखाता है तब ही हम अपनी वास्तविकता को पहचान पाते हैं।

❑ ❑ ❑

3 कर्म : जीवन-लक्षण का सिद्धांत

पिछले अध्याय में वर्णन किया गया है कि किस प्रकार समस्त सृष्टि का उद्‌भव ऊर्जा एवं काल के संयोग से हुआ। काल के संयोग से ऊर्जा का परिवर्तन विभिन्न स्थूल एवं सूक्ष्म तत्त्वों के रूप में हुआ। ऊर्जा के गर्भ में कर्म (कार्य) का बीज छिपा था; कोई भी कार्य ऊर्जा के बिना नहीं किया जा सकता और ऊर्जा ही कार्य का प्रेरक तत्त्व है। इस विषय में श्रीमद्‌भगवद्‌गीता के अध्याय 3 श्लोक 5 में कहा गया है कि प्रकृति के गुणों के वशीभूत सभी प्राणी कर्म करने के लिये विवश हैं अत: कोई भी प्राणी क्षणमात्र भी कर्म किये बिना नहीं रह सकता।

जैसा कि पहले लिखा जा चुका है प्रकृति के तीनों गुण (या पालनकर्ता, सृष्टिकर्ता और विलयकर्ता - तीनों प्रकार की ऊर्जा) सृष्टि के प्रारंभ में सम और संतुलित अवस्था में और पूर्णतया निष्क्रिय थे। लेकिन सृष्टि रचना के उपक्रम में परमात्मा के आदि संकल्प के अनुसार एक बार इस अवस्था में क्षोभ उत्पन्न होने से तीनों गुण आपस में प्रतिस्पर्द्धा करने लगे, जिसके कारण कर्म की उत्पत्ति हुई। श्रीमद्‌भगवद्‌गीता अध्याय 14 श्लोक 10 में कहा गया है कि प्रकृति के तीनों गुण कभी स्थिर नहीं रहते। उनमें हमेशा स्पर्धा बनी रहती है। कभी रजोगुण और तमोगुण को दबाकर सतगुण प्रधान हो जाता है तो कभी रजोगुण सतगुण और तमोगुण को परास्त कर देता है और इसी प्रकार कभी तमोगुण भी सतगुण और रजोगुण से अधिक बढ़ जाता है। इस संदर्भ में अध्याय 3 श्लोक 27 में कहा गया है कि वास्तव में सभी कार्य प्रकृति के त्रिगुणों के कारण सम्पन्न होते हैं लेकिन अहंकार के वश मोहित प्राणी स्वयं को इनका कर्त्ता मान बैठता है। झूठे अहंकार के कारण ही प्राणी स्वयं को कर्मों का कर्त्ता मानने लगता है। वह यह भूल जाता है कि उसका स्थूल एवं सूक्ष्म शरीर प्रकृति (माया) की ही देन है। अत: स्वयं को स्वतंत्र समझ वह सभी कर्मों का उत्तरदायी समझने लगता है।

इसी अध्याय के श्लोक 29 में कहा गया है कि प्रकृति के गुणों से मोहित होकर प्राणी प्राकृत क्रियाओं में आसक्त होते हैं और झूठे अहंकार के कारण वे स्वयं को कर्त्ता मान बैठते हैं। अज्ञान के कारण ही प्राणी प्रकृति के गुणों से मोहित होते हैं और स्वयं को कर्त्ता मानने के कारण कर्मफल के बंधन में बंध जाते हैं। अध्याय 14 में कहा गया है कि जब प्राणी प्रकृति के गुणों को ही कर्म के कर्त्ता के रूप में देखने लगता है तब वह भ्रम से बाहर निकलकर सत्य की झलक पाने के लिये पात्रता प्राप्त कर लेता है और यह केवल ज्ञान प्राप्ति के द्वारा ही संभव है कि प्राणी कर्म की यथार्थता को समझकर कर्मफल के बंधन से बाहर निकल सके। जब प्राणी प्रकृति के इन गुणों का उल्लंघन कर जाता है अर्थात् जब उसे कर्म की यथार्थता का ज्ञान हो जाता है तो वह जन्म-मृत्यु चक्र से मुक्ति के कगार पर पहुंच जाता है क्योंकि कर्मफल ही जीव को जन्म-मृत्यु के पाश से बांधता है।

प्रकृति के तीनों गुणों में हमेशा स्पर्द्धा बनी रहती है और वे प्राणी को समान रूप से बांधते हैं। यद्यपि सतगुण निर्मल, विकार रहित और हृदय में प्रकाश फैलाने वाला है और रजोगुण और तमोगुण से बेहतर है फिर भी यह जीव को हर्षित होने और सुख और ज्ञान की उपाधि के बंधन में जकड़ लेता है। इच्छा और आसक्ति से उत्पन्न रजोगुण जीव को कर्मफल के बंधन में जकड़ लेता है और अज्ञान से उत्पन्न तमोगुण, सभी प्राणियों को भ्रमित कर उन्हें निद्रा, आलस्य और प्रमाद के बंधन में जकड़ लेता है। इस तरह ये तीनों गुण किसी न किसी प्रकार प्राणी के बंधन का कारण बनते हैं। सतगुण सुख की आसक्ति से, रजोगुण सकाम कर्मों से और तमोगुण प्रमाद से बांधता है। जंजीर चाहे सोने की बनी हो या लोहे की, बांधती दोनों ही हैं।

सतगुण के बढ़ने पर इस देह के सब इन्द्रियरूप द्वार ज्ञान से प्रकाशित हो उठते हैं और वह बाहर और भीतर से शुद्ध हो जाता है। रजोगुण के बढ़ने पर लोभ, प्रवृत्ति, सकाम कर्मों का उद्गम, मन की चंचलता तथा महत्त्वाकांक्षा इत्यादि लक्षण उत्पन्न होते हैं। सोचने पर भी तत्त्व का प्रकाश न होना, क्रियाहीनता, आलस्य और मूढ़ता तमोगुण के विकास के लक्षण हैं। जब जीवात्मा साधना और अभ्यास द्वारा ऐसी अवस्था बना लेता है कि गुण उस के पूर्णरूपेण आधीन हो जाते हैं अर्थात् वह अपनी प्रकृति पर विजय प्राप्त कर लेता है और उनमें फंसा नहीं रहता तब वह जीवात्मा मुक्त हो जाता है।

यहां पर कर्म के स्वरूप और कर्म तथा कर्त्तव्य पालन में अंतर को

समझना उपयोगी होगा। पहले वर्णन किया जा चुका है कि मानव देह तेईस तत्त्वों यथा पंचमहाभूत, उनके पांच तन्मात्र, पांच ज्ञानेन्द्रियां और पांच कर्मेन्द्रियां तथा मन, अहंकार और महतत्त्व से मिलकर बनी है। अहंकार और महतत्त्व के अलावा बाकी सभी तत्त्व (अर्थात् मानव की स्थूल और सूक्ष्म देह) काल और ऊर्जा के संयोग से बने हैं और ऊर्जा से उत्पत्ति के कारण हर वक्त कर्म में प्रवृत्त रहने को विवश हैं। मनुष्य का मन भी कार्य करता रहता है जिसे मानसिक कर्म कहा जाता है। देह के निद्राग्रस्त होने पर भी मन अपना कार्य करता रहता है। इस प्रकार कर्म दो भागों में बंटा हुआ है: दैहिक कर्म और मानसिक कर्म। मानसिक कर्म केवल मन से किए जाते हैं जबकि दैहिक (या शारीरिक) कर्म में देह और मन दोनों शामिल होते हैं। शारीरिक कर्म के भी दो प्रकार है: एक वे जो इच्छापूर्वक निश्चित इरादे से लिये जाते हैं और दूसरे वे जो शरीर के किसी भाग से स्वत: होते रहते हैं। उदाहरणार्थ श्वास प्रक्रिया स्वत: चलती रहती है। सभी जीवित प्राणियों में श्वास जीवन की आवश्यकता भी है और सृष्टिकर्ता की आज्ञापालन का चिह्न भी। मन को उसके लिये विचार करने की जरूरत नहीं होती और इस तरह की क्रियाएँ स्वत: होती रहती हैं। दूसरी तरफ स्वेच्छा से किये गये कर्मों में नीयत शामिल होती है। शारीरिक कर्म की अच्छाई या बुराई इस बात पर निर्भर है कि उससे किसी को लाभ होता है या हानि। नीयत (इरादा) की भलाई या खराबी इस पर निर्भर है कि इसमें दूसरों का हित निहित था या स्वयं का स्वार्थ।

शारीरिक कर्मों को चार भागों में बांटा जा सकता है –

(क) जिसमें नीयत और कर्म दोनों नेक हैं;

(ख) जिसमें नीयम नेक और कर्म बुरा है;

(ग) जिसमें नीयत बुरी और कर्म नेक है; तथा

(घ) जिसमें नीयत व कर्म दोनों बुरे हैं।

पहले तरह के कर्म सब तरह से नेक कर्म कहलाते हैं और इन्हें करने वाले नेक व्यक्ति या फरिश्ते कहलाते हैं। दूसरे तरह के कर्म करने वालों का इरादा तो नेक होता है, लेकिन ज्ञान कम होने के कारण उनका कर्म बुरा होता है जैसे धर्म को लेकर कलह करना। इन्हें करने वाले इंसानों की परिभाषा में आते हैं। तीसरे तरह के कर्मों का उदाहरण है स्वार्थवश दान। ऐसे लोगों को जाहिल कहा जाता है और चौथी तरह के कर्म जिनमें नीयत और कर्म दोनों बुरे होते हैं, अत्यंत स्वार्थी व कम बुद्धि वालों द्वारा किये जाते हैं, जिन्हे शैतान कहा जाता है।

प्रकृति के नियम सारी सृष्टि पर लागू होते हैं। विभिन्न लोग अलग-अलग

परिस्थितियों में जीवन-यापन करते दिखाई देते हैं; कोई अमीर होता है, कोई गरीब; कोई खुशहाल है और कोई सारा जीवन कष्टों में ही बिता देता है। इसका कारण है उनके कर्म। शास्त्रों में वर्णित नियमों के अनुसार आचरण करना अर्थात् शास्त्रसम्मत कार्य धर्म (या कर्त्तव्य) कहलाता है और इसके विपरीत आचरण अधर्म। कर्म का फल कार्य और जिन परिस्थितियों में कार्य किया गया, इस पर निर्भर करता है। कर्म का फल निश्चित रूप से भोगना पड़ता है, लेकिन कर्मफल का भुगतान कब होगा यह इस बात पर निर्भर करता है कि उस कर्मफल के उजागर होने और उसे भुगतने का सही समय कब आता है।

व्यक्ति के सभी कर्मों में कुछ न कुछ अहं भाव अवश्य रहता है और इसीलिये वह उसका पुरस्कार या दण्ड पाने का हकदार बनता है क्योंकि अहंभाव है तो इच्छाएं भी अवश्य होंगी और इच्छा ही कार्य को परिणाम की ओर ले जाती है। इच्छाएं अपूर्णता के कारण जन्म लेती हैं। जब किसी के पास किसी वस्तु का अभाव होता है तो उसे उस वस्तु को प्राप्त करने की इच्छा होती है। अहं भाव, जैसाकि पहले वर्णन किया जा चुका है, प्राणी की पृथक् अस्तित्त्व की भावना के कारण उत्पन्न होता है, और अपने उद्गम से पृथक होने के कारण वह हमेशा अपूर्ण महसूस करता है। अतः इच्छाओं के साथ अहं भाव हमेशा विद्यमान रहता है। इच्छा ही वह रस्सी है जो कर्म को फल से बांधती है।

प्राणी (जीव) हमेशा अधूरा, अपूर्ण और असहाय महसूस करता है और जीने की इच्छा रखता है और यही सब उसके समस्त कष्टों और दुःखों का कारण है। अपने पृथक् अस्तित्त्व का भाव द्वैत भावना को जन्म देता है और प्राणी स्वयं की तुलना औरों के साथ कर हीनभावना (कुंठा) या श्रेष्ठता (अभिमान) की भावना से ग्रस्त हो जाता है। यह इसीलिये होता है क्योंकि उसे अपनी हकीकत (सत्यता) का ज्ञान नहीं होता। द्वैत की भावना उसे भ्रम और अनेकता के स्तर पर ले आती है जहां वह औरों को अपने से अलग महसूस करता और देखता है।

कर्मफल का बंधन केवल निष्काम कर्म द्वारा ही दूर किया जा सकता है, न कि कर्म त्याग या कर्त्तव्य की अनदेखी करने से। इस संदर्भ में श्रीमद्भगवद्गीता के अध्याय 3 में उल्लेख है कि जो मनुष्य कर्मेन्द्रियों का हठ से दमन करके, मन से इन्द्रियों के विषयों का चिन्तन करता है वह स्वयं को भ्रम में डाले हुए है और मिथ्याचरण करता है। दूसरी ओर जो मनुष्य मन द्वारा इन्द्रियों को वश में करके आसक्ति को त्याग अपने कर्त्तव्य का पालन करता है, वह अति श्रेष्ठ कहलाता है। अतः मनुष्य को अपने कर्त्तव्य का पालन करना

चाहिये क्योंकि कर्म न करने की अपेक्षा कर्म करना श्रेष्ठ है। कर्म न करने से तो मनुष्य अपना शरीर निर्वाह भी नहीं कर सकता। अनासक्त भाव से कर्त्तव्य का पालन मनुष्य को मुक्तिपथ पर आगे ले जाता है, जबकि अन्य कर्म उसे बंधन में जकड़ लेते हैं।

यहां यह कहना उपयोगी होगा कि श्रीमद्भगवद्गीता में 'यज्ञार्थ कर्म' यानि 'यज्ञ' शब्द का प्रयोग किया गया है और कुछ विद्वानों ने यज्ञ का अर्थ बलिदान या अर्पण करने के रूप में लिया है, लेकिन इसका असली तात्पर्य कर्त्तव्य पालन ही लगता है।अपने कर्त्तव्य के पालन में भी बलिदान (त्याग) की आवश्यकता होती है और यह बलिदान होता है अपने स्वार्थ का जो संभवत: सबसे बड़ा बलिदान है। प्राचीन ग्रन्थों में,विशेषकर रामायण में असुरों द्वारा ऋषियों-मुनियों के आश्रम नष्ट करने और उनके द्वारा किये जा रहे यज्ञों में विघ्न डालने के प्रसंग आते हैं। ऐसा लगता है कि वास्तव में ऋषि-मुनियों द्वारा किये जा रहे ये यज्ञ वैज्ञानिक प्रयोग हुआ करते थे और उनके आश्रम प्रयोगशाला। ये प्रयोग मानवता की बेहतरी के लिये किये जाते थे, जिनका परिणाम सूत्र रूप में (मन्त्र रूप में) कण्ठस्थ कर लिया जाता था। उनके इन प्रयोगों से डरकर असुर उनकी प्रयोगशाला और प्रयोग के परिणामों को नष्ट करने की चेष्टा किया करते थे। अत: यह कहना उचित ही होगा कि इन ग्रन्थों में भी यज्ञ शब्द का प्रयोग हवन या बलिदान करने की अपेक्षा मानवता की भलाई के लिये किये जाने वाले प्रयोगों के रूप में किया गया है, जिसे ऋषि-मुनि अपना कर्त्तव्य समझते थे।

श्रीमद्भगवद्गीता कहती है कि सभी प्राणियों को जीवन निर्वाह के लिये भोजन की आवश्यकता होती है। भोजन (अन्न) वर्षा से उत्पन्न होता है। अच्छी और समय पर वर्षा के लिये वातावरण में संतुलन बनाये रखने की आवश्यकता है और यह संतुलन तभी बना रह सकता है जब सभी अपने कर्त्तव्य का ठीक से पालन करें। कर्त्तव्य पालन में की गई कोताही (लापरवाही) वातावरण के संतुलन को बिगाड़ उसके क्रम में व्यवधान बन सकती है। आज के आधुनिक युग के संदर्भ में यह बात बहुत सटीक बैठती है जहां मनुष्य ने अपने अनावश्यक सुखोपभोग के लिये तरह-तरह से वातावरण को दूषित कर विभिन्न संकटपूर्ण परिस्थितियां पैदा कर ली हैं।

प्रकृति अपना कर्त्तव्य पालन करने वालों की सभी जरूरतें यथोचित रूप से पूरा करती हैं। जो प्रकृति के इस ऋण का बदला अपने कर्त्तव्य का पालन कर नहीं चुकाते, वे तो मानों चोर सरीखे ही हैं। मनुष्य का कर्त्तव्य क्या है? इस

पर शास्त्रों में भली-भांति चर्चा की गई है और संतुष्टि का यही सर्वश्रेष्ठ साधन है। जो प्रकृति की इस व्यवस्था का पालन नहीं करते और अपनी इच्छापूर्ति में ही लगे रहते हैं वे तो पृथ्वी पर भार स्वरूप ही जीवित रहते हैं।

श्रीमद्‌भगवद्‌गीता कहती है कि पूर्व में भी महाराज जनकादि कर्त्तव्यपालन द्वारा संसिद्धि को प्राप्त हुए हैं। महापुरुषों का आचरण लोक में ओरों के लिये आदर्श की स्थापना करता है और संपूर्ण विश्व उनके आचरण का अनुसरण करता है। अत: प्रत्येक मनुष्य को निष्काम भाव से (अनासक्त भाव से) अपने कर्त्तव्य का पालन करना चाहिये। तथापि दूसरे के कर्त्तव्य की अपेक्षा, दोषयुक्त होने पर भी, अपने कर्त्तव्य का पालन करना ही अधिक श्रेष्ठ और कल्याणकारी है। दूसरे के कर्त्तव्य में प्रवृत्त होने की तुलना में अपने कर्त्तव्य पालन में प्राणोत्सर्ग करना श्रेयस्कर है। दूसरे के कर्त्तव्य का पालन करना तो हमेशा ही भय उत्पन्न करने वाला होता है। यहां यह ध्यान देने योग्य है कि श्रीमद्‌भगवद्‌गीता विभिन्न कर्त्तव्यों के बीच तुलना नहीं करती, न ही किसी एक के कर्त्तव्य को दूसरे के कर्त्तव्य से श्रेष्ठ या हेय बताती है, बल्कि प्रत्येक मनुष्य को उसके स्वयं का कर्त्तव्य भली-भांति निभाने को प्रेरित करती है।

शारीरिक कर्मों का दायरा विज्ञान (Science) का कार्यक्षेत्र है और मानसिक कार्यों का दायरा धर्म का और कर्मफल में आसक्ति की भावना से ऊपर उठना आध्यात्मिकता के दायरे में प्रवेश करना है। मानवता की प्रगति में विज्ञान की उपयोगिता के बारे में कोई भ्रांति या मतभेद की गुंजाइश नहीं है। विज्ञान न ही तो असंगत है, न ही आध्यात्मिक प्रगति की राह में कोई रूकावट या अनचाही वस्तु। यह 'सत्य' का एक पक्ष है जिसकी चमक स्वार्थ रहित कार्यों में देखने को मिलती है। मनुष्य समाज से भागकर नहीं जा सकता न ही अपनी जिम्मेदारियों से। वास्तव में कोई भी शास्त्र या धर्मग्रन्थ कर्महीनता (निष्क्रियता) या कर्त्तव्य पालन में अरुचि को उचित नहीं ठहराता।

एक कदम आगे जाते हुए, श्रीमद्‌भगवद्‌गीता कहती है कि जो मनुष्य आत्मा में ही आनन्द का अनुभव करता है, जो आत्मज्ञान से युक्त है और जो आत्मा में ही पूर्ण संतुष्ट है, उसके लिये कोई कर्त्तव्य शेष नहीं रहता। ऐसे स्वरूपज्ञानी महापुरुषों का किसी भी कार्य में कोई स्वार्थ नहीं रहता, न ही कर्म न करने का उनके लिये कोई कारण होता है, न ही वे किसी अन्य प्राणी के आश्रित रहते हैं। स्वाभाविक रूप से वे परमात्मा की इच्छानुसार कार्य करते हैं।

परमात्मा के आदिसंकल्प की परिणति जीवन के रूप में हुई और कर्म

जीवन-लक्षण का सिद्धांत है। कर्म जीवन रूपी वृक्ष पर लगा वह फल है जिसमें भविष्य के जीवन का बीज छिपा है। कर्मफल के बंधन के कारण जीव का पुनः ऐसे शरीर में जन्म होता है जो उसके कर्मफल को भुगतने के अनुरूप हो। इंसान का शरीर तीन शरीरों - स्थूल या भौतिक देह, सूक्ष्म या मानसिक देह (मन) एवं कारण शरीर या आत्मा से मिलकर बनता है। कर्म को अभिव्यक्ति देने में तीनों शरीर का संयोग आवश्यक होता है। स्थूल देह कार्य के भौतिक अंग (गति) को सम्पादित करती है, सूक्ष्म शरीर उस कार्य के मानसिक पक्ष का सम्पादन करता है, जिसमें सूक्ष्म अंग शामिल होते हैं, और कारण शरीर उस कार्य के संस्कारों को ग्रहण करता है, जिसे विश्राम या कारण शरीर में आनन्द की अनुभूति कहा जाता है। वास्तव में तो कर्म का उद्‌गम मन में होता है और उसका निरूपण शरीर (भौतिक शरीर) से तथा कर्मफल कारण शरीर में संग्रहित होता है।

मात्र इंसान को ही कर्म की स्वतंत्रता दी गई है, किसी अन्य प्राणी को यह आजादी उपलब्ध नहीं है। अन्य प्राणी तो अपने शरीर से केवल अच्छा या बुरा कर्मफल भुगतते हैं। यहां तक कि देवताओं (फरिश्तों) को भी कर्म करने की स्वतंत्रता नहीं है, हालांकि वे स्वर्ग का सुखोपभोग करते हैं। वे अपनी और अधिक आत्मिक उन्नति नहीं कर सकते और पुण्य क्षीण हो जाने पर, जिसके फलस्वरूप वे स्वर्ग का सुखोपभोग कर रहे थे, उन्हें पुनः जन्म-मृत्यु चक्र से गुजरना पड़ता है। केवल इंसान को ही यह अधिकार प्राप्त है कि वह अच्छे कर्मों द्वारा देवत्व हासिल करे या बुरे कर्मों में प्रवृत्त होकर पशु आदि निम्न योनियों में जन्म ले। उसे यह भी अधिकार प्राप्त है कि पाप-पुण्य के द्वैत से ऊपर उठ वह आत्मिक उन्नति करे और सत्य के साक्षात्कार रूपी परम लक्ष्य की ओर बढ़े।

प्रकृति के नियम न्याय पर आधारित हैं और प्रकृति किसी का ऋण नहीं रखती। भौतिक कर्मों का प्रभाव स्थूल शरीर पर दिखलायी देता है। यदि कर्म अच्छे हों तो स्थूल शरीर भी अच्छी स्थिति में रहता है और जो बुरे कर्म करते हैं, उनके शरीर पर बुरा प्रभाव दिखाई देता है। इरादे के साथ किये गये कर्मों का प्रभाव मानसिक प्रसन्नता या खिन्नता के रूप में दिखाई देता है। यही कारण है कि संसार में हम लोगों को अलग-अलग दशाओं में देखते हैं।

कर्मफल को तीन श्रेणियों में बांटा गया है। एक संचित, दूसरा प्रारब्ध व तीसरा क्रियामान। संचित कर्म वे हैं जिनके भुगतने का समय अभी नहीं आया और वे हमारे प्रकाश-वलय (तेजस) में विद्यमान रहते हैं। प्रारब्ध संचित कर्म का वह हिस्सा है जिनका हमारी वर्तमान जिंदगी में फल मिलता रहता है और

क्रियामान वह कर्म हैं जिनमें से कुछ के फल हम इसी जीवन में भुगत लेते हैं और कुछ संचित हो जाते हैं। प्रारब्ध पर मनुष्य का कोई वश नहीं है और उसका परिणाम भुगतना ही पड़ता है, सिवाय इसके कि पूर्ण ज्ञानी महात्मा दयावश कभी कभी प्रारब्ध के भुगतान का तरीका बदल देते हैं।

उपरोक्त वर्णन से ऐसा आभास होता है कि इंसान पूरी तरह से परवश है, लेकिन वास्तव में ऐसा नहीं है। उदाहरणार्थ हम एक दौड़ती हुई मोटर कार को ले सकते हैं। इस दौड़ती हुई कार का अपना एक निश्चित मार्ग है और यदि चालक कुछ न करे तो भी कार कुछ दूरी तक उसी दिशा में चलती जायेगी। यह प्रारब्ध की तरह है। चालक के पास स्टीयरिंग, एक्सीलिरेटर व ब्रेक है जिससे वह कार की गति एवं दिशा को नियंत्रित कर सकता है। यह वर्तमान कर्म की तरह हैं, जिससे मनुष्य अपने भविष्य में यथोचित परिवर्तन का प्रयास कर सकता है। हां एकदम से ब्रेक लगाने या दिशा परिवर्तन से दुर्घटना का अंदेशा रहता है। इसी तरह मनुष्य के स्वभाव व आचरण में भी धीरे-धीरे परिवर्तन आ सकता है। कभी-कभी अंगुलीमाल और संत वाल्मीकी जैसे उदाहरण भी सामने आते हैं, जिनमें जीवन की दशा में एकाएक परिवर्तन आ जाता है। यह इस प्रकार समझा जा सकता है कि बहुत तेज चलती गाड़ी एकदम ब्रेक लगाने से पूरी तरह मुड़कर एकदम विपरीत दिशा में चलने लग जाए।

इंसान को भले और बुरे के बीच फर्क करने के लिये बुद्धि दी गई है। यदि वह अपने विवेक का प्रयोग कर दृढ़ प्रतिज्ञ हो कर अच्छे कार्यों में जीवन लगाता है तो कहा जा सकता है कि वह उन्नति का प्रयास कर रहा है, वरना इच्छाओं और वासनाओं की पूर्ति में व्यतीत जीवन तो मानव देह के रूप में मिले इस अनुपम उपहार को व्यर्थ ही गंवाना है।

कर्म का फल समाप्त नहीं होता। प्रत्येक व्यक्ति के इर्द-गिर्द एक प्रकाश-वलय (तेजस)रहता है। अच्छे और बुरे कर्मों के अनुसार इस वलय की रंगत में परिवर्तन होता रहता है। सतगुणी विचारों से सुनहला-अति उज्ज्वल प्रकाश उत्पन्न होता है, रजोगुणी कार्यों से लाल सुर्ख व तमोगुणी कार्यों से काला स्याह हो जाता है। इस तरह भिन्न-भिन्न विचारों, इच्छाओं और कार्यों के कारण भिन्न-भिन्न तरीके के मिश्रित रंग पैदा हो जाते हैं। इसी के अनुसार कार्यों के फल मिलते हैं, और कार्यों के परिणास्वरूप जो रंग इस वलय में मौजूद रहता है, वह उस समय तक दूर नहीं होता जब तक कि उस कार्य का परिणाम न भुगत लिया जाए। फल भुगतने के बाद व्यक्ति में फिर आगे बढ़ने, उन्नति करने

की योग्यता आ जाती है, बशर्ते कि वह आइन्दा के लिये बुरे कर्मों से तौबा कर ले। यह प्रकाश-वलय (तेजस) इंसान की आध्यात्मिक उन्नति में भी सहायक होता है। जैसे जैसे इस तेजस में प्रकाश की रंगत बदलती है वैसे वैसे आदमी के विचार, मन-मस्तिष्क और शरीर में भी बदलाव आते रहते हैं। यह प्रकाश-वलय न केवल व्यक्ति की उन्नति या पतन का प्रतीक होता है, बल्कि उसके प्रिय सगे सम्बन्धी और मित्र-बन्धुओं पर भी अपना प्रभाव डालता है। साधु-महात्माओं की संगति से जो शांति-लाभ इंसान को मिलता है वह केवल उनके उपदेश के कारण ही नहीं बल्कि उनके पवित्र व उज्ज्वल तेजस की तासीर ऐसी होती है कि उनसे मिलने वालों के दिल भी पाक-साफ हो जाते हैं। इसी प्रकार बुरे लोगों की संगत का प्रभाव बुरा होता है। संत-महात्माओं का प्रकाश-वलय बहुत सुनहरा और चमकीला होता है और सिर के चारों तरफ का वलय बाकी शरीर की अपेक्षा ज्यादा प्रकाशवान होता है।

यह सवाल पूछा जा सकता है कि संत-महात्मा समाज के लिये क्या करते हैं? उत्तर सीधा सा है। जिस प्रकार वृक्ष अपनी जगह पर स्थिर खड़े वायुमंडल को शुद्ध करते रहते हैं, वैसे ही साधु-जन भी अपने अनुग्रह द्वारा औरों के विचार (मन-मस्तिष्क) पवित्र करते रहते हैं। यद्यपि ऐसा लग सकता है कि वे मानवता की उन्नति के लिये कुछ नहीं कर रहे हैं, लेकिन शांत भाव से बैठे वे समस्त प्राणियों के कल्याण व शांति की प्रार्थना करते रहते हैं और यही मानवता की सबसे बड़ी सेवा है।

कर्म-सिद्धांत के अनुसार गुनाहों से तौबा करने से, अर्थात् क्षमा-प्रार्थना करने से क्षमा मिलने की गुंजाइश रहती है; लेकिन यह विशेष तौर पर ही मिल सकती है। गुनाह के दो परिणाम होते हैं, एक शारीरिक या मानसिक कष्ट, दूसरे दिल की बेचैनी जो आध्यात्मिक उन्नति में बाधक होती है। सच्चे हृदय से पश्चाताप करने और पुनः ऐसे कर्म न करने का दृढ़ निश्चय करने से व्यक्ति के हृदय की कलुषता दूर हो कर हृदय पवित्र होने लगता है और वह भावी नेक कार्य करने की योग्यता प्राप्त कर लेता है। अब जो कष्ट उसे अपने किए कर्मों के फलस्वरूप मिल रहे हैं, उन्हें वह मानसिक स्थिरता के साथ बिना विचलित हुए सहन करता है। तकलीफ को सहन करने और मानसिक बेचैनी के दूर हो जाने का जो आध्यात्मिक प्रगति में बाधक थी, गुनाहों का क्षमा हो जाना कहते हैं। यह नियम समस्त इंसानों के लिये समान है। एक और तरीका गुनाहों की माफी के लिये है जो ऊँचे दर्जे के आध्यात्मिक व्यक्तियों के लिये है। यह है कर्मफल के

भुगतान में परिवर्तन! गुनाह के फलस्वरूप जो कष्ट मिलता है उसके दो अंग होते हैं, एक अवधि व दूसरा शिद्दत (मात्रा, असर, तेजी)। यदि कष्ट की अवधि कम करके उसकी तेजी बढ़ा दी जाए तो कष्ट के परिणाम में उचित परिवर्तन हो जाता है। व्यक्ति संचित कर्म भी इसी जीवन में भुगत सकता है, यदि उनकी तीव्रता इस तरह बढ़ा दी जाये कि इसी जीवन में उन कर्मों का फल भुगता जा सके। इसके लिये ज्ञान एवं कष्टों को सहने की शक्ति दोनों चाहिये और केवल पूर्ण गुरु में ही ऐसी सामर्थ्य होती है। अक्सर हम संतों को रुग्ण अथवा कष्टदेय स्थितियों में देखते हैं, वो शायद इसीलिये कि वे इसी जन्म में अपने सभी कर्मफलों का भुगतान कर देना चाहते हैं। एक बार कर्मफल के पूर्ण भुगतान के बाद उन्हें पुनर्जन्म की आवश्यकता नहीं होती, सिवाय परमात्मा की इच्छानुसार उसके दिये गये कार्य को पूरा करने के लिये।

जैसा कि पहले लिखा जा चुका है कर्म जीवन-लक्षण का सिद्धांत है, अतः यह भी सच है कि कर्म ही मुक्ति का साधन भी है। यदि स्थूल शरीर और सूक्ष्म शरीर में सामंजस्य हो और वे अपने स्वाभाविक गुण के अनुसार संयुक्त हो कर्म में प्रवृत्त हों तो वह स्वाभाविक कर्म कहलाता है, अर्थात् यदि मन में किसी प्रकार की कुंठा न उत्पन्न हो तो कर्म स्वाभाविक होता है। लेकिन मन में अहं का विचार यानि स्वार्थ के कारण नीयत शामिल होकर विचार का रूप ले लेती है। भले और बुरे का विचार सही या गलत नीयत में निहित है। इरादे के साथ कार्य करने वाले को मालूम होता है कि भलाई करना ठीक है और बुराई करना गलत है। यह विचार ही कर्म सिद्धांत लागू होने का मुख्य आधार है।

भले और बुरे दोनों की सोच का पर्दा, माया का पर्दा है क्योंकि भले और बुरे दोनों ही प्रकार के कर्म कर्त्ता को बंधन में डाल देते हैं। दान इत्यादि भले कर्म जो पुरस्कार पाने की (स्वर्ग या पुण्य) इच्छा से किये जाते हैं, वे भी इस इच्छा रूपी रस्सी द्वारा सकाम कर्म के बंधन में बंध जाते हैं। वे दूसरों से बेहतर हैं, ऊपर हैं, लेकिन वे भी मुक्त नहीं हैं। हां, यदि स्वार्थ का या अहं का कार्य में कोई विचार न हो तो ऐसा कार्य स्वाभाविक, स्वतः और स्वार्थरहित होगा और किसी तरह का बंधन उपस्थित नहीं करेगा।

उपरोक्त वर्णन से यह स्पष्ट है कि जीव कर्म करने के लिये बाध्य है और वह कर्म बन्धन से मुक्ति केवल निष्काम कर्म द्वारा ही पा सकता है। लेकिन प्रश्न यह उठता है कि निष्काम कर्म हेतु आवश्यक मनस्थिति कैसे प्राप्त हो? इस संदर्भ में श्रीमद्भगवद्गीता सावधान करती है कि जिस प्रकार कछुआ अपने

अंगों को सब ओर से समेट लेता है, उसी भांति जो मनुष्य अपनी इन्द्रियों को विषयों से हटा लेता है, उसकी बुद्धि स्थिर हो जाती है। लेकिन इन्द्रिय-तृप्ति का संयम करने से देहबद्ध जीव के विषय तो निवृत्त हो जाते हैं परंतु भोगों में आसक्ति बनी रहती है। यह आसक्ति तभी समाप्त होती है जब मनुष्य उससे भी उत्तम रस अर्थात् दिव्य भक्तिरस के आनन्द का अनुभव करता है। इसी संदर्भ में गोस्वामी तुलसीदास जी ने भी रामचरितमानस के उत्तरकाण्ड में लिखा है :

इन्द्रिय द्वार झरोखा नाना,
तहां तहां सुर बैठे कर थाना,
आवत देखहि बिषय बयारी,
ते हठि देहि कपारि उघारी,
जब सो प्रभजंन उर गृह जाई,
तब ही दीप विज्ञान बुझाई,
ग्रन्थि ना छूटी मिटा सो प्रकासा,
बुद्धि विकल भई विषय बतासा
इन्द्रिया सुरन्ह ना ज्ञान सुहाई,
विषय भोग पर प्रीत सदाई,
विषय समीर बुद्धि कृत भोरी,
तेहि विधि दीप को बार बहोरी।

अर्थात् इन्द्रियों के द्वार हृदयरूपी घर के अनेकों झरोखे हैं। वहां वहां देवता अपना स्थान जमाकर बेठे हैं। ज्यों ही वे विषयरूपी हवा को आते देखते हैं, त्यों ही हठपूर्वक किवाड़ खोल देते हैं। ज्यों ही वह तेज हवा हृदय रूपी घर में जाती है, त्यों ही वह विज्ञानरूपी दीपक बुझ जाता है। गांठ भी नहीं छूटी और वह (आत्मानुभवरूप) प्रकाश भी मिट गया। विषयरूपी हवा से बुद्धि व्याकुल हो गयी (सारा किया-कराया चौपट हो गया)। इन्द्रियों और उनके देवताओं को ज्ञान (स्वाभाविक ही) नहीं सुहाता; क्योंकि उनकी प्रीति सदा ही विषय-भोगों में रहती है और बुद्धि को भी विषयरूपी हवा ने बावली बना दिया। तब फिर (पुनः) उस ज्ञानदीपक को उसी प्रकार कौन जलाये?

भौतिक इच्छाएं अज्ञान के कारण उत्पन्न होती हैं। जैसे-जैसे मनुष्य आत्मिक पथ पर उन्नति की दिशा में आगे बढ़ता जाता है, इच्छाएं कम होकर

समाप्त होने लगती हैं। इंसान हमेशा शांति चाहता है लेकिन गलत रास्ता चुन लेता है। वह शांति को बाहरी वस्तुओं में खोजता है, लेकिन उनमें शांति नहीं पाता। वह स्वयं शांति और आनन्द का केन्द्र है मगर वह उन्हें बाहर ढूंढता है। वास्तव में राहत या सुकून आत्मा में है और जब दिल को शांति मिलती है तो राहत पैदा होती है। इच्छाओं के पूरी न होने से बेचैनी बढ़ती है और राहत पर पर्दा पड़ जाता है। इच्छा पूरी होने पर यह पर्दा हट जाता है, जिससे इंसान समझता है कि राहत उस वस्तु में थी जबकि वास्तव में उस वस्तु ने सिर्फ बेचैनी को दूर किया जो राहत पर पर्दा डाल रही थी। इच्छाएं शांति को उसी तरह आंदोलित कर देती हैं जैसे स्थिर पानी में पत्थर फैंक दिया जाए। इच्छाएं अन्तहीन हैं; एक इच्छा पूरी होने पर तुरंत दूसरी इच्छा जागृत होने लगती है। अतः इच्छाओं का पूरी होना असंभव है। इच्छाएं ही हमारी तकलीफ का असली कारण व साक्षात्कार में बाधक हैं।

इच्छाओं पर विजय मन को काबू में कर संतोष करने से ही प्राप्त हो सकती है। लेकिन इसका अर्थ अपने कर्त्तव्य से विमुख होना नहीं है बल्कि अनासक्त भाव ग्रहण करना है। ना किसी वस्तु से राग न द्वेष। इच्छाओं से मुक्त होने का सही तात्पर्य है लगाव और नफरत दोनों से मुक्ति। यह मन की ऐसी स्थिति का नाम है जिसमें मन न तो इच्छित वस्तु पाकर हर्ष मग्न हो जाये न ही विफलता में उदास हो जाए। दोनों ही स्थितियों को समभाव से सहन करना सच्ची अनासक्ति का प्रतीक है। यहां यह कह देना भी उचित होगा कि अनासक्ति का अर्थ अपने कर्त्तव्य का जैसे तैसे निर्वाह या अधूरे मन से कर्त्तव्य पालन नहीं है। जो भी किया जाए उसे पूरी श्रद्धा और सामर्थ्य के साथ किया जाए। कर्म अनन्त है। एक कार्य दूसरे कार्य को जन्म देता है और इस तरह कार्यों की एक शृंखला बन जाती है। इंसान कर्म से या उनके फल से दूर नहीं भाग सकता। कुछ कर्मों का परिणाम तुरंत सामने आ जाता है और कुछ का बाद में। अनासक्त कर्म का अर्थ है कर्म के फल में अनासक्ति अर्थात् कर्मफल कर्म करने का प्रेरक तत्त्व नहीं होना चाहिये। यह उस मनोदशा का नाम है जिसमें कर्म को निःस्वार्थ भाव से सामूहिक परिप्रेक्ष्य में देखने की प्रवृत्ति मन में विकसित होती है। इस बात में भी कोई संदेह नहीं है कि किसी भी कार्य को उसका परिणाम सोचकर ही अंजाम दिया जाना चाहिये। लापरवाही और उपेक्षा पूर्वक किये गए कार्य का व्यक्ति स्वयं उत्तरदायी होता है। मनुष्य को विवेक दिया गया है ताकि वह किसी भी कार्य को करने से पहले उसके भले और बुरे परिणामों का विचार कर ले एवं परिस्थिति अनुसार जो उचित हो वह करे। संदेह होने पर शास्त्र एवं महापुरुषों

का आचरण उसका मार्गदर्शन कर सकते हैं। कार्य का परिणाम व्यक्ति के हाथ में नहीं है। वह बहुत सी बातों पर निर्भर करता है और प्रारब्ध भी इनमें से एक है। अत: व्यक्ति को प्रयास करने की स्वतंत्रता है लेकिन उस प्रयास के परिणाम पर उसका कोई जोर नहीं है। कार्य के परिणाम को समभाव से सहन करना सच्चे अर्थों में उसके फल के प्रति अनासक्ति है। ऐसा व्यक्ति न तो सफलता में हर्षातिरक से विभोर हो जाता है न ही विफलता से उदास होकर किंकर्त्तव्यविमूढ़ हो जाता है, बल्कि दोनों ही परिस्थितियों में संतुलित और स्थिर प्रज्ञ रहता है और उसकी भीतरी शांति भंग नहीं होती।

इंसान को भौतिक पदार्थों को त्यागने से वास्तविक शांति नहीं मिलती। वास्तविक शांति अहं का त्याग करने से मिलती है क्योंकि अहं के कारण ही उसका भौतिक पदार्थों से लगाव होता है। नाते-रिश्तों को ठुकराना आत्मिक उन्नति में सहायक नहीं होता क्योंकि ऐसा करने से इस बात की अधिक संभावना है कि इस त्याग के अभिमान के कारण उसका अहं और अधिक तुष्ट हो। इस संदर्भ में श्रीमद्भगवद्गीता द्वितीय अध्याय में कहती है कि जिन्हें कर्मफल की चाहना है वे तो अत्यंत दीन हैं अत: इंसान को भक्तियोग का आश्रय लेकर सकाम कर्मों से मुक्त हो जाना चाहिये। भक्ति योग के परायण मनुष्य इसी जीवन में पाप और पुण्य दोनों से ऊपर उठ जाता है। ऐसे विवेकी पुरुष जो परमात्मा की शरण स्वीकार कर लेते हैं, अनायास ही संसार में ही कर्मफल का त्यागकर जन्म-मृत्यु चक्र से सदा के लिये मुक्त हो जाते हैं।

यहां भक्ति का सच्चा अर्थ क्या है, जान लेना आवश्यक है। भक्ति का शाब्दिक अर्थ है जुड़ना। परमात्मा की याद में डूब जाना। अपने अहं को पूरी तरह त्याग कर परमात्मा के हुजूर में हाजिर रहना अर्थात् परमात्मा का सामीप्य प्राप्त करना। भक्ति के विषय में 'नारद भक्ति सूत्र' का अवलोकन बहुत उपयोगी है। नारद भक्ति सूत्र के अनुसार भक्ति प्रेमस्वरूपा है। भगवान में अनन्य प्रेम हो जाना ही भक्ति है। ज्ञान, कर्म आदि साधनों के आश्रय से रहित और सब ओर से स्पृहाशून्य होकर चित्तवृत्ति अनन्य भाव से जब केवल भगवान में ही लग जाती है; जगत के समस्त पदार्थों से तथा परलोक की समस्त सुख-सामग्रियों से, यहां तक कि मोक्ष-सुख से भी चित्त हटकर एकमात्र अपने परम प्रेमास्पद भगवान में लगा रहता है; सारी ममता और आसक्ति सब पदार्थों से सर्वथा निकलकर एकमात्र प्रियतम भगवान के प्रति हो जाती है, तब उस स्थिति को 'अनन्य प्रेम' कहते हैं। यह अनन्य प्रेम वह अमृत है जिसे पीकर इंसान अमर हो जाता है। वह दिव्यात्मा बन जाता है।

श्रीमद्भागवत के ग्यारहवें स्कन्ध के अध्याय 14 में कहा गया है कि भगवान का अनन्य प्रेमी कुछ नहीं चाहता। उसे ब्रह्मा या इन्द्र का सिंहासन भी नहीं चाहता। उसमें कुछ अधूरेपन की भावना बाकी नहीं रहती, न ही किसी वस्तु की वासना। परमात्मा का प्रेम उसे पूर्ण संतुष्ट कर दिव्य अवस्था प्रदान करता है जिससे वह सब ओर परमात्मा की इच्छा को ही क्रियाशील देखता है। उसे मृत्यु में भी परमात्मा की इच्छा दिखती है और जन्म में भी। उसे मृत्यु का भय नहीं रहता; हकीकत में तो उसके लिये मृत्यु का कोई अस्तित्व ही बाकी नहीं रहता। केवल जब तक संसारी पदार्थ परमात्मा से पृथक् दिखायी देते हैं, तभी तक व्यक्ति उनमें सुख खोजता है। जब यह अनुभूति हो जाती है कि सभी कुछ परमात्मा से ही उत्पन्न हुआ है, उसका यह मोह समाप्त हो जाता है। परमतत्त्व के साक्षात्कार से वह पूर्ण संतुष्ट हो रहता है।

ऐसे अनन्य भगवद् भक्त का हृदय परमात्मा के प्रेम से इस कदर भरा रहता है कि उसके हृदय में किसी अन्य वस्तु के लिये कोई रिक्त स्थान नहीं बचता। कहा जाता है कि श्रीकृष्ण जी के मथुरा चले जाने के बाद उद्धव गोपियों को, जो श्रीकृष्ण के विरह में व्याकुल थीं, ज्ञान का उपदेश देने के लिये गये। उनका उपदेश सुनकर गोपियों ने उनसे कहा:

उधौ मन न भये दस-बीस,
एक हुतो सो गयो श्याम संग, कौ आराधै ईस।

गोपियों ने उनसे कहा कि उनके पास केवल एक हृदय था जो उनके प्रियतम श्रीकृण के साथ ही चला गया, अब परमात्मा के भजन के लिये वे दूसरा हृदय कहां से लायें? जब हृदय में श्रीकृष्ण पूरी तरह समा गये हों तो किसी और के लिये जगह ही कहां बची। उनकी आखें किसी और को नहीं देखती, उनका हृदय उनकी आंखों में किसी अन्य की छवि बसने ही नहीं देता। इसी तरह सूफी संत हजरत राबिया के लिये कहा जाता है कि उन्होंने पवित्र कुरान से ये शब्द- ''शैतान से नफरत करो'' काट दिये थे। उसका कारण पूछने पर उन्होंने कहा कि परमात्मा के प्रेम ने उनके हृदय में किसी अन्य के लिये नफरत की जगह ही नहीं छोड़ी।

सौभाग्य से जिनके हृदय में परमात्मा के प्रति ऐसा प्रेम अपनी जगह बना लेता है वे उस प्रेम के अथाह समुद्र में पूरी तरह डूब जाते हैं। वे संसार की सभी वस्तुओं को भूल, विस्मय चकित व्यक्ति की तरह दिखाई देते हैं क्योंकि प्रियतम के प्रेम में खो जाने के कारण उनका अपना पृथक् अस्तित्व ही बाकी

नहीं रहता।

परमात्मा के प्रति यह भक्ति और प्रेम बदले में कुछ नहीं चाहता। दुनियावी पदार्थों -- धन सम्पत्ति की तो बात ही क्या, स्वर्ग के भोगों और मुक्ति की भी चाहना भक्त को नहीं रहती। इस प्रेम भक्ति के हृदय में बस जाने पर सारी इच्छाएं समाप्त हो जाती हैं, और भक्त पूर्णकाम हो जाता है। उसका किसी कर्म में कोई स्वार्थ नहीं रहता। जाने-अनजाने उसके सभी कर्म भगवद् प्रसन्नता के लिये और परमात्मा की इच्छानुसार ही सम्पन्न होते हैं। जिस तरह सूर्य कहीं पर अंधकार नहीं कर सकता, उसी तरह ऐसा भक्त परमात्मा की इच्छा के विरुद्ध कोई कार्य नहीं कर सकता, उसके सभी कर्म परमात्मा को समर्पित होते हैं। लेकिन यहां भी कर्त्तव्य से विमुखता के प्रति सावधानी बरतने की आवश्यकता है; जब तक भक्ति और प्रेम में ऐसी स्थिति न आ जाये कि उसमें डूबकर पूर्ण विस्मृति हो जाये और कोई स्वार्थ या अहं बाकी न रहे, तब तक शास्त्रविहित कर्त्तव्य पालन से विमुख नहीं होना चाहिए।

ऐसा प्रेमी भक्त एकमात्र अपने प्रियतम भगवान को ही जानकर, उसी को सर्वस्व मानकर, केवल भगवान का ही आश्रय लेकर सारी चेष्टाऐं उसी के लिये करता है। समस्त चराचर में वह अपने प्रियतम परमात्मा के ही दर्शन पाता है और अपने प्रियतम के लिये किसी भी त्याग बलिदान के लिये तैयार रहता है। संत मीराबाई के पत्र के उत्तर में गोस्वामी तुलसीदास जी ने लिखा था:

जाके प्रिय न राम बैदेही
तजिये ताहिं कोटि बैरी सम जद्यपि परम सनेही,
पिता तज्यो प्रहलाद, विभीषण बंधु, भरत महतारी,
बलि गुरु तज्यो, कंत ब्रजबनितानि, भए जग मंगलकारी।

प्रह्लाद ने भगवान के प्रतिकूल पिता की आज्ञा नहीं मानी, विभीषण ने भाई का साथ छोड़ दिया, भरत जी ने माता की आज्ञा का पालन नहीं किया, राजा बलि ने गुरु शुक्राचार्य जी की आज्ञा नहीं मानी और गोपियों ने श्रीकृष्ण प्रेम में पतियों की आज्ञा पर ध्यान नहीं दिया और ये सभी जगत के लिय कल्याणकारी हुए।

विभिन्न ऋषियों ने अपने-अपने मतानुसार भक्ति के लक्षण का वर्णन किया है। महर्षि व्यास के मतानुसार जिसका मन परमात्मा की उपासना में तल्लीन हो वह भक्त है। दूसरे शब्दों में, जिसने अपना तन-मन और धन भगवान की सेवा में समर्पित कर दिया, वह भक्त है। श्री गर्गाचार्य के अनुसार, भगवान की कथा

आदि में अनुराग होना ही भक्ति है। उनके अनुसार परमात्मा की दिव्य लीला, महिमा, उनके गुण और नाम-संकीर्तन और श्रवण में मन लगाना भक्ति का प्रधान लक्षण है। शाण्डिल्य ऋषि के मत में अविच्छिन्न रूप से शुद्ध आत्मस्वरूप में रत रहना ही आत्मरति है; इस आत्मरति में नित्य स्थित रहने को ही निर्गुण परब्रह्म उपासक भक्ति कहते हैं। आत्म रूप से प्रत्येक प्राणी में परमात्मा ही विराजमान है, अत: उस सर्वात्मा में रति होना वस्तुतः भगवान की भक्ति ही है।

देवर्षि नारद, जो सभी भक्तों में सर्वश्रेष्ठ माने जाते हैं, उनके मतानुसार, अपने सब कर्मों को भगवान को अर्पण करना और भगवान का क्षणमात्र भी विस्मरण होने से परम व्याकुल होना ही भक्ति है। देवर्षि नारद का यह मत उपरोक्त सभी आचार्यों का न केवल समर्थन करता है बल्कि उन्हें बल भी प्रदान करता है। श्रीमद्‌भगवद्‌गीता के अध्याय 6 में कहा गया है कि तपस्वियों से, शास्त्र ज्ञाताओं से और सकामकर्मियों से, सभी से योगी श्रेष्ठ है और संपूर्ण योगियों में भी वह भक्तियोगी परम श्रेष्ठ है जो परमात्मा में श्रद्धावान है और अन्तरात्मा को परमात्मा में लगाकर निरंतर उसे भजता (स्मरण करता) है। इसके अलावा आठवें अध्याय में कहा गया है कि जो मन-बुद्धि को परमात्मा में एकाग्र कर समस्त कर्मों को परमात्मा को अर्पण करता है और अनन्य चित्त से निरंतर परमात्मा का स्मरण करता है वह निःसंदेह परमात्मा को प्राप्त होता है।

परमात्मा के प्रति भक्ति और प्रेम ही समस्त कर्मों, ज्ञान एवं तपस्या का परिपक्व फल है। यह परम उद्‌देश्य है जिसे पाने के बाद कुछ और पाना बाकी नहीं रहता। निष्काम-कर्मी, ज्ञानी और तपस्वियों को अपनी उपलब्धि का गर्व हो सकता है और परमात्मा को गर्वहारी कहा गया है। वह किसी के गर्व को नहीं रहने देता। वास्तव में तो यह उसकी दया-कृपा है कि वह गर्व-अभिमान को हर लेता है क्योंकि गर्व के कारण साधक की आत्मिक उन्नति रुक जाती है। गर्व दूर होने से वह फिर आगे बढ़ने की पात्रता पा लेता है। लेकिन भक्त के हृदय में गर्व के लिये कोई स्थान नहीं होता। वह तो अपने को कुछ समझता ही नहीं। परमात्मा दीनों को सबसे अधिक प्रेम करता है। उस समस्त ब्रह्माण्डों के मालिक के पास सब कुछ है, वह सभी ऐश्वर्यों का मालिक है, यदि उस के पास कुछ नहीं है तो वह है दीनता। लेकिन इंसान का दंभ आसानी से नहीं जाता। दीनता का अर्थ साधन-विहीन होना नहीं है बल्कि अभिमान और झूठे अहं का दूर होना है, जब उसके कर्तापन का भाव दूरहो कर समस्त कार्यों में परमात्मा की इच्छा नजर आने लगती है, तब बड़ी से बड़ी सफलता और उपलब्धि में वह गर्वहीन

रहता है और औरों को अपने से श्रेष्ठ जानने लगता है, तब वह वास्तव में परमात्मा के निकट पहुँच जाता है।

अद्वैतवाद के महानतम आचार्य आदिगुरु शंकराचार्य के अनुसार ज्ञान ही मुक्ति का साधन है। उनके मतानुसार, आत्म-साक्षात्कार ज्ञान द्वारा ही संभव है, ठीक उसी प्रकार जैसे अंधकार को दूर करने के लिये प्रकाश की आवश्यकता होती है। निष्काम कर्म द्वारा अज्ञान दूर नहीं हो सकता क्योंकि निष्काम कर्म और अज्ञान में कोई विरोधाभास नहीं है। कुछ अन्य आचार्यों के मतानुसार परमात्मा का ज्ञान उनके प्रति भक्ति और प्रेम पैदा करता है और कुछ अन्य ज्ञान एवं प्रेम को सम्बद्ध मानते हैं। जो भी हो, अन्ततः परमात्मा के प्रेम में पूर्ण रूप से समर्पित होना ही सर्वोपरि लक्ष्य है।

इन्द्रियों को इन्द्रिय-विषयों से हटाने और वासनाओं पर नियंत्रण पाने से भक्ति में सहायता मिलती है। लेकिन विषयों में आसक्ति फिर भी रह ही जाती है। यह केवल निरंतर भजन (स्मरण) से ही दूर होती है। निरंतर स्मरण भक्ति का अविभाज्य अंग है। यह साधन और लक्ष्य दोनों ही है। अपने प्रियतम को भुला देने वाला सच्चा प्रेमी नहीं हो सकता। इन्द्रिय-विषयों में आसक्ति का त्याग ही सच्चा त्याग है और निरंतर स्मरण ही सर्वोपरि अभ्यास। जो इस सच्चे त्याग और अभ्यास का प्रयत्न करता है वह निःसंदेह परमात्मा का प्रेम पाने की पात्रता पा जाता है। श्रीमद्भगवद्गीता इस संदर्भ में स्पष्ट घोषणा करती है कि जो नित्य-निरंतर अनन्य भाव से परमात्मा का स्मरण करता है, उसके लिये परमात्मा सुलभ है क्योंकि वह नित्य भक्तियोग के परायण रहता है। वह परम संसिद्धि को प्राप्त हो जाता है।

नित्य-निरंतर स्मरण की स्थिति सत्गुरू के शरणागत होने पर सहज संभव है। श्रीमद्भगवद्गीता इस संदर्भ में कहती है कि सद्गुरु के शरणागत होकर विनम्र, जिज्ञासा और निष्कपट भाव से उनकी सेवा करके इस तत्त्व को जाना जा सकता है। इस तत्त्व को जानने वाले आत्मज्ञानी महापुरुष (सद्गुरु) ही इस ज्ञान का उपदेश कर सकते हैं, अर्थात् साधक के हृदय में वे ही इस नित्य-निरंतर भजन-स्मरण के बीज को रोपित कर सकते हैं।

सद्गुरु आवश्यक है। स्वयं अपने प्रयास द्वारा, मन के स्तर से बाहर निकलना संभव नहीं है। मन अपने को अपने से रिक्त नहीं कर सकता। यदि कोई निरंतर मन के स्तर पर कार्यरत रहे तो मन को रिक्त करना किस प्रकार संभव हो सकता है? मन को पीछे छोड़, उसे भूल आगे बढ़ने के लिये सद्गुरु की

आवश्यकता है। सद्गुरु मन के लिये ध्यान केन्द्रित करने का आधार होता है। मन को स्थिर होने के लिये सहारे की आवश्यकता होती है। मन जिस चीज के विषय में सोचता है उसका रूप ले लेता है, अर्थात् उसमें एकाग्र हो उसके गुण और स्वभाव को ग्रहण करने लगता है। अत: सद्गुरु पर ध्यान केन्द्रित करने से उनके गुण साधक में स्वभावत: उतरने लगते हैं। आत्मिक ज्ञान और अनुभव को शब्दों में बयान नहीं किया जा सकता। यह केवल हृदय-से-हृदय को संप्रेषित किया जा सकता है। सद्गुरु की शरण ग्रहण करने से साधक अपना अहं उनके चरणों में न्यौछावर कर देता है। यह अहं से छुटकारा पाने का सरलतम और शीघ्रतम उपाय है। अहंकार ही वास्तव में शैतान है। शास्त्रों में ऐसे कई उदाहरण मौजूद हैं जिनमें बहुत ऊँची स्थिति प्राप्त कर लेने के पश्चात् भी लोगों को अहंकार के कारण पतन का मार्ग देखना पड़ा। सद्गुरु स्वयं अपने अनुभव द्वारा मार्ग की ऊँचाई-निचाई से वाकिफ होता है और उसकी बारीकियां जानता है। अत: वह साधक को सरलता से, सहजता से मंजिल तक ले जाता है।

प्रत्येक इंसान का व्यक्तित्व अलग होता है और उसकी आध्यात्मिक उन्नति की आवश्यकता भी उसकी प्रकृति, उसके आध्यात्मिक विकास के वर्तमान स्तर वगैरह पर निर्भर करती है। सद्गुरु उन्हें उनकी विकास की संभावनाओं, उनके चरित्र और पूर्व में उनकी स्थिति के अनुसार तालीम देता है। यह शिक्षा समय, स्थान और साधक की आवश्यकताओं के अनुरूप होती है। सद्गुरु जानता है कि साधक के लिये क्या उचित है और किस तरह उसके चरित्र को शीघ्रता से और बिना तकलीफ के ढाला जा सकता है। लेकिन वह किसी धर्म की आलोचना नहीं करता या उसके विरुद्ध नहीं जाता, क्योंकि उसकी दृष्टि में सभी धर्म साक्षात्कार के अलग-अलग रास्ते हैं।

सद्गुरु उस दरवाजे की तरह है जिसके एक तरफ प्रकाश का इच्छुक साधक (शिष्य) है और दूसरी तरफ प्रकाशमय अनन्त आकाश (परमात्मा)। सद्गुरु शिष्य को अनन्त से जोड़ने वाली कड़ी है। वह परमात्मा का प्रतिनिधि है लेकिन मनुष्य शरीर में होने के कारण मनुष्य की सीमाओं और परिस्थितियों से बंधा। सद्गुरु सीमित और असीमित दोनों से जुड़ा है। सद्गुरु ही अपनी कृपा द्वारा शिष्य की आस्था और विश्वास को जगाता है। वह उसके हृदय में यह विश्वास दृढ़ करता है कि इंसानी कमजोरियों के बावजूद भी उसके लिये उन्नति करना संभव है। सद्गुरु का स्वयं का उदाहरण उसके सामने जीता-जागता मौजूद होता है। एक बच्चे की तरह जो अपनी माता से पोषण प्राप्त करता है, शिष्य अपने

गुरु से अध्यात्मिक पोषण प्राप्त करता है। शिष्य सद्‌गुरु के सारभूत से, उनकी आत्मिक ऊर्जा से, यह पोषण ग्रहण करता है।

अलग-अलग धर्म और संप्रदाय आध्यात्मिक शिक्षा के अलग-अलग मार्ग अपनाते हैं, लेकिन उन सबका उद्‌देश्य इंसान की आत्मिक उन्नति है। आध्यात्मिकता का सार है सत्य का साक्षात्कार और सत्य की यह विशेषता है कि जो उसका साक्षात्कार कर लेता है, उसके साथ एकाकार हो जाता है।

इंसान की वास्तविकता उसकी आत्मा है, जो परमात्मा का अंश है। उसे परमसत्ता के साक्षात्कार के लिये स्वयं अपनी हकीकत जानना जरूरी है क्योंकि उसका सार (उसका वास्तविक अस्तित्व) परमात्मा का सारभूत है। लेकिन आत्मा की मौलिक उज्ज्वलता मानव देह में प्रवेश करने पर, स्वयं को झूठे अहंकार के वश देह और मन से सम्बद्ध करने के कारण मलिन हो गयी। अपने वास्तविक मूल स्वरूप को जानने, उस तक पहुँचने के लिये इंसान को देह और मन से वापस आत्मा की तरफ यात्रा करनी होगी। यही वास्तविक कर्म कौशल है और मनुष्य जीवन का परम लक्ष्य।

❑ ❑ ❑

4 जड़-चेतन की संधि

मानव देह तीन शरीरों से मिलकर बनी है, जिन्हें स्थूल शरीर, सूक्ष्म शरीर और कारण शरीर कहा गया है। स्थूल शरीर या भौतिक देह पांच महाभूतों यथा आकाश, वायु, तेज, जल और पृथ्वी, उनकी पांच तन्मात्राएं यथा शब्द, स्पर्श, रूप, रस एवं गंध, पांच ज्ञानेन्द्रियां यथा श्रोत्र, त्वचा, नेत्र, जिह्वा एवं नासिका और पांच कर्मेन्द्रियां यथा वाक्, हस्त, पाद, जननेंद्रिय एवं गुदा से मिलकर बनी है। सूक्ष्म शरीर या मानसिक देह मन, बुद्धि, चित्त एवं अहंकार से मिलकर बनी है। संयुक्त रूप से इन चारों को अन्तःकरण या मन भी कहा गया है। कारण शरीर को देहबद्ध जीवात्मा भी कहा गया है जो कर्म-संस्कारों का भंडार अपने साथ लिये रहता है। यद्यपि मानव देह की प्रत्येक कोशिका इन तीनों देहों से मिलकर बनी है, लेकिन संयुक्त रूप से इन सबको मिलाकर इन्हें स्थूल शरीर, सूक्ष्म शरीर और कारण शरीर कहा जाता है। महेश या रुद्र तमोगुण (तामसिक ऊर्जा)-स्थूल शरीर के प्रधान देवता हैं, ब्रह्मा रजोगुण (राजस ऊर्जा) – सूक्ष्म शरीर के प्रधान देवता हैं एवं विष्णु सतगुण (सात्विक ऊर्जा)-कारण शरीर के प्रधान देवता हैं।

स्थूल शरीर का विशेष गुण है गति एवं वृद्धि। विचार एवं ज्ञान सूक्ष्म देह के विशेष गुण हैं। स्थूल शरीर और सूक्ष्म शरीर के संयोग अर्थात् एक साथ मिलकर कार्य करने को जन्म तथा उनके पृथक् होने को मृत्यु कहा जाता है। जन्म और मृत्यु के संबंध में श्रीमद्भागवत महापुराण के तृतीय स्कन्ध के अध्याय 31 में उल्लेख है कि जीव का उपाधिरूप लिंगशरीर (सूक्ष्म शरीर) तो मोक्षपर्यन्त उसके साथ रहता है तथा भूत (पंचमहाभूत), इन्द्रिय और मन का कार्यरूप स्थूल शरीर इसका भोगाधिष्ठान है। इन दोनों का परस्पर संगठित होकर कार्य न करना ही प्राणी की मृत्यु है और दोनों का साथ-साथ प्रकट होना 'जन्म' कहलाता है। पदार्थों की उपलब्धि के स्थानरूप इस स्थूल शरीर में जब उनको ग्रहण करने की योग्यता नहीं रहती,यह इसका मरण है; और यह स्थूल शरीर ही मैं हूँ – इस अभिमान के साथ देखना उसका जन्म है। कारण शरीर जो सभी कर्म संस्कारों

का भंडार है, इन दोनों शरीरों का संयोग या वियोग करता है। जिसे हम जन्म कहते हैं वह एक नये स्थूल शरीर का अस्तित्व में आना है। मृत्यु होने पर स्थूल देह सामर्थ्यहीन हो जाती है और विघटित होना शुरू हो जाती है क्योंकि मृत्यु के बाद स्थूल देह का कोई उपयोग नहीं रहता, उसमें जीवन नहीं रहता, उसको निपटाने की आवश्यकता होती है। विभिन्न धर्मावलंबी मृत-शरीर का अपने-अपने तरीके से अंतिम संस्कार करते हैं और मृत्यु के बाद क्या होता है, इस बारे में उनके अपने-अपने मत हैं। कुछ लोगों का मानना है कि मृत्यु के बाद इंसान का उसके कर्मानुसार पुनर्जन्म होता है, जबकि कुछ अन्य मानते हैं कि मृत्यु के बाद कयामत तक उसे जन्नत या जहन्नुम नसीब होगा। यहां हमारा उद्देश्य इस बहस में पड़ना नहीं है कि मृत्यु के बाद क्या होता है, बल्कि यह कहना है कि सभी धर्म निश्चित रूप से यह मानते हैं कि अच्छे या बुरे कर्मों का फल इंसान को भुगतना पड़ता है, चाहे वह पुनर्जन्म के रूप में हो या कर्मानुसार जन्नत या जहन्नुम नसीब होना।

जानना और समझना, जो मन के कार्य हैं, वे भी कर्म हैं — मानसिक कर्म, जिनका प्रतिफल प्रसन्नता या क्लेश है। इंसान के सभी कर्मों में उसका मन एक अहम भूमिका रखता है। वास्तव में तो मन शासक है जो भौतिक देह और जीवात्मा दोनों पर शासन करता है। मन का स्थान मध्य में है; यह भौतिक देह और जीवात्मा के बीच स्थित है। कर्म, ज्ञान और उनका लक्ष्य प्रसन्नता, सभी मन में स्थित रहते हैं; ये सूक्ष्म शरीर के विशेष गुण हैं। मन में ही ज्ञान, विवेचना और निर्णय लेने की शक्ति है। स्थूल कार्य कर्म का बाहरी प्राकट्य है जिसमें स्थूल शरीर भाग लेता है। प्रसन्नता सुख और शांति के कारण होती है, जो गतिहीन हैं एवं इसमें कारण शरीर शामिल होता है। सोचना, जानना और समझना मध्यवर्ती प्रक्रियाएं हैं जिसमें मन शामिल होता है और ये प्रक्रियाएं कार्य और कार्यजनित प्रसन्नता को संचालित करती हैं।

एक अकेली वस्तु किसी अन्य वस्तु को पैदा नहीं कर सकती; किसी तीसरी वस्तु के पैदा होने के लिये कम से कम दो वस्तुओं का होना आवश्यक है। प्रकृति के त्रिगुणों के तमोगुण और सत्वगुण दो छोर हैं। स्थूल शरीर तमोगुण अर्थात् अंधकार और जड़ता की दशा का प्रतिनिधित्व करता है, जो एक निचली अवस्था है। कारण शरीर सतगुण अर्थात् प्रकाश एवं चेतना की दशा का प्रतिनिधित्व करता है, जो एक उच्च अवस्था है लेकिन इसमें भी निष्क्रियता है क्योंकि यहां पर कर्म केवल बीजरूप में स्थित होता है। मन रजोगुण की दशा

को दर्शाता है, जो तम और सत रूपी दो छोरों के बीच स्थित है। मन का अपना कोई स्वतंत्र अस्तित्व नहीं है; यह स्थूल देह और आत्मा (कारण शरीर) का मिश्रित परिणाम है। यदि देह और आत्मा का अस्तित्व नहीं होता तो मन का भी कोई अस्तित्व नहीं होता। मन का अस्तित्व देह और आत्मा के अस्तित्व के कारण प्रकट होता है। यह देह और आत्मा के संयोग की वह मिश्रित अवस्था है जिसमें तमोगुण और सतगुण दोनों का प्रभाव मौजूद रहता है। मन इन दोनों छोरों (तमोगुण और सतगुण) के बीच गति करता रहता है और वहां से प्रकाश और अंधकार दोनों के विभिन्न संस्कार ग्रहण कर विभिन्न आभासों की परछाईयां गढ़ता रहता है। इन दोनों चरम बिंदुओं के बीच भटक उनके प्रभाव से यह गुत्थी बना लेता है। यह जड़ता और चेतनता से बनी ग्रन्थि है। यह बीच की वह स्थिति है जिसे ज्ञान की अवस्था कहा गया है, यहां भेदबुद्धि कार्यरत होती है। जहां केवल एक का ही अस्तित्व है वहां ज्ञान प्राप्त करने अर्थात् भेद करने के लिये कोई अन्य पदार्थ मौजूद नहीं होता। परिणामस्वरूप जहां केवल एक का ही अस्तित्व है वहां ज्ञान नहीं हो सकता। ज्ञान का पर्दा अनेकता (विभिन्नता) का पर्दा है जहां भेदबुद्धि कार्य करती है और यह अनेकों संभावना वाली अवस्था का नाम है।

मन सोचने और समझने के लिये बाध्य है। पहला स्तर कार्य है, दूसरा उसका ज्ञान-समझ और तीसरा स्तर उससे उपजी प्रसन्नता। मन इन तीनों दिशाओं में भ्रमण करता है और जिसका परिणाम होता है गति, ज्ञान और विश्राम। ज्ञान मध्य की अवस्था है लेकिन वास्तव में ज्ञान की यह अवस्था अनभिज्ञता की अवस्था है क्योंकि जो अनेकता के जाल में उलझा है वह शांति नहीं पा सकता। अनभिज्ञ ज्ञानहीन नहीं होता वरन वह ज्ञान का सही तात्पर्य या ज्ञान प्राप्ति का लक्ष्य नहीं जानता।

जब मन स्थूल देह पर केन्द्रित होता है तो उसे मूढ़ और विषयासक्त कहते हैं। जब यह कारण शरीर पर केन्द्रित होता है तो इसे अनभिज्ञ और अमूर्त्त कहते हैं। मन की तीसरी दशा, जब वह सूक्ष्म शरीर पर केन्द्रित होता है 'चंचल' कहलाती है। इस दशा में वह स्वयं में ही खोया रहता है तथापि भौतिक देह और कारण शरीर से संस्कार ग्रहण करता रहता है जिसके कारण यह गतिशील रहता है तथा चंचल कहलाता है।

वे, जो एकत्व में स्थित हैं, बुद्धिमान कहलाते हैं लेकिन अज्ञानी और बुद्धिमान दोनों ही सापेक्षता के धरातल पर जीते हैं, अर्थात् दोनों ही माया के कार्यक्षेत्र के अधीन रहते हैं। अज्ञानी अनेकता के धरातल पर जीता है, ज्ञानी एकता

के धरातल पर। पहला भौतिक देह और उसकी क्रिया-कलापों में शांति अनुभव करता है जबकि दूसरा कारण शरीर और उसकी निष्क्रियता (स्थिरता) में। दोनों में से किसी को वास्तविक शांति और स्थिरता का ज्ञान नहीं है। दोनों एक दूसरे से संबद्ध हैं और एक दूसरे के अस्तित्व पर निर्भर करते हैं। ज्ञानी अपने भौतिक शरीर को नहीं भुला सकता न ही अज्ञानी अपनी आत्मा में उपलब्ध आनंद को। अनेकता के धरातल पर जीने वाला, एकत्व के स्तर पर लौट आता है, और एकत्व के स्तर पर जीने वाला अनेकता के स्तर पर लौट आता है। अनेकता की अवस्था जागृत अवस्था है और एकता की सुषुप्ति अर्थात् गहन निद्रा की। जागृत अवस्था में व्यक्ति को भिन्नता का होश रहता है, जबकि सुषुप्ति में उसे कुछ याद नहीं रहता कि वह राजा है या भिखारी। इस गहन निद्रा की अवस्था में वह और सब कुछ भूल, केवल आराम और शांति महसूस करता है। जो जागा हुआ है, गहरी निद्रा में लौट कर जाता है और जो गहरी निद्रा में है वह लौटकर जाग्रत अवस्था में आ जाता है। इन दोनों अवस्थाओं का अनुभव हर कोई रोजाना करता है। लेकिन दोनों ही अवस्थाओं में मन क्रियाशील रहता है। यदि कोई पूछे कि सुषुप्ति में मन की क्रियाशीलता का क्या प्रमाण है तो उत्तर स्पष्ट है। यदि मन उस अवस्था में क्रियाशील न होता तो उसे उस अवस्था में आराम और शांति का अनुभव कैसे होता? न ही वह कह पाता कि क्या ही अच्छी नींद आई? साधारणतया व्यक्ति के ध्यान का केन्द्र उसका शरीर या मन ही होता है और वह इन्हीं पर्दों तक सीमित रहता है, लेकिन सुषुप्ति में मन का ध्यान कारण शरीर की तरफ दौड़ता हैं जब वह कारण शरीर में तल्लीन होता है तो उसके साथ एकाकार हो जाता है, लेकिन वहां यह स्वयं को संज्ञाहीन पाता है और इसी कारण वहां उसे अचेतनता और अज्ञानता का आभास मिलता है। वह नहीं जानता कि उस स्थिति में मन को किस प्रकार होश में रखा जाये ताकि उसे वहां आत्मा का ज्ञान प्राप्त हो सके और इसीलिये उसे वहां कुछ हाथ नहीं लगता।

मात्र ज्ञानी होने के लिये ज्ञान प्राप्ति का कोई प्रयोजन नहीं है। ज्ञान प्राप्ति अन्तिम लक्ष्य नहीं है। अक्सर ज्ञान, विशेषकर किताबी-ज्ञान, इंसान में अंहकार पैदा कर देता है और हृदय को कठोर बना देता है। किताबी-ज्ञान कितना भी हो, अनुभवजन्य ज्ञान का स्थान नहीं ले सकता क्योंकि अनुभवजन्य ज्ञान व्यक्ति के अस्तित्व का एक हिस्सा बन जाता है। कहा जाता है कि मौलाना रूमी ने रूहानियत पर अठारह पुस्तकें लिखी थीं, लेकिन उनके शेख शम्सतबरेज ने उन्हें

अपनी शरण में लेने से इंकार कर दिया। उनकी शर्त थी कि मौलाना रूमी पहले उन अठारह किताबों को पानी में फैंक दें।

ज्ञान-विज्ञान की आवश्यकता चीजों की सही पहचान करने और उसके अनुसार व्यवहार करने के लिये है। सत्य शाश्वत है और यदि ज्ञान इस तथ्य तक पहुँचने में मदद करता है तो ठीक है। ज्ञान का उद्‌देश्य यही है कि जो सत्य है उसे सत्य निरूपित करे और जो असत्य है उसे असत्य निरूपित करे।

बुद्धिमान लोग जानते हैं कि असली ज्ञान से पता चलता है कि सत्य (परमात्मा) का अस्तित्व है और सत्य शाश्वत है, यद्यपि उसे स्थूल रूप में देखा या जाना नहीं जा सकता। परमात्मा के नाम, गुण और विभूतियों के बारे में कुछ जानकारी हासिल की जा सकती है, लेकिन उसे संपूर्ण रूप से जानना असंभव है। जैसा कि कहा गया है कि यदि सभी समुद्रों के पानी को स्याही के रूप में प्रयोग किया जाए तो भी वह परमात्मा के नाम, गुण और विभूतियों का अंश मात्र लिखने के लिये काफी नहीं होगी। यह तो जाना जा सकता है कि कुछ घटित हुआ है लेकिन उसका कारण नहीं जाना जा सकता। कारण तक पहुँचने वाला दरवाजा बंद है क्योंकि सभी कारणों का मूल कारण स्वयं परमात्मा है। वह सभी हकीकतों की हकीकत है और हकीकत का संपूर्ण ज्ञान प्राप्त करना असंभव है। इस प्रकार किसी के भी लिये किसी भी चीज का पूर्ण सत्य जानना मुमकिन नहीं है। वास्तव में यही सच्चा ज्ञान है, यही पूर्ण ज्ञान है कि वह कुछ नहीं जानता। इसीलिये कहा भी जाता है कि पूर्ण ज्ञानी और शुरुआती जिज्ञासु की हालत एक जैसी होती है; दोनों जानते हैं कि वे कुछ नहीं जानते। जिज्ञासु को हकीकत (सत्य-परमात्मा) के विषय में कुछ पता नहीं होता और ज्ञानी भी जानता है कि वह भी कुछ नहीं जानता लेकिन दोनों की वास्तविक समझ में और आध्यात्मिक दृष्टि से उनके स्तर में बहुत फर्क होता है। जिज्ञासु में यह भावना उसकी अनभिज्ञता की वजह से होती है और पूर्ण ज्ञानी में यह भावना ज्ञान के अथाह सागर में डूब जाने से होती है, जहां वह जान जाता है कि ज्ञान का यह सागर अथाह है। जितना वह गहरा जाता है, उसे मालूम चलता है कि यह गहराई अनन्त है। ज्ञान की इस अथाहता (सीमाहनीता) को जानकर उसे अनुभव हो जाता है कि जो कुछ वह जानता है, वह, जो जानना बाकी है,उसके सामने नगण्य है। उसका अहंकार समाप्त हो जाता है और वह स्वयं उस ज्ञान का एक हिस्सा बन जाता है। सत्य (परमात्मा) के अस्तित्व में दृढ़ आस्था और विश्वास व्यक्ति को उसके साक्षात्कार तक ले जाता है। सृष्टि रचना का उद्‌देश्य, उन अनेकों द्वारा

परमानंद का अनुभव करना था। अतः सुख, प्रसन्नता या परमानंद जीवन का वास्तविक लक्ष्य है और यही वास्तविक जीवन है। ज्ञान अर्जित करने का असली ध्येय भी आनंद प्राप्त करने के लिये होना चाहिए। यद्यपि कुछ लोगों का मत है कि जीवन का परम लक्ष्य मुक्ति पाना है, लेकिन यह समझना आवश्यक है कि मुक्ति का तात्पर्य है कर्म बंधन से छुटकारा। मुक्ति और बंधन दोनों भ्रम हैं और मन की स्थितियां हैं। वास्तव में मन ही बंधन और मोक्ष दोनों को अनुभव करता है और स्वीकार करता है। सभी आध्यात्मिक अभ्यास इसी कारण मन को समझाने, उसे सही रास्ते पर लाने के लिये होते हैं ताकि वह संसार की असलियत को समझे और चीजों की असलियत को जान, अपना रुख हकीकत की ओर करे और परमानंद का अनुभव करे।

स्थूल शरीर, सूक्ष्म शरीर और कारण शरीर, ये तीनों सभी प्राणियों में विद्यमान होते हैं। जड़ सृष्टि (अर्थात् पत्थर इत्यादि) में स्थूल शरीर, सूक्ष्म शरीर और कारण शरीर तीनों स्थूल शरीर में ही शामिल होते हैं। पेड़-पौधों के मामले में उनका सूक्ष्म शरीर, कारण शरीर में शामिल होता है। पशु-पक्षी और इंसानों में स्थूल शरीर, सूक्ष्म शरीर और कारण शरीर तीनों पृथक्-पृथक् विद्यमान होते हैं। इन्हें क्रमशः भौतिक देह, मन और आत्मा भी कहा जाता है; और इन्हें ही सत, चित्त और आनंद के नाम से भी जाना जाता है। तीनों का संयोग सत्चित्तआनंद या 'सच्चिदानंद' कहलाता है।

'सत' का संबंध स्थूल शरीर से है। भौतिक देह शाश्वत रूप से कायम रहे, प्रत्येक प्राणी की यही इच्छा होती है। चाहे कैसी भी हालत में हो, प्रत्येक जीव जीना चाहता है। लेकिन इंसान जानता है कि सब उपायों के बावजूद उसे एक दिन यह नश्वर संसार और अपनी भौतिक देह त्यागकर जाना होगा। मृत्यु को किसी उपाय से टाला नहीं जा सकता। संसार की कोई भी धन-दौलत गुजरे हुए क्षण को वापस नहीं कर सकती। जो समय बीत गया सो बीत गया। इस सच्चाई को जान और अपनी मजबूरी देख, इंसान की शाश्वतता (अमरत्व) की इच्छा बदलकर दुनिया में नाम कायम रहने की इच्छा में बदल जाती है ताकि चाहे वह स्वयं रहे ना रहे, उसका नाम तो दुनिया में बाकी रहेगा। तालाब, पुल, बाग, मन्दिर, मस्जिद, धर्मशाला वगैरह यादगारों की नींव रखना इसी इच्छा का परिणाम है कि उसके मरने के बाद दुनिया में उसका नाम रहेगा। लेकिन यह भी सभी जानते हैं कि आज तक दुनिया में न जाने कितने धन्ना-सेठ और दानवीर आकर चले गये और आज कोई उन्हें पूछने वाला भी नहीं।

चित्त का संबंध मन से है, जिसमें ज्ञान प्राप्ति की इच्छा रहती है। यह भी एक स्वाभाविक इच्छा है। वृद्ध, गंवार, विद्वान् कोई भी हो, किसी भी स्तर या पेशे का व्यक्ति हो, सब ज्ञान पाने की इच्छा रखते हैं। आवश्यक नहीं कि यह इच्छा पुस्तकीय ज्ञान की ही हो। सब लोगों में कुछ न कुछ नया जानने की इच्छा रहती है। लाखों पुस्तकें, पत्रिकाएं, समाचार-पत्र दुनिया में छपते रहते हैं और पुस्तकालय इनसे भरे रहते हैं लेकिन फिर भी रोजाना कुछ न कुछ नया छपता ही रहता है, और इंसान उसे जानने के लिय उत्सुक भी रहता है। उसकी यह भूख खत्म नहीं होती। इंसान चाहता है कि हर वस्तु की असलियत और तह तक पहुंचे। लेकिन प्रकृति के नियम बहुत गूढ़ हैं। इन्सान जितना इसके बारे में जानता चला जाता है उतनी उसकी उत्सुकता बढ़ती जाती है। ज्ञान के सागर में जो गोता लगाते हैं, जानते हैं कि उसकी गहराई अनन्त है। अल्प-मति अपने ज्ञान पर इतरा सकते हैं, लेकिन बुद्धिमान जानते हैं कि जितना बाकी है, उसके सामने उनका ज्ञान कुछ भी नहीं।

आनंद का संबंध आत्मा से है, जो स्वयं में आनन्दमयी है। आनंद पाने की इच्छा सब से अधिक बलवती होती है। परमात्मा के इस आदि संकल्प की गूंज हर प्राणी में निरंतर गूंजती रहती है और इस कारण प्रत्येक जीव हर वक्त सुख की तलाश में लगा रहता है, कोई दुःख या तकलीफ नहीं पाना चाहता। मगर इंसान कितना भी प्रयास करे, सुख के बजाय चिन्ताओं में ही अधिक घिरा रहता है। वह भविष्य की सोच में डूबा रहता है और इस क्षण को, अपने वर्तमान को भी उसी चिन्ता में खो बैठता है।

सुख या आनन्द को भी तीन श्रेणियों में बांटा जा सकता है। पहला शारीरिक, दूसरा मानसिक और तीसरा आध्यात्मिक। शारीरिक आनन्द को भौतिक सुख भी कहा जाता है, जो भौतिक पदार्थों से संपर्क द्वारा इन्द्रियां ग्रहण करती हैं। भौतिक सुख धन-सम्पत्ति द्वारा जुटाये जा सकते हैं लेकिन इंसान में उनका उपभोग करने की शक्ति हमेशा एक-सी नहीं बनी रहती।

मानसिक आनंद सोचने और समझने से प्राप्त होता है। यह तीन प्रकार का होता है: पहला अपने अहं का प्रदर्शन। अहं के प्रदर्शन से इंसान को बहुत संतुष्टि मिलती है। अहं प्रदर्शन के बहुत से साधन हैं जैसे अपना वैभव प्रदर्शित करना, अपना सौंदर्य दिखलाना, अपनी हुकूमत दिखलाना इत्यादि। हुकूमत तो मानसिक सुख का प्रबलतम माध्यम है, क्योंकि दौलत, शोहरत, इज्जत सब हुकूमत के आधीन होती है। लोग अधिकार पाने के लिये कुछ भी कर गुजरने को तैयार रहते

हैं। दूसरा मानसिक आनंद ज्ञान प्राप्त करना है जो एक ऊँचे दर्जे का आनन्द है। ज्ञानी लोग साम्राज्य पाने की भी परवाह नहीं करते, क्योंकि वह स्वयं की खुशी, ज्ञान अपने आप में रखते हैं। यह आनंद शारीरिक सुख से कहीं अधिक प्रभावी होता है और इसमें औरों को शामिल करने से कोई कमी भी नहीं आती। उदाहरण के लिये एक गणितज्ञ ही किसी कठिन सवाल को हल करने का आनंद बयान कर सकता है। शारीरिक सुख की ज्यादती होने से शरीर पर बुरा प्रभाव पड़ सकता है, लेकिन मानसिक सुख की ज्यादती का दुष्प्रभाव नहीं होता। तीसरे प्रकार का मानसिक सुख नेकी अर्थात् दूसरों की भलाई करने से प्राप्त होता है। नेकी, रहम, हमदर्दी, प्रेम सब एक ही वृक्ष की शाखाएं हैं।

जब इंसान का हृदय भले काम करने से, अच्छे आचरण द्वारा पवित्र हो जाता है और एकाग्रचित होकर वह तन्मयता की स्थिति में पहुंचता है, तो उसे एक भीतरी आनंद का अनुभव होने लगता है जिसे आत्मिक या आध्यात्मिक आनंद कहा जाता है। यह आनंद केवल वे ही अनुभव करते हैं जो ज्ञानी हों, उन्हें ऋषि-मुनि इत्यादि कहा जाता है। जिन्हें इस आनंद का अनुभव होने लगता है उन्हें दुनियावी सुख इसके सामने फीके लगने लगते हैं। जैसाकि पहले लिखा जा चुका है श्रीमद्भागवद्गीता कहती है कि भोगों में आसक्ति केवल इस दिव्य आनन्द का अनुभव प्राप्त होने पर ही समाप्त होती है।

अपने सच्चे प्रियतम परमात्मा का ज्ञान आनंद का सर्वश्रेष्ठ स्रोत है। जैसा कि सांसारिक ज्ञान के संबंध में सच है कि जितनी जटिल समस्या होती है उसको सुलझाने में, उसको समझने में उतना ही अधिक आनंद आता है। ठीक इसी तरह आत्मिक दायरे में परमात्मा का ज्ञान सर्वोपरि होने से, उस ज्ञान का जिज्ञासु सर्वोपरि आनंद के पथ पर विचरण करता है।

इंसान में ये तीनों आनंद प्राप्त करने की इच्छा स्वाभाविक ही होती है। वह दीर्घायु होना चाहता है, ज्ञान प्राप्त करना चाहता है और हमेशा आनंदपूर्वक रहना चाहता है। संस्कृत भाषा में इन तीनों को 'सत', 'चित्त' और 'आनंद' के नाम से जाना जाता है जो मिलकर 'सच्चिदानंद' बन जाता है। इंसान हमेशा सच्चिदानंद प्राप्ति का इच्छुक रहता है लेकिन उसकी यह इच्छा पूरी नहीं होती। यहां दो प्रश्न उठते हैं: प्रथम, इंसान के स्वभाव में सच्चिदानंद की चाहत क्यों है व दूसरा, यदि सच्चिदानंद की इच्छा है तो उसे पाता क्यों नहीं?

यह जग जाहिर है कि प्रत्येक वस्तु अपने उद्गम (मूल) की तरफ दौड़ती है और उससे मिलकर एकाकार हो जाना चाहती है। इंसान में भी

सच्चिदानंद की इच्छा इसीलिये रहती है क्योंकि उसका उद्‌गम सच्चिदानंद है। अतः सच्चिदानंद की खोज स्वाभाविक है लेकिन वह इसे पाता इसलिये नहीं क्योंकि वह तलाश तो करता है मगर उस मृगतृष्णा के अन्दर जिसमें सच्चिदानंद का जहुर (प्राकट्य) नहीं है अर्थात् वह उसे उन बाहरी चीजों में खोजता है जिनमें सच्चिदानंद नहीं है। यदि वह अपने भीतर झांके और खोजे तो वह सच्चिदानंद सहज में ही पा जायेगा क्योंकि वहाँ उसका भंडार है।

ऊपर लिखा जा चुका है कि स्थूल, सूक्ष्म और कारण शरीर अर्थात् सत, चित्त और आनन्द समस्त प्राणियों में होते हैं, यद्यपि उनका जहुर उनकी उन्नति के स्तर के अनुसार कम या ज्यादा हो सकता है। उदाहरण के लिये, आग की लपटों में प्रकाश, गति और ऊष्मा सभी मौजूद होता है लेकिन भिन्न-भिन्न पदार्थों पर उनका प्रभाव अलग-अलग होता है। यदि आग की लपटों के सामने पत्थर को रख दिया जाये तो वह केवल अग्नि की तपिश के गुण को इंगित करेगा। यदि पत्थर के स्थान पर दर्पण रख दिया जाये तो वह प्रकाश और ऊष्मा दोनों को प्रकट करेगा। इसी प्रकार जीवित प्राणी भी सच्चिदानंद के तत्त्वों का भिन्न-भिन्न प्राकट्य दर्शाते हैं। जीवन के निचले स्तर अर्थात् पेड़-पौधों में 'सत' अर्थात जीवन की इच्छा अधिक उभरकर सामने आती है, जबकि जानवरों में सत के साथ-साथ चित (अर्थात् ज्ञान) की भी कुछ झलक दिखलायी पड़ती है। ऊँची किस्म के जानवरों व सामान्य इंसानों में सत, चित्त और आनंद तीनों की झलक दिखलायी देती है और पूर्ण ज्ञानी महापुरुषों में सच्चिदानंद का पूर्ण जहुर दृष्टिगत होता है। सच्चिदानंद का प्राकट्य हृदय की शुद्धता पर निर्भर करता है।

तीनों शरीर इंसान की तीन अवस्थाएं अर्थात् जाग्रत, स्वप्न और सुषुप्ति का भी प्रतिनिधित्व करते हैं। जागृत अवस्था में इंसान का ध्यान भौतिक देह और बाहरी क्रिया-कलापों पर रहता है। भौतिक शरीर हमें एक भवन के रूप में बांधे रखता है। उसकी अपनी मर्यादा और सीमा है जिसके कारण हमारा ज्ञान भौतिक स्तर तक सिमटा रहता है। निद्रा के वक्त मन का ध्यान सूक्ष्म शरीर पर होता है, जिसे स्वप्नावस्था भी कहा जाता है। इस अवस्था में भौतिक शरीर की सीमाएं हमें नहीं बांधे रखती, उनका दखल इस स्तर पर बहुत कम हो जाता है। बहुत कम समय में हम बहुत सी घटनाएं, बहुत से दृश्य देख लेते हैं। लेकिन यह कहना कि स्वप्न मात्र एक ख्याली नाटक है, जो जागने पर समाप्त हो जाता है अतः इसकी कोई हकीकत नहीं, सहीं नहीं होगा। स्वप्न के अनुभव भी चैतन्यता (होशो-हवास) के साथ ग्रहण किये जाते हैं इसलिये उस वक्त का अनुभव और

ज्ञान मात्र ख्याली नहीं है। केवल स्वप्नावस्था में हमारा होशो-हवास पर अधिकार जागृत अवस्था की तरह नहीं होता, क्योंकि स्वप्न अवस्था में हमने भौतिक संसार की तरह स्वप्न संसार के साथ तारतम्य नहीं बैठाया होता है।

स्वप्न भी कई तरीके के होते हैं, कुछ अव्यवस्थित जिनमें बहुत से दृश्य बेतरतीब नजर आते हैं, कुछ वे जिनमें भूत, वर्तमान या भविष्य की घटनाएं जस की तस नजर आती हैं। इस दूसरी तरह के सपने नेक व सच्चे लोगों को दिखाई देते हैं। तीसरी प्रकार के स्वप्नों में महापुरुषों के दर्शन होते हैं व उनसे मार्गदर्शन प्राप्त होता है। इस प्रकार के स्वप्न उच्च श्रेणी के आध्यात्मिक व्यक्तियों को नजर आते हैं। स्वप्नों के माध्यम से व्यक्ति अपनी आध्यात्मिक स्थिति का अनुमान लगा सकता है क्योंकि स्वप्न व्यक्ति के विचारों का प्रतिबिंब होते हैं।

गहरी नींद या सुषुप्ति अवस्था में इन्द्रियां और मन कारण शरीर में तल्लीन हो जाते हैं। उस अवस्था में अहंकार मौजूद नहीं होता क्योंकि अहंकार शरीर, इन्द्रियों और मन में प्रतिबिंबित होता है और सुषुप्ति में चेतना कारण शरीर पर केन्द्रित होती है। उस अवस्था से लौटने पर वहां की कोई याद बाकी नहीं रहती लेकिन इंसान को राहत व सुकून अवश्य मिलता है। इस अवस्था में आराम महसूस किया उसका प्रमाण यह है कि जागने पर इंसान कहता है कि बड़े आराम से सोये। उसे उस अवस्था में कोई दुःख दर्द याद नहीं रहता और शांति महसूस करता है। बिना ज्ञान के आनंद और बिना अस्तित्व के ज्ञान होना संभव नहीं है, जिससे यह सिद्ध होता है कि सच्चिदानंद का अस्तित्व इस पर्दे (स्तर-अवस्था) में अवश्य है, यद्यपि हमारा ज्ञान उसके बारे में नगण्य है। इस पर्दे में शरीर की सीमाएं बहुत कम रुकावट डालती हैं। यह पर्दा अत्यंत शुद्ध होने के कारण यहां पर प्राप्त ज्ञान भी निहायत सही होता है। सच्चिदानंद का जहुर और पर्दों की अपेक्षा ज्यादा होने से इस पर्दे में अधिक आनन्द प्राप्त होता है व मन वहां से हटना नहीं चाहता। लेकिन इस अवस्था में केवल देवलोक (फरिश्तों) तक ही पहुंच होती है उसके आगे नहीं। आए दिन हम इन तीनों अवस्थाओं या पर्दों से गुजरते हैं लेकिन हमारा तालमेल बाहरी पर्दे (भौतिक देह) से ही अधिक है इसलिये हमें और पर्दों के नियमों की जानकारी नहीं है।

इन तीनों अवस्थाओं से ऊपर चौथी अवस्था 'तुरीया' कहलाती है, जिसमें ज्ञान और आनंद स्थायी होता है। तुरीया सुषुप्ति की वह अवस्था हे जिसमें पूर्ण चैतन्यता मौजूद रहती है। इस अवस्था में इंसान चैतन्य रहता है लेकिन अपनी आत्मा में तल्लीन। तुरीया में भी थोड़ा भेद, आनन्द की अनुभूति का अनुभव,

बाकी रह सकता है लेकिन और अधिक आगे बढ़ने पर, परमात्मा की कृपा से यह भेद भी दूर हो जाता है। पूर्ण आत्म-साक्षात्कार होने पर आत्मा और परमात्मा में अभेद की अनुभूति करने पर सब कुछ पीछे छूट जाता है केवल उस परम-आनंदमयी परम सत्ता के।

आत्मा परमात्मा (परम सत्य) के एकाकार होने को हमेशा लालायित रहती है। अपनी असलियत को पहचानकर ही यह शाश्वत आनंद प्राप्त करती है। सत्य हकीकी ज्ञान केवल एकाकार होकर ही प्राप्त किया जा सकता है, वरना ज्ञान में अपूर्णता बाकी रहती है और त्रिगुणात्मक स्थिति, ज्ञान, ज्ञेय और ज्ञाता की स्थिति मौजूद रहती है। जब समस्त सृष्टि को स्वयं में और स्वयं को समस्त सृष्टि में देखने लगे, अर्थात् द्वैत पूरी तरह मिटने पर ही सच्ची लय अवस्था प्राप्त होती है और इसके बाद एकत्व की भावना भी समाप्त होकर केवल एकमात्र परम सत्य ही बचता है। जब तक 'एक' की अनुभूति बाकी है, द्वैत की भावना पूरी तरह से दूर हुई नहीं कही जा सकती। पूर्ण लय अवस्था सत्य में वह तल्लीनता है जहां सत्य के सिवाय कुछ नहीं बचता।

❑ ❑ ❑

5 सत्य का साक्षात्कार

मैं कौन हूँ, मेरी हकीकत क्या है, आत्मा क्या है, परमात्मा क्या है, यह कुछ ऐसे प्रश्न हैं जो प्रत्येक जिज्ञासु साधक के हृदय में समय-समय पर उठते रहते हैं। इनका उत्तर देना संभव नहीं है क्योंकि ये प्रश्न और उनके उत्तर दोनों ही मन के स्तर पर उभरते हैं, जबकि उनमें निहित सत्य की केवल अनुभूति की जा सकती है और यह अनुभूति मन के स्तर पर नहीं बल्कि और गहराई में स्व (अपने हकीकी अस्तित्व) के स्तर पर ही की जा सकती है। सभी शास्त्र (धर्मग्रन्थ) अपने अपने तरीके से इन प्रश्नों का उत्तर देते हैं लेकिन इनमें से कोई भी उत्तर पूरी तरह संतोषजनक नहीं हो सकता, क्योंकि 'सत्य' पूरी तरह शब्दों में बयान नहीं किया जा सकता।

इस पुस्तक के द्वितीय अध्याय, 'सृष्टि, काल और माया' में स्थूल दृष्टि से सृष्टि रचना की चर्चा की गई है। आनन्द से परिपूर्ण परमात्मा ने अनेक होने की इच्छा की ताकि जिस तरह वे आनंद की अनुभूति कर रहे हैं, वे अनेक भी आनंद की अनुभूति करें। यह आदि संकल्प माया का पहला पर्दा था जिससे ज्ञान, काल और प्रकृति के त्रिगुणों की उत्पत्ति हुई और फिर उनसे विभिन्न तत्वों की, जिनके परस्पर संयोग से मानव देह बनी और आत्मा के रूप में प्रवेश कर परमात्मा ने इसमें जीवन का संचार किया।

प्रस्तुत अध्याय में इंसान के अस्तित्व का आध्यात्मिक दृष्टि से वर्णन करने का प्रयास किया गया है। आध्यात्मिक दृष्टि से केवल एक ही दिव्य सत्ता, परमात्मा, समस्त सृष्टि में परिव्याप्त है। सारी सृष्टि परमात्मा से उत्पन्न होकर अन्त में उसमें ही विलीन हो जायेगी। पवित्र कुरान में इस संदर्भ में उल्लेख है: भला जिसने आसमानों और जमीन को पैदा किया, क्या वह इस पर कुदरत नहीं रखता कि उनको फिर वैसे ही पैदा कर दे। क्यों नहीं, और वह तो बड़ा पैदा करने वाला (और) इल्म वाला है। उस की शान यह है कि जब वह किसी चीज का इरादा करता है, तो उस से फरमा देता है कि हो जा, तो वह हो जाती है।

वह (जात) पाक है, जिस के हाथ में हर चीज की बादशाही है और उसकी तरफ तुम को लौट कर जाना है। (कुरान 36:81-83)

श्रीमद्‌भागवत महापुराण तृतीय स्कन्ध, अध्याय 29 में वर्णन करता है कि परमात्मा आत्मा रूप से सदा सभी जीवों में स्थित है। जो व्यक्ति आत्मा और परमात्मा के बीच थोड़ा सा भी अंतर करता है, उस भेददर्शी को परमात्मा मृत्युरूप से महान भय उपस्थित करता है। उपरोक्त विवरण से स्पष्ट है कि आत्मा गुण रूप से परमात्मा ही के सदृश्य है और उसकी स्वाभाविक प्रकृति शाश्वत आनंद है। आत्मा के गुणों के संबंध में श्रमद्‌भगवद्‌गीता के द्वितीय अध्याय में वर्णन है कि आत्मा किसी भी काल में न तो जन्मता है और न मरता ही है। एक बार होकर यह कभी नष्ट नहीं होता। यह नित्य, अजन्मा, शाश्वत और पुरातन है। यह अच्छेद्य, अक्लेद्य, अदाह्य और अशोष्य है, अर्थात् इसे शस्त्र काट नहीं सकता, जल गीला नहीं कर सकता, अग्नि जला नहीं सकती और वायु इसे सुखा नहीं सकती। यह सर्वव्यापी, अविकारी, स्थिर रहने वाला तथा सनातन है। जब आत्मा भौतिक देह में प्रवेश करती है तो प्राणी का जन्म होना कहा जाता है। भौतिक देह निरंतर परिवर्तित होती रहती है, उसमें बदलाव आते रहते हैं, उसकी वृद्धि होती है, ह्रास होता है, और अन्ततः एक दिन भौतिक देह की मृत्यु हो जाती है। लेकिन आत्मा का न कभी जन्म होता है, न ही कभी इसकी मृत्यु होती है। शरीर के बदलावों का भी इस पर कोई प्रभाव नहीं पड़ता। लेकिन भौतिक शरीर में जीवन आत्मा के ही कारण होता है। आत्मा का जीवित शरीर में विद्यमान होने का प्रमाण है जीवित प्राणी की चैतन्यता। चैतन्यता आत्मा का विशेष गुण है।

उपनिषदों में कहा गया है कि जीवात्मा (जीव-प्राणी में स्थित आत्मा) और परमात्मा एक वृक्ष पर बैठे हुए दो पक्षियों के समान हैं, जिसमें जीवात्मा रूपी पक्षी वृक्ष के फलों को खा रहा है (अर्थात् इन्द्रियोपभोग कर रहा है) जबकि परमात्मा रूपी दूसरा पक्षी उसे मित्र भाव से देख रहा है। चिद्‌गुणों में समान होते हुए भी एक पक्षी (देहबद्ध जीवात्मा) तो विषय-वृक्ष के फलों से मोहित हो जाता है, जबकि दूसरा उस सखा की क्रियाओं का साक्षीमात्र है। अपने असली स्वरूप को झूठे अहंकार वश भूल जाने के कारण वह देह और मन के साथ स्वयं को सम्बद्ध देख दुःख उठाता है। एक वृक्ष (अर्थात् एक देह को त्याग) से दूसरे वृक्ष पर (दूसरी देह में) जाता रहता है।

इंसान का असली अस्तित्व आत्मा ही है। आत्मा ही उसकी हकीकत है। जिसे हम जीवन कहते हैं वह जन्म और मृत्यु के बीच का अन्तराल है। प्राणियों

की भौतिक देह अव्यक्त से व्यक्त होती है और मृत्यु होने पर पुनः अव्यक्त में लीन हो जाती है। जन्म-मृत्यु का यह चक्र मोक्ष-पर्यन्त चलता रहता है।

पिछले अध्याय में लिखा गया है कि जड़ और चेतन की संधिरूपी गुत्थी बीच में है, अर्थात् मन स्थूल देह और कारण शरीर के बीच भटक-भटककर उनका प्रभाव ग्रहण कर गांठ बना लेता है। यह मन ही है जो भौतिक देह और आत्मा दोनों पर शासन करता है और मन ही बंधन और मुक्ति को स्वीकार करता है। कर्म जो जीवात्मा को बंधन में बांध लेता है पहले मन में ही उपजता है। बहुत से लोग इसीलिए मन को सभी बुराईयों की जड़ मानते हैं और मन को ही जिम्मदार ठहराते हैं। लेकिन मन का तिरस्कार नहीं किया जा सकता। मन केवल बुराईयों का जिम्मेदार और उन्हीं का स्रोत नहीं है, अच्छाइयां भी मन में ही उपजती हैं; भले कार्यों का भी मन ही जिम्मेदार है। अत: मन को दरकिनार नहीं किया जा सकता, ही यह न्यायोचित है। मन उस अश्व की तरह है जिस पर बैठकर इंसान को अपनी जीवनरूपी यात्रा तय करनी होती है। यदि इसके साथ जोर जबरदस्ती की जाए तो यह कमजोर हो जायेगा या उछाड़-पछाड़ करने लगेगा। कमजोर या बिगड़ैल अश्व के सहारे जीवन यात्रा पूरी नहीं की जा सकती। आवश्यकता है चंचल मन को प्यार से समझा-बुझाकर सही मार्ग पर लाने की। प्यार से मन धीरे-धीरे काबू में आने लगता है और सही मार्ग पर चलने लगता है।

मन ही की तरह शरीर को भी कम करके नहीं आंका जा सकता। शरीर का महत्त्व कम नहीं। परमात्मा ने ही यह शरीर बख्शा है जिसमें आत्मा निवास करती है। यह शरीर परमात्मा का चलता-फिरता मन्दिर है। जैसाकि पहले लिखा जा चुका है, परमात्मा ने इंसान को समस्त प्राणियों में सर्वश्रेष्ठ बनाया है। मानव देह सृष्टि रचना के लिये प्रयोग किये गये सभी तत्त्वों के संयोग से बनी है और परमात्मा ने आत्मरूप से उसमें प्रवेश कर उसे जीवन प्रदान किया है। इसलिये इंसान में सभी संभावनाएं अर्थात् सर्वोच्च स्तर तक पहुँचने की क्षमता है। आत्मिक उन्नति ज्ञान पर आधारित है और ज्ञान के लिये गति आवश्यक है। कार्य करने की शक्ति आत्मा में है। अत: आत्मा का भौतिक देह से संपर्क आवश्यक है जिससे कि वह अपने अनुभव द्वारा दुनिया का ज्ञान प्राप्त कर सके और उसके उपरांत सत्य की अनुभूति। सत्य के साक्षात्कार के लिये भौतिक देह का होना अनिवार्य है। आत्मा को भौतिक देह की ठीक उसी तरह आवश्यकता है जैसे कि बीज के लिये बाहरी छिलके की। यदि बीज को बाहरी छिलके के बगैर अर्थात् छिलका उतार कर उगाया जाए तो वह अंकुरित नहीं होगा, उससे वृक्ष नहीं उगेगा।

ठीक उसी तरह आत्मा (जीवात्मा) भौतिक शरीर के बिना सत्य का साक्षात्कार नहीं कर सकती। स्वयं दु:ख और तकलीफों का अनुभव करने से दूसरों का दु:ख-दर्द समझ में आने लगता है और इंसान के दिल में दया और सहानुभूति उपजती है। यह निरंतर उन्नति करने की प्रक्रिया है जिससे एक सच्चा इंसान बनने में सहायता मिलती है।

सत्य के साक्षात्कार के लिये आत्म-साक्षात्कार आवश्यक है क्योंकि सत्य का सार और स्वयं का सार एक ही है। इस संदर्भ में सूफी शेख फराउद्दीन अत्तार की तीस चिड़ियाओं की कहानी, जो उन्होंने अपनी पुस्तक 'मंतिकुत तायर' में लिखी है बहुत प्रासंगिक है। यह कहानी साधक की आत्मिक यात्रा का वर्णन करती है। कहानी में चिड़ियाओं का एक झुंड अपने बादशाह से मिलना चाहता है। उन्होंने अपने बादशाह की सुंदरता और उसकी महिमा की बहुत प्रशंसा सुनी थी, लेकिन न ही कभी उसके दर्शन किये थे, न ही वे जानती थीं कि बादशाह कहां रहता है। वे नहीं जानती थीं की बादशाह के पास तक कैसे पहुँचा जाए। उनकी इस उत्सुकता को जान एक बुद्धिमान चिड़िया हूपू (हुदहुद पक्षी) उनकी मदद करने वहां आती है। हूपू उन्हें बताती है कि उनके बादशाह का नाम सीमुर्ग है (पर्सियन में सी का अर्थ है तीस और मुर्ग का अर्थ चिड़िया - सीमुर्ग अर्थात् तीस चिड़ियां) और वह 'काफ' नामक पर्वत पर रहता है जहां तक पहुंचना दुर्गम और दुश्वार है। हूपू की बात सुनकर चिड़ियाएं उससे उनका मार्गदर्शन करने के लिये प्रार्थना करती हैं। हूपू मान जाती है और उन चिड़ियाओं में से प्रत्येक को उसके स्वभाव और स्तर के अनुसार तालीम देना शुरू करती है। वह उन्हें बताती है कि काफ पर्वत के शिखर तक पहुंचने के लिये उन्हें पांच घाटियां और दो रेतीले मैदान पार करने होंगे। आखिरी मैदान पार करने के बाद वे बादशाह के महल में प्रवेश पा सकेंगी।

कुछ कमजोर इच्छाशक्ति वाली चिड़ियां जो इतनी दुर्गम यात्रा पर जाने की इच्छुक नहीं होतीं, बहाने बनाना शुरू कर देती हैं। कोई कुछ बहाना बनाती है, कोई कुछ। कोई कहती है उसे फूलों से प्यार है, उन्हें छोड़कर नहीं जा सकती है, कोई कहती है वह दरिया से दूर नहीं जा सकती, वगैरह वगैरह। हूपू जो इन सबको तसल्ली से सुनती है, समझाती है कि वे उन चीजों के बाहरी रूप-सौंदर्य में उलझकर रह गयी हैं। उनका यह प्रेम कुछ दिनों का ही है। फूलों का सौंदर्य एक दिन मुरझाने के बाद समाप्त हो जायेगा, इत्यादि।

बची हुई चिड़ियाओं को उत्साहित करने के लिये हूपू उन्हें उनकी कहानी सुनाती है जो इस सफर को पहले तय कर चुके हैं। उसकी बातें सुन चिड़ियाओं के मन में प्रेरणा जगती है और वे काफ पर्वत की यात्रा के लिये तैयार हो जाती हैं। वे पहली घाटी की तरफ प्रस्थान करती हैं लेकिन मार्ग में आने वाली कठिनाइयां उनकी कल्पना से भी अधिक थीं। उनमें से कुछ फिर से अपना इरादा बदलने लगती हैं। कुछ तो हूपू की बुद्धिमत्ता और काबिलियत पर ही उंगली उठाने लगती हैं। कुछ कहती हैं कि उसे शैतान ने अपने काबू में कर लिया है। कोई अपनी ऐशो-आराम की जिन्दगी याद कर पछताने लगती हैं।

अन्त में हूपू निर्णय लेती है कि चिड़ियाओं को समझाने के लिये यही ठीक होगा कि पांचों घाटियों और दोनों मैदानों का परिचय उन्हें दे दिया जाये। हूपू उन्हें बताती है कि पहली घाटी जिज्ञासा की घाटी है, जहां पर लोग सत्य की खोज में बेचैन रहते हैं, जीवन के उद्देश्य का सही अर्थ खोजते हैं। केवल एक सच्चा और समर्पित खोजी ही इस घाटी को पार कर दूसरी घाटी में प्रवेश कर सकता है। दूसरी घाटी प्रेम की घाटी है जहां उसके हृदय में अपने प्रियतम बादशाह के प्रति अपार प्रेम और उसके दर्शन की उत्कट इच्छा उत्पन्न होती है। यह घाटी पहले से भी अधिक खतरनाक है क्योंकि यहां पर कदम-कदम पर उसके प्रेम की परीक्षा होती है। लेकिन फिर भी यह उत्कट प्रेम साधक को इस घाटी के पार तीसरी घाटी में पहुंचा ही देता है। यह तीसरी घाटी गूढ़ ज्ञान की घाटी है जहां पहुंचकर साधक का हृदय ज्ञान के प्रकाश से आलोकित हो जाता है और उसके हृदय में अपने प्रियतम की महानता का ज्ञान प्रकाशित हो उठता है। इसके बाद वैराग्य की घाटी में प्रवेश मिलता है, जहां साधक का हृदय दुनियावी इच्छाओं से रिक्त हो जाता है, और वह उनसे ऊपर उठकर इच्छाओं से मुक्त हो जाता है। प्रत्येक घाटी पहले से अधिक खतरनाक है और साधक को तरह तरह से आजमाया जाता है। पांचवीं घाटी एकात्मता की घाटी है जहां साधक को अनुभूति होती है कि सभी प्राणियों का सार एक ही है, सभी विचार, अनुभव एवं प्राणी सभी कुछ एक ही उद्‌गम से उपजा है। इसके उपरांत वह हैरत के मैदान (मरुस्थल) में पहुंचता है जहां वह स्वयं अपने और औरों के भी अस्तित्व को भुला बैठता है। यहां जिस्मानी आंखों के बजाय हृदय की दृष्टि से नूर के दर्शन होते हैं। यहां पर अक्ल (बुद्धि) का वश नहीं चलता और उसकी हालत 'कुछ नहीं मालूम' वाली होती है। अंत में 'फ़ना (लय) का मैदान' आता है जहां उसका अस्तित्व मृत्यु की तरह पूरी तरह फ़ना (लय) हो जाता है। उसे अनुभव

होता है कि किस तरह बूंद समुद्र से मिलकर एक हो जाती है, वह अपने प्रियतम रूपी समुद्र में पूरी तरह लय हो जाता है और उसके दर्शन पाता है।

हूपू से यह वर्णन सुनकर चिड़ियां बहुत उत्तेजित हो जाती हैं और तुरंत आगे की यात्रा के लिये निकल पड़ती हैं। मार्ग में कुछ चिड़ियां गर्मी से और कुछ जंगली पक्षियों का शिकार बन, कुछ रास्ते में सुन्दर वन उपवनों से आकृष्ट हो या अन्य कारणों से झुंड से बिछड़ जाती हैं। केवल तीस चिड़ियां काफ पर्वत तक पहुंचने में सफल होती हैं।

बादशाह के महल पर पहुंचने पर द्वारपाल उनके साथ कठोरता से पेश आता है और उन्हें उनके पिछले कार्य-कलापों की याद दिलाता है जिसे सुनकर वे शर्मसार हो जाती हैं, लेकिन इस यात्रा में वे अपने अहं को पीछे छोड़ आयी थीं, उनके शरीर व मन पवित्र हो चुके थे, अतः वे इस कठोर व्यवहार से क्षुब्ध नहीं होतीं। अन्त में बादशाह का खास सेवक आकर उन्हें बादशाह के निजी महल में ले जाता है। वहां पहुंचकर वे चिड़ियाएं हैरत से इधर-उधर ताकती हैं, उन्हें बादशाह कहीं नजर नहीं आता। जब वे अपने ऊपर नजर डालती हैं तो पाती हैं कि केवल वे ही - तीस चिड़िया, मात्र वे तीस चिड़ियां (सीमुर्ग - अर्थात् तीस चिड़िया) वहां पर मौजूद हैं। तब उन्हें अनुभूति होती है कि उनके अपने दर्शन से उन्हें बादशाह का दर्शन प्राप्त हो गया है, और बादशाह की खोज में उन्होंने स्वयं अपने को पा लिया है। उनका बादशाह और कहीं नहीं स्वयं उनके हृदय में विद्यमान है।

इस कहानी का सार यह है कि परमात्मा को जानने के लिये स्वयं अपने को जानना आवश्यक है। परमात्मा का दर्शन, उसका साक्षात्कार केवल स्वयं के हृदय में ही किया जा सकता है। साधक को अपने हृदयरूपी दर्पण पर पड़ी सब धूल और मैल अर्थात् दुनियावी ख्वाहिशों और महत्त्वकांक्षाओं को दूर कर उसे चमकाना होगा, अर्थात् पवित्र करना होगा। तभी वह परमात्मा की छवि को इस दर्पण में देख पायेगा। उसे पाने का इसके अलावा और कोई रास्ता नहीं है, उसे केवल हृदय की आंखों द्वारा ही देखा या जाना जा सकता है। कठोर से कठोर तपस्या से भी कुछ हासिल नहीं होने वाला, जब तक कि हृदय प्रेमाग्नि में तपकर निर्मल न हो जाये, द्रवित न हो जाये।

इंसान का वास्तविक अस्तित्व उसकी आत्मा है, और आत्म-साक्षात्कार द्वारा ही परमात्मा को अनुभूत किया जा सकता है। मानव देह में प्रवेश करने पर झूठे अहं के कारण आत्मा स्वयं को शरीर और मन के समरूप समझने लगी और

इसी कारण स्वयं की असलियत को भुला बाहरी प्रपंचों में उलझ बैठी। आत्मा का असली स्वरूप परम-आनंद या दूसरे शब्दों में परम शांतिमय है। इंसान अपनी इस मूल अवस्था में आत्मा की यात्रा के मार्ग को उलटकर ही पहुंच सकता है, अर्थात् उसे अब शरीर और मन से लौटकर वापस आत्मा की तरफ जाना होगा, तब ही वह अपने मूल स्वभाव, परम आनंदमयी अवस्था को प्राप्त कर सकेगा। इस वापसी को विभिन्न महापुरुष अलग-अलग नामों से संबोधित करते हैं। कुछ इसे योग, कुछ कुंडलिनी और कुछ चक्र-विद्या कहते हैं। इस वापसी के लिये मानव देह में स्थित ऊर्जा के विभिन्न केन्द्रों (चक्रों) को निर्मल और पवित्र कर उन्हें जागृत और सिद्ध कर आत्मा की ओर बढ़ना होगा।

परमात्मा ने केवल इंसान को ही यह सामर्थ्य बख्शी है कि वह आत्मिक उन्नति के चरम शिखर पर पहुँच सके। उसके शरीर को उसने ब्रह्माण्ड रचना में प्रयुक्त सभी तत्त्वों के संयोग से बनाया है और उसमें सभी संभावनाएं बीज रूप में विद्यमान हैं। मानव देह लघु रूप में ब्रह्माण्ड की नकल है। इसकी प्रत्येक कोशिका में आत्मा ठीक उसी प्रकार व्याप्त है जिस प्रकार समस्त ब्रह्माण्ड परमात्मा से परिव्याप्त है। मानव देह में उतरते समय आत्मा का ठहराव कुछ विशेष स्थानों पर हुआ, जिन्हें आत्मा ने शक्ति के केन्द्रों के रूप में चुना। इन्हें योगिक भाषा में आध्यात्मिक-चक्र या रूहानी मुकाम कहा गया है।

विभिन्न मतों और संप्रदायों के संत-महात्माओं ने अपने-अपने अनुभवों और अपनी तालीम की पद्धति के अनुसार इन चक्रों का वर्णन अपने-अपने शब्दों में किया है। भारत में चक्र-विद्या के ज्ञान का श्रेय ऐतिहासिक दृष्टि से नाथ संप्रदाय को जाता है। नाथ संप्रदाय के अनुयायी कुंडलिनी जागृत करने के लिये हठयोग की साधना किया करते थे। वे भगवान शिव को आदिगुरु मानते हैं जिनका स्थान सहस्त्रदलकमल (एक आध्यात्मिक चक्र जो मस्तिष्क में स्थित है) चक्र पर है। शक्ति (भगवती पार्वती — भगवान शिव की अर्धांगिनी - आदिशक्ति) का स्थान मूलाधार चक्र (आध्यात्मिक चक्रों में सबसे निचला चक्र जो गुदा पर स्थित है) है। उनकी साधना पद्धति में शक्ति को जागृत कर उसका मिलन शिव से करवाने को कुंडलिनी योग या कुंडलिनी जागृत करना कहा जाता है। मूलाधार चक्र से सहस्त्रदलकमल चक्र तक सात चक्र एक कुंडलिनीनुमा पथ पर स्थित होने के कारण इसे कुंडलिनी कहा जाता है और इन सातों चक्रों को जागृत कर उन पर नियंत्रण पाने को कुंडलिनी योग कहा जाता है।

ऐसा माना जाता है कि संत कबीर से पहले के संत केवल सहस्त्रदलकमल

तक ही चक्रों की चर्चा करते थे। संत कबीर पहले संत थे जिन्होंने सहस्त्रदलकमल से ऊपर के चक्रों की चर्चा की। ग्रंथ 'आदिभेद' में उन्होंने इन लोकों (या चक्रों) का वर्णन किया है। सृष्टि रचना की प्रक्रिया का वर्णन करते हुए संत कबीरदासजी परमसत्य या परमात्मा को पुरुष निनांवा के नाम से संबोधित करते हैं और इस लोक को अकहलोक के नाम से (अकह-अर्थात जिसके विषय में कुछ नहीं कहा जा सकता-वर्णनातीत)। 'निनावां' का अर्थ है वह जिसका कोई नाम नहीं है, अर्थात् जिसमें अभी नाम गुण इत्यादि उपाधियां या भेद नहीं है। यह सत्य की वह सर्वोच्च अवस्था है जब एकमात्र परम सत्य परमात्मा ही था, अन्य कुछ भी नहीं, जो कुछ था केवल एकमात्र परम सत्य, परमात्मा। तब समय का अस्तित्व भी नहीं था, सृष्टि रचना की शुरुआत भी नहीं हुई थी। शायद यह वह समय था जब से 'आदि' आरंभ हुआ। इससे पूर्व तो आदि भी नहीं था। यदि इससे पहले समय (काल) का कोई अस्तित्व रहा होगा तो वह 'अनादि' होगा और ज्ञान से परे। उस समय न तो यह जमीन ही थी, न आकाश, न वायु, न जल न ही कोई अन्य तत्त्व। परम सत्य का न तो कोई मूल था, न कोई आधार, वह जो था स्वयं अपने आप में था। वह कोई बीज नहीं था कि बीज से वृक्ष बना और वृक्ष से फिर फल फूल और बीज। न ही वह कहता है कि मैं हूँ, या मैं यह हूँ या वह हूँ, या यह नहीं हूँ या वह नहीं हूँ। वह परम तत्त्व सब का आधार, सबका मूल और समस्त भूतों का सारभूत परम सत्य था। यद्यपि उसका कोई नाम या रूप नहीं है, और वह अवर्णनीय है, लेकिन सारी सृष्टि उसी पर आधारित है, उसी से परिव्याप्त है। यदि वह नहीं होता तो कुछ न होता। हमारा अस्तित्व है, यह इस बात का प्रमाण है कि उसका अस्तित्व है।

वह जो था, या है, वह वर्णनानीत है। कोई नहीं जानता कि वह एक था, दो था या तीन था। कुछ होने का अर्थ है कुछ अन्य का भी होना, वरना कुछ होने का कोई अर्थ नहीं, क्योंकि उसके सिवाय किसी अन्य का अस्तित्व न होने के कारण उसके पृथक् अस्तित्व का कोई प्रश्न ही नहीं उठता। अत: आदि में जो था, वह वही था, और वह क्या था, या क्या है, वही जाने। उसका कुछ होना, पुरुष (आदिपुरुष) होना तो बहुत बाद में हुआ। पुरुष तो वह तब हुआ जब उसे अपने होने का भास हुआ, अर्थात् जब उसकी इच्छा हुई। वह शब्द भी नहीं था, क्योंकि शब्द के लिये भी दो वस्तुओं का होना आवश्यक है, बिना दो वस्तुओं के हुए शब्द का अस्तित्व नहीं हो सकता। शब्द भी बहुत बाद में हुआ। उसका कोई नाम भी न था। जिसने नाम को धरा वह निश्चित ही काल का ग्रास बना।

लेकिन वह काल के आधीन नहीं है बल्कि काल उसके आधीन है। उस परम सत्य की उपमा किसी चीज से नहीं दी जा सकती, संपूर्ण ब्रह्माण्ड में ऐसी कोई वस्तु नहीं है। इस पद (परम सत्य की महत्ता) का वर्णन नहीं किया जा सकता। यह पद आदि से भी पहले से था अतः अनादि था। न ही इसका कोई आदि है न अन्त। यह परम सत्य की सर्वोच्च अवस्था है, जिसमें जो कुछ था वही था, कुछ और का कोई अस्तित्व नहीं था, उसका कोई रूप-रंग-आकार नहीं था, न ही कोई गुण या उपाधि, न कोई द्वैत। सृष्टि का आरंभ सत्य की इस सर्वोच्च अवस्था से हुआ।

इस अवस्था की कल्पना करना इंसान के बूते से बाहर है। यह इन्द्रियातीत अवस्था थी। इस अवस्था की कुछ झलक केवल सतगुरु की कृपा द्वारा ही पायी जा सकती है, जब सतगुरु कृपा कर के शिष्य की चेतना को साक्षात्कार की उच्चतम अवस्था में ले जाते हैं।

समस्त सृष्टि अव्यक्त से उपजी है, जो कि मूल, उच्चतम अवस्था थी और सभी उपाधियों से परे। इसी पद में सुरत, शब्द, जल, थल, आकाश, ब्रह्म, परब्रह्म सब कुछ गुप्त रूप से, बीज रूप से विद्यमान थे। आदि का प्रारंभ तब हुआ जब एक से अनेक होने की परमात्मा की इच्छा हुई। तब पद निनांवा अर्थात् अव्यक्त परम सत्य हरकत में आया। उसके व्यक्त होने का पहला स्तर व्यक्त और अव्यक्त के मध्य झिलमिलाहट का था। न तो वह पूरी तरह अव्यक्त था, न ही अभी वह व्यक्त हुआ था, बल्कि व्यक्त होने की प्रक्रिया में था। परम सत्य की यह अवस्था 'ईक्षा' या 'विदेही पुरुष' कहलायी। विदेही - क्योंकि उस का अभी कोई रूप न था कोई काया न थी, वह पूर्ण रूप से व्यक्त होने की स्थिति में नहीं आया था। यह व्यक्त होने की सुगबुगाहट थी।

संत कबीर ने सृष्टि क्रम में सत्य (परमात्मा) की विभन्नि अवस्थाओं का वर्णन 'निरत', 'सुरत' और 'शब्द' के रूप में किया है। अतः ग्रन्थ आदिभेद में उल्लेखित वर्णन को ठीक प्रकार से समझने के लिये यह आवश्यक होगा कि हम निरत, सुरत और शब्द का अर्थ और उन्हें किस संदर्भ में प्रयोग किया गया है, ठीक से समझ लें। जैसाकि पहले वर्णन किया जा चुका है, प्रारंभ में केवल एकमात्र पद निनावां ही था, उसके सिवाय कुछ नहीं। किसी और चीज का, किसी प्रकार का, कोई अस्तित्व नहीं था, कोई द्वैत, कोई भेद नहीं। इस एक को अनेक होने के लिये यह आवश्यक था कि वह अपनी शक्ति को बिखेरे। अभी तक समस्त शक्ति का वह एकमात्र केन्द्र था, लेकिन एक से अनेक होने के लिये

उस शक्ति की मात्रा में हरकत होना, उसका कम या ज्यादा होना आवश्यक था। पद निनावां में वह एक समान अवस्था में था, लेकिन अनेक के अस्तित्व में आने के लिये वह अपनी शक्ति को बिखेरने लगा। निरत, सुरत और शब्द उस परम सत्ता, परम सत्य परमात्मा की तीन अवस्थाएं हैं जो सृष्टि रचना के लिये, एक से अनेक होने का कारण बनी। उनके अलग और संयुक्त तीन केंद्र हैं जो सत्यलोक, अगम लोक और विदेही लोक कहलाते हैं। ये तीनों लोक क्रमश: सत्यपुरुष (सतपुरुष), अगम पुरुष और विदेही पुरुष के लोक (या स्थान) हैं जो परम सत्य परमात्मा के तीन विभिन्न रूप हैं। ये तीनों लोक वे स्थान हैं जहां आत्मा उन्नति कर सत्य के इन रूपों में निवास करती है। ये तीनों लोक आत्मा को अपनी ओर आकर्षित करते रहते हैं।

निरत नृत्य शब्द का अपभ्रंश है। नृत्य का अर्थ है गति। आध्यात्मिक संदर्भ में निरत वह शक्ति है जो सुरत (अर्थात् चैतन्यता) को जागृत कर उसे गति देती है और उसे सत्य के पथ पर अग्रसर करती है। दूसरे शब्दों में निरत चित्त शक्ति या विचारशक्ति, संकल्प शक्ति है जो चेतना को आंदोलित करती है। सुरत का अर्थ है चेतना और जो शक्ति चेतना को नियंत्रित करती है उसे निरत कहते हैं। जब तक निरत न जागे, चेतना शक्ति सुरत नहीं जाग सकती।

निरत जगाने को बच्चे के उदाहरण से समझा जा सकता है। अबोध बच्चे में चेतना होती है और वह मुंह से कुछ शब्द भी निकालता है लेकिन उनका कोई अर्थ नहीं होता; वे शब्द निरर्थक होते हैं। उसकी निरत शक्ति अभी जागृत नहीं हुई है। धीरे-धीरे उसे सार्थक शब्द जैसे 'पापा', 'मामा' इत्यादि सिखाए जाते हैं इस वक्त बच्चा इन शब्दों का सही अर्थ नहीं जानता। उसे समझाया जाता है कि पापा का अर्थ पिता होता है इत्यादि यह निरत जागृत करना है। इस विचार को बच्चे में प्रेषित कर कि पापा का अर्थ पिता होता है, बच्चे की चेतना में पापा शब्द का सही अर्थ और उसकी पहचान जागृत की गई। निरत के क्रियान्वयन से चेतना को शब्द का सही अर्थ समझ में आया। यहां यह जानना महत्त्वपूर्ण है कि मां बच्चे की निरत जागृत करने के लिये शब्द का प्रयोग करती है। शब्द के प्रयोग से मां बच्चे की निरत जगाती है और निरत चेतना को उस शब्द का अर्थ समझाने और उस शब्द से उस वस्तु (जिस का नाम वह शब्द है) तक पहुंचने में सहायक होती है। आध्यात्मिकता के संदर्भ में सतगुरु साधक की निरत जगाकर उसकी सुरत (चेतना) का शब्द से योग कराता है। शास्त्रों में यह पूर्ण निश्चितता के साथ लिखा है कि सतगुरु ही साधक के हृदय को प्रेरित करता

है और उसमें आत्मिक उन्नति की, सत्य को पाने की लगन बनाये रखता है। नक्शबंदी सूफी सिलसिले में सतगुरु (शेख-पीर) कृपा कर अपनी आत्मिक ऊर्जा द्वारा अपने हृदय से शिष्य के हृदय में शब्द प्रेषित कर जागृत करता है और इस शब्द द्वारा उसकी निरत को जागृत करता है। कहा गया है -

गुरू समान दाता नहीं, याचक शिष्य समान,
तीन लोक की सम्पदा, पल में दीनी दान।

अर्थात् गुरु के समान देने वाला कोई नहीं है जो एक ही क्षण में शिष्य को तीन लोकों की (अर्थात् समस्त) सम्पदा प्रदान कर देता है। यह सम्पदा कोई भौतिक रूप से धन-दौलत देना नहीं है। यह सम्पदा शब्द रूपी सम्पदा है जो गुरु अपने हृदय से शिष्य के हृदय में प्रेषित करता है। शब्द अनमोल है, क्योंकि (जैसा पहले अध्याय में वर्णन किया गया है) शब्द द्वारा ही समस्त सृष्टि की रचना हुई है।

विदेही लोक में विदेही पुरुष समस्त चेतना का भंडार है। इस लोक में पहुंचने वाली आत्मायें यहां विदेही पुरुष की ओर आकृष्ट हो परम शांति के साथ रहती हैं। यहां आत्मा (हंस) का प्रकाश कोटि (करोड़) सूर्य के प्रकाश के समान कहा जाता है। इस लोक में निरत, सुरत और शब्द तीनों गुप्त रूप से विद्यमान रहते हैं अर्थात् अभी उनका प्राकट्य नहीं हुआ। यह अवस्था निरत, सुरत और शब्द के प्रकट होने से पूर्व की और उससे ऊंची अवस्था है। निरत, सुरत और शब्द तीनों ही आत्मा की स्वाभाविक शक्तियां हैं। अतः विदेही लोक में आत्मा इन शक्तियों के प्राकट्य से उच्चतर स्थिति में रहती है।

परम सत्य की विदेही पुरुष के बाद की स्थिति अगम पुरुष थी। अगम का अर्थ है जो पहुंच के बाहर हो, जिस तक पहुंचना संभव न हो। अगम पुरुष के लोक का नाम अगम लोक है। यहां पर सतगुरु की तरह अगमपुरुष ने निरत को जागृत किया जो विदेहीलोक में गुप्त अवस्था में थी। सुरत और शब्द दोनों अभी भी अगम लोक में गुप्त अवस्था में ही थे। निरत ने पहले शब्द और फिर सुरत को जागृत किया।

परम सत्य परमात्मा की अगली स्थिति सतपुरुष की थी जिसके लोक को सत्यलोक कहा गया है। वह पुरुष जो अब तक हर प्रकार से गुप्त था, अब शब्द रूप से जाहिर हुआ। इसे सतपुरुष कहा गया। सतपुरुष शब्द की सर्वोच्च अवस्था 'सारशब्द' के भंडार हैं। सुरत अभी भी गुप्त अवस्था में थी लेकिन शब्द अपनी सर्वोच्च अवस्था सारशब्द के रूप में इस लोक में विद्यमान रहता है। सार शब्द

को इस्लाम में 'कलमा-ऐ-कुन' कहा गया है। इसी शब्द द्वारा आकाश और पृथ्वी की उत्पत्ति हुई। सतपुरुष सत, चित्त और आनन्द की सर्वोच्च अवस्था सच्चिदानन्द से परिपूर्ण और प्रेम और आनन्द के अथाह सागर हैं। सतपुरुष चेतना और ज्ञान की सर्वोच्च स्थिति है। वे आत्माएं जो इस स्थिति तक पहुंच जाती हैं, सत्यलोक में शाश्वत शांति और सच्चिदानंद की सर्वोच्च अवस्था प्राप्त करती हैं। सूफी-संत इस अवस्था को, ऐसे पुरुषों को, 'इंसान-उल-कामिल' या कामिल पुरुष कहते हैं।

जैसाकि ऊपर लिखा गया है, सत्यलोक में शब्द जागृत हुआ लेकिन सुरत अभी भी गुप्त अवस्था में थी। इस लोक में शब्द की मधुर मनमोहक ध्वनि हर वक्त गूंजती रहती है। भगवान श्रीकृष्ण ने शब्द को अपनी बांसुरी की मधुर तान के रूप में हजारों गोपियों और ग्वालों को सुनाकर उन्हें भाव-विभोर कर दिया। वे इस दिव्य तान से आकृष्ट हो उनके प्रेम में मतवाले हो गये।

विदेही पुरुष, अगमपुरुष और सतपुरुष, परम सत्य की विभिन्न अवस्थाएं हैं। वे पुरुष निनावां के एक से अनेक होने की प्रक्रिया में उसके विभिन्न रूप हैं। विदेही लोक में निरत, सुरत और शब्द तीनों गुप्त अवस्था में थे, जबकि अगम लोक में निरत, सुरत और शब्द अपनी उच्चतम अवस्था में विद्यमान थे; निरत यहां जागृत हुई लेकन सुरत और शब्द गुप्त अवस्था में रहे। सत्यलोक में शब्द अपनी सर्वोच्च अवस्था में प्रकट हुआ लेकिन सुरत अभी भी गुप्त अवस्था में रही। यहां यह जान लेना आवश्यक है कि विदेही लोक में ऐसा नहीं है कि निरत, सुरत और शब्द का अस्तित्व नहीं था। उनका अस्तित्व था लेकिन वे गुप्त अवस्था में थे। इसी प्रकार अकह लोक (निनावां पद) में शब्द, सुरत और निरत नष्ट नहीं हो जाते, बल्कि वे सूक्ष्म तत्त्व में विलीन हो जाते हैं। सारी सृष्टि की रचना सुरत और शब्द के संयोग पर आधारित है। फैलने और सृष्टि रचने की सामर्थ्य केवल सुरत में ही थी, जिसने अपना प्राकट्य (जहुर) शब्द के माध्यम से किया। जो आत्माएं सत्यलोक में विश्राम करती हैं, उनका प्रकाश सौलह सूर्यों के प्रकाश के समान कहा जाता है। विदेही लोक में यह प्रकाश करोड़ों सूर्य के समान था। इस प्रकार जैसे-जैसे आत्मा निचले पदों (चक्रों) पर उतरती जाती है, उसकी शक्ति, उसका प्रकाश क्षीण होता चला जाता है।

संत कबीर ने सृष्टि में जीवों की स्थिति का सुरत और शब्द के रूप में वर्णन किया है। सुरत का अर्थ है चेतना (अर्थात् आत्मा की वह शक्ति जिससे वह किसी चीज पर एकाग्र होती है, अर्थात् ध्यान देती है और उसके गुण ग्रहण

करती है) और शब्द का अर्थ है शब्द या कंपन जिसके विषय में बाईबल में कहा गया है कि प्रारंभ में केवल शब्द था और शब्द परमात्मा के साथ था और शब्द ही परमात्मा था। इसी तरह ऋग्वेद में भी कहा गया है : 'प्रारंभ में प्रजापति ब्रह्मा थे, जिनके साथ शब्द (ॐ) था और शब्द ही परम ब्रह्म था।' लेकिन शब्द और सारशब्द में फर्क है और इन दोनों शब्दों के सही अभिप्राय को समझना आवश्यक है।

जैसा कि द्वितीय अध्याय में वर्णन किया जा चुका है द्रव्यशक्तिप्रधान तामस ऊर्जा के काल के साथ संयोग के कारण द्रव्य की रचना हुई जिसने शब्द (कंपन) को जन्म दिया। शब्द आकाश की उत्पत्ति का आधार था, जिससे अन्य भूतों (तत्त्वों यथा वायु, अग्नि, जल और पृथ्वी) की उत्पत्ति हुई। इस प्रकार शब्द पंचमहाभूतों की उत्पत्ति का आधार है, लेकिन सार शब्द इससे अलग है। सारशब्द परमात्मा से उत्पन्न समस्त चराचर सृष्टि में उसकी इच्छा उसके आदिसंकल्प की गूंज के रूप में विद्यमान है। जिस तरह प्राणियों में जीनस उनके पूर्वजों की याद को वंशानुगत रूप में उपस्थित रखते हैं, उसी तरह सारशब्द स्थूल, सूक्ष्म और कारण, समस्त चराचर सृष्टि में अपने सृष्टा परमात्मा की याद के रूप में, उसके प्रतिबिंब के रूप में मौजूद रहता है। सारशब्द परम सत्य की प्रतिध्वनि है जो निरंतर उसका स्मरण दिलाती है।

हमारे दैनिक जीवन में जब हम किसी शब्द का उच्चारण करते हैं, किसी चीज का नाम लेते हैं, तो वह वस्तु जिससे वह नाम जुड़ा है, तुरंत हमारे जेहन (दिमाग) में साकार हो उठती है। शब्दों में और उनके द्वारा इंगित वस्तुओं में एक अद्‌भुत और तत्पर संबंध रहता है। यदि किसी व्यक्ति को किसी चीज की आवश्यकता होती है तो वह उसका नाम लेकर कहता है कि मुझे वह वस्तु चाहिये। इसी प्रकार यदि वह किसी वस्तु को खोजने में मदद चाहता है तो लोग उससे उस वस्तु का नाम पूछते हैं। नाम उस वस्तु की पहचान का सबसे महत्त्वपूर्ण सूत्र है, और नाम उस वस्तु तक पहुँचने का सरलतम साधन भी है। यदि कोई व्यक्ति किसी से मिलना चाहता है तो उसका नाम बताने से कोई न कोई उसे उस तक अवश्य पहुंचा देगा, चाहे वह व्यक्ति उसके लिये अनजान ही क्यों न हो। ठीक इसी प्रकार सारशब्द परम सत्य परमात्मा की याद के रूप में हम सबमें निहित है, जिसका संबंध हमारे अस्तित्व के सार से है, जो कि परमात्मा का भी सार है, और यही वह स्मरण है (अर्थात् सार शब्द की तरफ एकाग्रता) जो हमें वापस अपने उद्‌गम (परमसत्य) की तरफ ले जाने की

सामर्थ्य रखता है। निरत सुरत (चेतना) को अपने मूल उद्गम के इस नैसर्गिक स्मरण हेतु सचेत करती है जिससे कि वह वापस उस अवस्था को लौट सके। एक बार शब्द की ओर उन्मुख हो, उसके साथ तादात्म्य हासिल करने से, सुरत शब्द के साथ एकाकार हो वापस अपने मूल परमसत्य की ओर अनायास ही बढ़ने लगती है।

यहा यह जान लेना आवश्यक है कि विदेहीलोक, अगमलोक और सत्यलोक आदि ब्रह्माण्ड में स्थित कोई स्थूल लोक नहीं हैं। सत्यलोक में न दिन है न रात, न हर्ष है न विषाद, न ही वहां इन्द्रियों और मन की पहुंच है, न ही वहां इच्छा या चिंताएं हैं। ये लोक आत्मा की विभिन्न अवस्थाओं को इंगित करते हैं। दूसरे शब्दों में ये आत्मिक ऊर्जा के स्तर हैं। बहुत सी आत्माएं जो पूर्ण सच्चिदानंद की अवस्था तक पहुँच जाती हैं (अर्थात् सतपुरुष के स्तर तक) वे इस लोक में सत्य की साक्षी रूप परम आनन्दमय स्थिति में विश्राम करती हैं।

सत्यलोक में सुरत गुप्त अवस्था में थी। जब सतपुरुष ने एक से अनेक होने की इच्छा की तो सुरत (अर्थात् चेतना) जागृत होकर फैलने लगी। यह चैतन्य शक्ति अन्तहीन थी और इसका प्रवाह बहुत तीव्र था। इसके फैलाव का कोई अंत दिखाई नहीं देता। यह चैतन्यता का उच्चतम स्तर था। चेतना के इस फैलान को पद-निर्वाण कहा गया है। इसे सुरत लोक भी कहा जाता है। यह आत्मा की पूर्ण चैतन्यता की अंतिम अवस्था थी। इसके बाद और नीचे के लोकों में आत्मा की चैतन्यता क्रमशः कम होती गयी। चैतन्यता आत्मा का स्वाभाविक गुण है।

आत्मा की अगली अवस्था अक्षर पुरुष के नाम से जानी जाती है। इस लोक को अक्षर लोक कहा गया है। क्षर का अर्थ है नष्ट होना, क्षय होना। अतः अक्षर का अर्थ हुआ वह जो क्षर नहीं होता या जो नष्ट नहीं होता। अक्षर लोक में आत्मा क्रियाहीन अवस्था में रहती है। ये वे आत्माएं हैं जिनके कर्मबन्धन अभी पूरी तरह समाप्त नहीं हुए और उनके संचित कर्मों का भुगतान अभी बाकी रह गया है। वे इस क्रियाहीन अवस्था में उचित समय आने की प्रतीक्षा कर रही हैं जब उन्हें पुनः आत्मिक उन्नति करने का अवसर मिलेगा। यही कारण था कि इन आत्माओं को जागृत करने और उन्हें उन्नति करने का अवसर देने के लिये कालपुरुष वजूद (अस्तित्व) में आया। यह परमात्मा की कृपा का परिणाम था क्योंकि इसी कारण इन आत्माओं को उचित देह में जन्म लेने का सौभाग्य प्राप्त हुआ जहां वे तरक्की कर पुनः अपने मूल स्वरूप परम सत्य का साक्षात्कार कर सकती हैं। यदि उन्हें यह अवसर नहीं मिलता तो वे सदा के लिये उसी क्रियाहीन अवस्था में पड़ी रहतीं।

संत कबीर ने कालपुरुष को निरंजन नाम से संबोधित किया है। निरंजन समय और स्थान के नियन्ता हैं, काल, जन्म और मृत्यु से बंधे सभी चराचर जीव जिनके आधीन रहते हैं। जैसाकि पहले लिखा जा चुका है देदीप्यमान सतपुरुष की ओर देख कालपुरुष ने अपने पृथक् अस्तित्व की घोषणा ''मैं हूँ'' - ''अहं अस्मि'' या अहंकार के रूप में की। अहं का अर्थ है अपने स्वयं की चेतना के पृथक् अस्तित्व की घोषणा। अपने को औरों से और ओरों को अपने से अलग जानना-समझना।

सृष्टि रचना के लिये दो चीजों की आवश्यकता थी ताकि वे किसी तीसरी चीज को जन्म दे सकें। बिना दो के तीसरी चीज पैदा नहीं हो सकती। ये दो सुरत और शब्द थे जिनसे सारी सृष्टि की रचना हुई। पहले वर्णन किया जा चुका है कि शब्द द्वारा ही पंचमहाभूतों की रचना हुई जो सारी भौतिक सृष्टि के आधार हैं। अत: समस्त सृष्टि चेतना (सुरत) और द्रव्य (शब्द) के संयोग से उपजी है। पूरे ब्रह्माण्ड में ऐसा कुछ नहीं है जो द्रव्य या चेतना दोनों में से किसी एक से सर्वथा खाली हो।

कालपुरुष कारण तत्त्व से पैदा हुआ था और तेज से परिपूर्ण था। लेकिन उसमें सुरत (चेतना) का अंश नहीं था। केवल सुरत में ही एक से अनेक होने की सामर्थ्य थी और चेतना से ही आगे उन्नति संभव थी। चेतना ही सत्य की अनुभूति कर सकती है। शब्द सुरत को जाहिर करने, फैलाने में, सहायता करता है। सृष्टि रचना के कार्य को आगे बढ़ाने के लिये सतपुरुष ने आदिमाया (अर्थात् परमात्मा के आदिसंकल्प) को कालपुरुष के साथ सृष्टि रचने हेतु प्रेरित किया। संत कबीर ने आदिमाया को पन्द्रहवीं सुरत या 'पन्द्रहवीं कला' संबोधित किया है। सौलहवीं कला स्वयं सतपुरुष थे। (हिन्दू शास्त्रों में भगवान श्रीकृष्ण को सौलह कला संपूर्ण अवतार माना जाता है अर्थात् वे परमात्मा के - सतपुरुष रूप का अवतार थे।)

आदिमाया के साथ कालपुरुष को 'अविगत पुरुष' के नाम से जाना गया। अविगत का अर्थ है जिसका अभी भुगतान नहीं हुआ, जो अभी बीता नहीं है। यह शब्द और सुरत की एक में (परस्पर) लय होने की अवस्था थी। इससे पहले अर्थात् सुरत लोक और उससे ऊपर लोकों में आत्मा की अवस्था पूर्ण चैतन्यमय थी और सुरत व शब्द का अस्तित्व पृथक्-पृथक् था। पूर्ण चैतन्य होने के कारण उन लोकों में सुरत को शब्द की आवश्यकता नहीं थी। आत्मा की यह पूर्ण चैतन्यता अपनी मूल अवस्था, परम सत्य के प्रति थी, उसे अपनी असलियत की

चेतना थी। एक बार इस चैतन्यता में कमी आने पर शब्द की आवश्यकता पड़ी ताकि शब्द सुरत को पूर्ण चैतन्यता की तरफ खींच कर ले जाये। ऊपर लिखा जा चुका है कि शब्द द्वारा ही इच्छित वस्तु को प्राप्त किया जा सकता है। शब्द ही चेतना को आगे बढ़ाकर पूर्णता तक ले जा सकता है।

इसके पूर्व कालपुरुष शुद्ध ब्रह्म रूप में था, उसमें अभी सृष्टि रचना की इच्छा उत्पन्न नहीं हुई थी। ब्रह्म की विश्व में वही स्थिति है जो कि इंसान में मन की है। ब्रह्म भी मन की तरह बीच की स्थिति में है और द्रव्य व चेतना (आत्मा) की संधिरूपी गांठ है। संस्कृत में बृह का अर्थ है बढ़ना और मनन का अर्थ है विचार करना। ब्रह्मण या ब्रह्म का अर्थ हुआ मनन के साथ बढ़ना। सारी सृष्टि की रचना ब्रह्मा द्वारा हुई और जैसाकि पहले लिखा जा चुका है ब्रह्मा जी ने ज्ञान प्राप्त कर (अर्थात् मनन-विचार के साथ) सृष्टि की रचना की जो आदिसंकल्प के अनुसार निरंतर वृद्धि की ओर अग्रसर है।

कालपुरुष और आदिमाया के इस लोक को 'अनामी लोक' कहा गया है। इसे अमरकोट और अकह लोक के नाम से भी जाना जाता है। यह उनकी पहली रचना थी और यह अकहलोक की नकल पर आधारित थी। इंसान के शरीर में यह ब्रह्मरन्ध्र पर स्थित है। सुषुम्ना नाड़ी हृदय से निकलकर शरीर में स्थित सर्वोच्च स्थान ब्रह्मरन्ध्र तक जाती है। श्रीमद्भागवत महापुराण के दशम स्कन्ध में इस संदर्भ में लिखा है कि हृदय से ही सुषुम्ना नामक नाड़ी प्रारंभ होकर ब्रह्मरन्ध्र तक जाती है जो परमात्मा को प्राप्त करने का मार्ग है। जो इसे प्राप्त कर इस प्रकाशवान मार्ग पर आगे बढ़ता है, फिर जन्म और मृत्यु के चक्र में पुनः नहीं पड़ता।

अनामी लोक से लेकर सबसे निचले मूलाधार चक्र तक सभी लोक या चक्र इंसान की देह में स्थित हैं। लेकिन यहां यह स्पष्ट कर देना आवश्यक है कि ये आध्यात्मिक चक्र या आत्मिक ऊर्जा के केन्द्र, स्थूल रूप से शरीर के किसी अंग विशेष के रूप में स्थित नहीं है, बल्कि सूक्ष्म रूप से आत्मिक ऊर्जा के केन्द्रों के रूप में स्थित हैं।

अविगत पुरुष का लोक, अनामी लोक तेज (प्रकाश) और विभिन्न ध्वनियों से परिपूर्ण है और असंख्य आत्माओं को अपनी ओर आकर्षित करता है। यहां पर ये आत्माएं प्रकाश और मधुर ध्वनियों की गूंज में मग्न रहती हैं। शब्द इस लोक का आधार है और अविगत पुरुष ने इसकी रचना पांच शब्दों के आधार पर की, जिनका भेद केवल वे ही महात्मा जानते हैं जो इस स्थिति को पार कर

चुके हैं। आदिमाया ने भी यहां पांच शब्द प्रकट किये। ये हैं – सोहम, नि:अक्षर, रारंकार, ओंकार और निरंजन। ये पांचों शब्द सभी इंसानों में और ब्रह्माण्ड में निरंतर गूंज रहे हैं लेकिन कुछ ही संत-महात्माओं ने इनका ज्ञान हासिल किया। सोहम शब्द का मूल स्थान भंवर गुफा के समीप है, नि:अक्षर का स्थान महाशून्य, रारंकार का स्थान शून्य, ओंकार का स्थान त्रिकुटी और निरंजन का स्थान आज्ञाचक्र है। भंवरगुफा, महाशून्य, शून्य, त्रिकुटी और आज्ञा चक्र इत्यादि चक्रों की चर्चा आगे की गई है।

ये पांचों शब्द अत्यधिक शक्तिशाली हैं और सभी इंसानों में निरंतर गूंज रहे हैं। फिर भी इनका ज्ञान किसी विरले को ही होता है। लोग इनकी महत्ता और अपनी हकीकत दोनों को ही भूल बैठे हैं। कुछ संतों ने जिन्होंने इन्हें जाना, अपने आप को इनके साथ लय कर लिया। इनकी शक्ति से अनभिज्ञ लोग इस बात की हंसी उड़ा सकते हैं, लेकिन संत-महात्माओं की जीवनियां और उनके अनुभव इसके प्रत्यक्ष प्रमाण हैं। यह भी सत्य है कि अधिकतर संत-महात्मा इस स्थान से आगे नहीं पहुंचे क्योंकि वे यहां की हैरतअंगेज भव्यता में ही खोकर रह गये।

अनामी लोक से नीचे की रचना को अविगत सृष्टि के नाम से जाना जाता है। अविगत सृष्टि में ऊपर के लोकों की नकल की गई और इन लोकों का नाम भी उन्हीं के अनुरूप रख दिया गया। अविगत सृष्टि की प्रथम रचना सप्तम शून्य थी, जिसमें विदेही लोक की नकल की गई, और इसका नाम अगम लोक रख दिया गया। यह लोक सभी तरह के विषाद और दुखों से मुक्त और प्रकाशमय है। 'अगम' शब्द की गूंज यहा निरंतर होती रहती है। इस लोक (या चक्र) तक उन्नति करने वालों को सालोक्य, सामीप्य, सारूप्य और सायुज्य रूपी चारों प्रकार की मुक्ति प्राप्त हो जाती है। शास्त्रों में उपरोक्त लिखित चार प्रकार की मुक्ति का वर्णन मिलता है। अगम लोक तक पहुँची आत्माओं को ये चारों मुक्तियां प्राप्त हो जाती हैं।

छठे शून्य में अविगत पुरुष ने अगम पुरुष के लोक अगम लोक की नकल की और उसका नाम 'अलख लोक' रखा। यहां तक पहुँची आत्माओं को अलख पुरुष के नाम से जाना जाता है। यह भी प्रकाशमय लोक है और पाक रूहें (पवित्र आत्माएं) यहां निवास करती हैं। छठे शून्य के नीचे पंचम शून्य में अविगत पुरुष ने सत्य पुरुष के लोक सत्यलोक की नकल की और इसका नाम सतलोक ही रख दिया गया। यह लोक भी प्रकाशमय है। यहां स्थूल काया माया कुछ नहीं है और यह हर्ष और शोक से भी परे है। यहां पर निरंतर अनाहत नाद

(अनहद नाद) का गुंजार होता रहता है। मुस्लिम संतों ने इसे 'मुकामे हक' कहकर संबोधित किया और यहां गूंजने वाली ध्वनि को 'सदा-ए-हक' कहा। हिन्दू संतों ने इसे सतनाम कहा और सिख धर्मावलम्बियों ने इसे सचखण्ड कहा।

चौथे शून्य को भंवरगुफा नाम से जाना जाता है जो पद-निर्वाण या सुरतलोक की नकल है। यह सोहम शब्द का उद्‌गम स्थल है। मुस्लिम संत इस ध्वनि को 'अनाहू' कहते हैं और इस लोक को 'मुकाम-ए-अनाहू'। यहां पर पहुंचकर जीव को अनुभूति होती है कि वह सुरत-चैतन्य अर्थात सत्य का अंश है। इस मुकाम तक पहुंची जीवात्माएं मुक्त होती हैं। यहां तक आत्मा की चेतना शक्ति बहुत जागृत रहती है यद्यपि ऊपर से नीचे लोकों की ओर आत्मा की चेतना शक्ति का क्रमशः ह्रास होता जाता है।

तीसरे शून्य को महाशून्य और शून्य दो भागों में बांटा गया है। महाशून्य जो ऊपर का भाग है, उसे निर्गुण परब्रह्म या निर्गुण निःअक्षर का स्थान माना जाता है। मुस्लिम संतों ने इसे 'आलम-ए-हाहूत' कहा है। इसे महाकाल भी कहा जाता है और यहां पर अंधेरा रहता है। पंचम शून्य से तिरस्कृत आत्माएं यहां पर धकेल दी जाती हैं। यद्यपि यहां उन्हें किसी प्रकार का कोई कष्ट तो नहीं होता लेकिन वे सतलोक के आनंद से वंचित हो जाती हैं। जब कोई दयालु संत इस मार्ग से गुजरते हैं और इनके गुनाहों की बख्शीश करा देते हैं तब वे अपनी पूर्व स्थिति को फिर से पा जाते हैं।

निर्गुण परब्रह्म ने अब ब्रह्मा का रूप ले लिया। यह आत्मा की अन्तिम चैतन्य अवस्था है जिसके नीचे वह जीवात्मा का रूप ले लेती है। जीवात्मा जीवन के लिये व्याकुल रहती है और अपनी हकीकत से अनजान। यह सुरत और शब्द के इकट्ठे रहने की अन्तिम अवस्था थी। दूसरे शब्दों में इस स्थान से नीचे निरंजन और आदि माया पृथक् हो गये और प्रकृति और पुरुष के संयोग से मैथुन सृष्टि या मानव सन्तति का विकास होने का साधन बना।

तीसरे शून्य के निचले भाग को जिसे शून्य कहते हैं, 'दशम द्वार' के नाम से भी जाना जाता है। सूफी संत इसे 'आलम-ए-लाहूत' के नाम से संबोधित करते हैं। इसे अरण्यद्वीप के नाम से भी जाना जाता है। आत्मा की चेतना में यहां और भी कमी आ गयी। इस मुकाम पर ररंकार शब्द की गूंज होती रहती है। कहा जाता है कि मृत्यु के समय जिस व्यक्ति के प्राण इस दशम द्वार से निकलते हैं वह मुक्ति प्राप्त कर लेता है। इंसान की देह में इस दशम द्वार (मस्तिष्क में स्थित) के अलावा बाकी नौ द्वार —दो आंखें, दो कान, नासिका के दो छिद्र,

एक मुख, एक जननेंद्रिय एवं एक गुदा है। महाशून्य के अचिन्त्य पारब्रह्म निःअक्षर ने यहां ब्रह्म का रूप धारण किया, अर्थात् अविगत पुरुष यहां ब्रह्म रूप में स्थित हुआ। अविगत पुरुष यहां दो धारों में बंट गया। सुरत और शब्द पृथक्-पृथक् हो गये। सुरत योगमाया बन गई और शब्द पुरुष हो गया। योग-माया को प्रकृति भी कहा गया है। इस तरह शून्य से आगे अविगत पुरुष प्रकृति और पुरुष के रूप में दो धाराओं में बंट गया।

दूसरा शून्य त्रिकुटी के नाम से जाना जाता है। सूफी संत इसे मुसल्लसी कहते हैं। त्रिकुटी वेद व अन्य धर्मग्रंथों के प्रकट होने का स्थान है। यहां पर निरंतर ओंकार नाम की गूंज होती रहती है। सूफी संत इस ध्वनि को 'हू-हू' संबोधित करते हैं। त्रिकुटी चक्र समस्त ज्ञान का भंडार है। त्रिकुटी के नीचे की समस्त सृष्टि प्रलय के समय नष्ट हो जाती है (अर्थात् कल्प के अन्त होने पर वे जीवात्माएं जिनकी आध्यात्मिक पहुंच त्रिकुटी चक्र तक नहीं है, फिर नये कल्प के प्रारंभ होने तक उसी अवस्था में पड़ी रहती हैं)। लेकिन त्रिकुटी तक पहुंची जीवात्माएं आगे उन्नति करती रहती हैं। इसके लिये उन्हें भौतिक देह की आवश्यकता नहीं रहती। त्रिकुटी ही पंचमहाभूतों और प्रकृति के त्रिगुणों का उद्गम स्थल है। इसे अर्थात् त्रिकुटी को महाआकाश कहा गया है जो कि पंचमहाभूतों में से प्रथम महाभूत है। त्रिकुटी के नीचे की सृष्टि पुरुष-प्रकृति के संयोग से उपजी मैथुन सृष्टि या मानव सन्तति है। पुरुष-प्रकृति ने पांच तत्व, तीन गुण, कार्य और करण (पंचमहाभूत और उनकी तन्मात्राऐं कार्य और मन, बुद्धि, चित्त, अहंकार, पांच ज्ञानेन्द्रियां एवं पांच कर्मेन्द्रियां करण कहलाते हैं) प्रकट किये। जड़ पदार्थों की रचना हुई, जो त्रिकुटी के नीचे की जड़ सृष्टि के लिये आवश्यक थे। इन जड़ पदार्थों को जीवन प्रदान करने के लिये जीवात्मा निर्गुण-परब्रह्म से उतरी लेकिन जीवात्मा की चैतन्य शक्ति अत्यंत अल्प है।

प्रथम् शून्य को सहस्त्रदलकमल भी कहा गया है, जो इंसान के शरीर में भौंहों की ऊँचाई से कुछ ऊपर, सिर में पीछे की तरफ स्थित है। सूफी संत इसे आलम-ए-जबरूत कहते हैं और हिन्दू शास्त्रों में इसे त्रिलोकीनाथ का स्थान भी कहा गया है। अविगत पुरुष यहां निरंजन और ज्योति रूप में विद्यमान है। इस स्थान से श्वास के साथ वेद व अन्य धर्मग्रंथ उतरे। यह चक्र ब्रह्माण्डीय-मन (या बुद्धि) का भी स्थान है। यहां पिण्डी-मन की पहुंच नहीं है, अर्थात् यहां तक उन्नति की हुई जीवात्मा अपने पिण्डी-मन (नफ्स) पर विजय प्राप्त कर ही यहां पहुंच पाती हैं। कहा जाता है कि सहस्त्रदलकमल एक सहस्त्र (हजार) पत्तों वाला

कमल रूपी चक्र है। इसी कारण इसका नाम सहस्त्रदलकमल रखा गया। लेकिन लगता है कि यहां पर बहुत सी नाड़ियों का संगम होने के कारण इसे प्रतीकात्मक रूप में एक हजार पत्तों वाला कमल कहा जाता है। ये नाड़ियां शरीर की विभिन्न कोशिकाओं से संकेत ग्रहण कर मस्तिष्क के इस भाग को प्रकाशित करती हैं। सहस्त्रदलकमल से नीचे स्थित चक्रों का संबंध मन से रहता है, इस कारण भी उसे प्रतीकात्मक रूप से कीचड़ (नफ्स-मन) में खिलने वाला कमल कहा जाता है।

ऊपर लिखा जा चुका है कि अविगत पुरुष का स्थान अनामी लोक (या संबंधित आत्मिक चक्र) इंसान के शरीर में ब्रह्मरन्ध्र के स्थान पर अवस्थित है जो सुषुम्ना नाड़ी का अंतिम छोर है। सुषुप्ना नाड़ी हृदय से निकलकर ब्रह्मरन्ध्र तक जाती है। अविगत पुरुष काल और स्थान का नियन्ता है। काल, जन्म और मृत्यु से बंधे सभी प्राणी जिसके आधीन रहते हैं। जिस प्रकार काल के आधीन सृष्टि में अविगत पुरुष का स्थान सर्वोच्च है, ठीक उसी प्रकार उसका लोक अनामी लोक भी इंसान के शरीर में सर्वोच्च शिखर ब्रह्मरन्ध्र पर स्थित है। अनामी लोक से लेकर सहस्त्रदलकमल तक अन्य चक्र भी उसी क्रम में इंसान के शरीर में उसके मस्तिष्क में स्थित हैं। त्रिकुटी चक्र सहस्त्रदलकमल के ऊपर स्थित है और इसका मार्ग 'आप्टिक नर्व' (दृक् नाड़ी) से होकर गुजरता है। यह नाड़ी नये चांद की तरह मुड़ी रहती है, जिसे ऋषियों ने बंकनाल नाम से सम्बोधित किया है।

यहां यह कहना महत्त्वपूर्ण होगा कि इंसान के शरीर को परमात्मा ने अपनी प्रतिकृति के रूप में ढाला है। उसके शरीर को सृष्टि रचना में उपयुक्त सभी तत्त्वों के संयोग से रचा गया है और सभी संभावनाओं के बीज उसमें विद्यमान हैं। इस बात का प्रत्यक्ष प्रमाण यह है कि मानव देह में समस्त ब्रह्माण्ड की प्रतिकृति आत्मिक चक्रों के रूप में स्थापित की गई है, जैसा कि उपरोक्त वर्णन से स्पष्ट है। ऐसा माना जाता है कि मानव देह में उतरते समय आत्मा सर्वप्रथम ब्रह्मरन्ध्र पर उतरी और वहां से क्रमशः अन्य चक्रों पर ठहरती नीचे उतरती गयी और समस्त कोशिकाओं में फैल गयी। महापुरुषों ने रूहानी चक्रों को आत्मिक ऊर्जा के विशेष केन्द्र माना है जिनको जागृत और सिद्ध करने से साधक आध्यात्मिक मार्ग पर उन्नति की ओर अग्रसर होता है।

जैसे जैसे साधक नीचे से ऊपर के चक्रों की ओर उन्नति कर आगे बढ़ता जाता है उसे और अधिक शांति व आनन्द प्राप्त होता जाता है। संत कबीर और अन्य संतों ने इन आत्मिक चक्रों का बहुत रोचक और रूपात्मक वर्णन किया है।

साधकों के लिये इन चक्रों के रहस्यों और वहां की उपलब्धियों में फंसकर अटक जाने का खतरा बना रहता है। अतः सच्चे साधक को अपना ध्येय, सत्य के साक्षात्कार का ध्येय, निरंतर अपने ध्यान में रखना चाहिये और इन चक्रों में बिना अटके अपने लक्ष्य की ओर आगे बढ़ते रहना चाहिए।

सहस्त्रदलकमल के नीचे छह चक्र हैं जिनका नाम है — आज्ञाचक्र, विशुद्ध चक्र, अनाहत चक्र, मणिपूरक चक्र, स्वाधिष्ठान चक्र और मूलाधार चक्र। ये निचले छह चक्र कुंडलिनी योग के मुख्य केन्द्र हैं। आज्ञा चक्र का स्थान दोनों भौहों से थोड़ा ऊपर उनके मध्य में माथे के करीब एक इंच भीतर है। सूफी संत इसे 'नुक्ता-ए-सुवेदा' नाम से संबोधित करते हैं। जागृत अवस्था में इसे आत्मा 'जीवात्मा' के ठहराव का स्थल माना गया है। स्वप्नावस्था में आत्मा का स्थान कंठ में और गहरी निद्रा (सुषुप्ति) में हृदय में माना गया है। आज्ञा चक्र ऊपर और नीचे सभी चक्रों से प्रभाव ग्रहण करता है। यह चक्र नफ्स (पिण्डी मन अन्तःकरण या मानसिक देह) का नियन्ता है। जैसा कि ऊपर लिखा जा चुका है पिण्डी मन इस चक्र के आगे नहीं जाता अर्थात् इस चक्र को जागृत कर उसे सिद्ध करने से नफ्स शुद्ध और पवित्र हो जाता है। हठ योग की पहुंच भी इसी चक्र तक है। योगी जन इसे तीसरे नेत्र का स्थान भी कहते हैं। तीसरे नेत्र का अर्थ है कि इस चक्र तक उन्नति करने वाले योगी को भीतरी हकीकत (अन्दरूनी हालात) जानने की सामर्थ्य प्राप्त हो जाती है।

आज्ञा चक्र से सहस्त्रदलकमल का मार्ग एक बारीक नाड़ी से होकर गुजरता है, जिसे योगी मुक्ति द्वार कहते हैं। आज्ञा चक्र से ऊपर उन्नति करने वाले साधक मुक्ति के पात्र हो जाते हैं। जीवात्मा आज्ञा चक्र से ऊपर सहस्त्रदलकमल की ओर चढ़ाई करने के लिये तीन मार्गों, जिन्हें त्रिवेणी कहा जाता है, में से कोई एक चुन सकती है। त्रिवेणी को प्रतीकात्मक रूप से गंगा, यमुना और सरस्वती नदियों का संगम माना गया है। जिन योगियों का ध्येय एकमात्र सत्य का साक्षात्कार है, उनके लिये मध्य मार्ग (गंगा नदी) सर्वोत्तम माना गया है। जिन योगीजन को इन चक्रों के साथ संबंधित शक्तियों और वहां के ज्ञान की इच्छा रहती है वे दूसरे दोनों मार्गों से आगे बढ़ते हैं, लेकिन उनके इस प्रयास में इन शक्तियों और ज्ञान के गर्व में उलझकर अटक जाने का भय बना रहता है।

आज्ञा चक्र से नीचे विशुद्ध चक्र स्थित है। विशुद्ध चक्र मानव देह में कंठ पर स्थित होता है। पंच महाभूतों में से पहला महाभूत आकाश अपनी तन्मात्रा शब्द के साथ मानव देह में उतरने वाला पहला तत्त्व था जिसने कंठ में अपना स्थान

ग्रहण किया और मानव देह को वाक् शक्ति प्रदान की। इस तत्त्व की अधिष्ठात्री शक्ति को महामाया या देवी भगवती-दुर्गा देवी नाम से जाना जाता है जो सृष्टि रचना और उसके लय के क्रम में एक मुख्य शक्ति मानी जाती है। यहां पर रजोगुण और तमोगुण दोनों की प्रधानता रहती है।

अनाहत चक्र, जिसे हृदय चक्र भी कहते हैं, विशुद्ध चक्र के नीचे आता है। इसका स्थान मानव देह में भौतिक हृदय के ऊपर माना जाता है। सूफी संत इसे कल्ब कहते हैं। इस चक्र के अधिष्ठाता देव शिव या रुद्र हैं और यहां तमोगुण की प्रधानता रहती है। हृदय से ही निकलकर सुषुम्ना नाड़ी ब्रह्मरन्ध्र तक जाती है। पंचमहाभूतों में से दूसरे तत्त्व वायु ने हृदय में स्थान ग्रहण किया। फेफड़ों के पास स्थित हृदय रक्त को शुद्ध करने का महत्त्वपूर्ण कार्य करता है। मानव हृदय और नफ्स में बहुत नजदीकी और गहरा संबंध है। इस चक्र पर ध्यान लगाने से, बीच के चक्रों को छोड़, ऊपरी चक्रों से सीधा संपर्क स्थापित हो जाता है।

अनाहत चक्र से नीचे स्थित तीनों चक्र-मणिपूरक, स्वाधिष्ठान और मूलाधार चक्र, मनुष्यों में और जानवरों में समान होते हैं। जानवरों के अस्तित्व का आधार ये तीनों चक्र ही हैं क्योंकि उनके जीवन का मुख्य उद्देश्य खाना-पीना, प्रजनन और भोजन का रूपान्तर करना ही होता है और ये सब कार्य वे इन तीनों चक्रों के सहारे करने में समर्थ होते हैं। उनके ऊपरी चक्र उन्नत नहीं होते।

मणिपूरक चक्र का स्थान नाभि के ऊपर है। अग्नि तत्त्व ने यहां स्थान ग्रहण कर, खाये हुए भोजन को पचाने संबंधित मुख्य कार्य संभाला जिससे संपूर्ण शरीर को ऊर्जा प्राप्त होती है। इस चक्र के अधिष्ठाता देव विष्णु हैं। विष्णु को संसार का पालक कहा जाता है। इस चक्र से शरीर के पोषण के लिये आवश्यक ऊर्जा प्राप्त होती है और इसमें आरोग्य प्रदान करने की भी क्षमता होती है। डॉ. चन्द्रगुप्ता (नक्शबंदी परंपरा के एक सूफी संत) ने अपना एक अनुभव इन शब्दों में लिखा है :

"दिसम्बर 1972 - एक दफा शाम के समय मैं और दुर्गादान जी अपने गुरुभाई श्री मूलराज टंडन के घर गये। आप बहुत बड़े क्रान्तिकारी रहे हैं। आपका हर्निया का ऑपरेशन हो चुका था और एक किडनी भी निकाल दी गई थी। उच्च रक्तचाप भी रहता था। हम ध्यान में बैठे। मैंने व दुर्गादान जी ने उनका मणिपूरक चक्र खुलता देखा जो गोलाकार और सुनहरी रंग का प्रकाश लिये था। उसकी किरणें टंडन साहब के जख्मों पर पड़कर मानों उनका उपचार कर रही थीं। दुर्गादान जी चक्र की गर्मी नहीं सह सके, पसीने से भीग गये, बाहर ठंडी हवा

में उन्हें चैन आया। टंडन साहब को कठिन रोग था, इसके बाद भी वे कई वर्ष जीवित रहे। उन्होंने वर्ष 1978 में शरीर छोड़ा।''

स्वाधिष्ठान चक्र जननेंद्रियों की ऊँचाई पर स्थित होता है। जल तत्त्व ने यहां स्थान ग्रहण किया और प्रजनन का साधन बना। इस चक्र के नियन्ता देव ब्रह्म हैं। अंतिम चक्र मूलाधार गुदा पर स्थित है और यहां पंचमहाभूतों में से अंतिम तत्त्व पृथ्वी ने स्थान ग्रहण किया। पचे हुए भोजन को मल रूप में त्यागना और विश्राम के लिये आधार प्रदान करना इसका मुख्य कार्य है। इस चक्र के अधिष्ठाता देव गणेश हैं जिनकी सभी देवताओं में सर्वप्रथम अराधना का विधान माना गया है। इस चक्र के गुण जड़ता और स्थिरता हैं। इस स्तर पर अटके व्यक्ति को आगे बढ़ने, उन्नति करने की इच्छा नहीं होती लेकिन वृक्ष की जड़ की तरह, जो मिट्टी में दबी, अंकुरित होने और वृद्धि की असीमित संभावनाएं रखती है, इस चक्र में भी उन्नति की अनन्त संभावना रहती है। इस चक्र को सिद्ध करने से इच्छाशक्ति में दृढ़ता आती है और सांसारिक मामलों में सफलता के अवसर बढ़ते हैं।

ये तीनों चक्र (मणिपूरक, स्वाधिष्ठान एवं मूलाधार) अनेक चमत्कारी शक्तियों से भी जुड़े हैं। इन्हें सिद्ध करने वाला उन शक्तियों का स्वामी बन जाता है। लेकिन इनसे आत्मिक उन्नति में सहायता नहीं मिलती। अक्सर चमत्कारी शक्तियों के मिल जाने से आत्मिक उन्नति में बाधाएं ही खड़ी हो जाती हैं। अत: सच्चे साधक को इनसे बचना चाहिए। इन चक्रों में चेतना का स्तर जानवरों व अन्य निचले जीवों की ही तरह होता है।

सूफी संत, विशेषकर मुस्लिम सूफी संत, ब्रह्माण्ड को 'दायरा-ए-इमकान' अर्थात् समस्त ब्रह्माण्डीय संभावनाओं का क्षेत्र मानते हैं, जिसमें भूत, भविष्य और वर्तमान की सभी संभावनाएं विद्यमान हैं। यह दो भागों में बंटा है, ऊपरी दायरे को 'आलम-ए-अम्र' व निचले भाग को 'आलम-ए-खल्क' नाम से जाना जाता है।

आलम-ए-अम्र, जो परमात्मा के संकल्प के साथ ही तुरंत (बिना कोई समय लिये) अस्तित्व में आ गया, को आलम-ए-नूर भी कहते हैं। अम्र का अर्थ है हुक्म या आज्ञा। अत: आलम-ए-अम्र का तात्पर्य हुआ सृष्टि का वह हिस्सा जो परमात्मा की इच्छा के साथ तुरंत वजूद में आ गया। दूसरी तरफ आलम-ए-खल्क में सृष्टि रचना की प्रक्रिया के अनुसार धीरे-धीरे वृद्धि हुई। आलम-ए-अम्र का संबंध कारण शरीर (या आत्मा) से है, जिसमें प्राकट्य की सभी संभावनाओं का मूल और उनकी भीतरी हकीकत निहित है। आलम-ए-खल्क

स्थूल और सूक्ष्म देह दोनों से संबंधित है। यह भी दो भागों में बंटा है। उसका ऊपरी भाग 'आलम-ए-मलकूत' सूक्ष्म शरीर से और निचला भाग 'आलम-ए-मुल्क' स्थूल शरीर से सबंधित है। साधारण शब्दों में आलम-ए-मुल्क को भौतिक जगत और आलम-ए-मलकूत को मानसिक जगत कहा जा सकता है। भौतिक जगत इन्द्रियों द्वारा अनुभूत किया जा सकता है। आलम-ए-खल्क की उच्चतम पहुंच सूक्ष्म हृदय तक है और आलम-ए-अम्र की निम्नतम सीमा हृदय का सूक्ष्म आधार है।

इंसान में कारण शरीर पांच आध्यात्मिक चक्रों के रूप में प्रतिबिंबित होता है। इनका स्थान मनुष्य के सीने में है और इन्हें कल्ब, रूह, सर, खफी और खफी-अखफा (या अखफा) नाम से जाना जाता है। इनका संबंध आलम-ए-अम्र से है और ये इंसान की अंदरूनी (आध्यात्मिक) स्थिति को दर्शाते हैं व नियंत्रित करते हैं। सूक्ष्म शरीर नफ्स में झलकता है और स्थूल शरीर भौतिक देह में जो स्थूल तत्त्वों के संयोग से बनी है। ये पांचों कारण तत्व (आध्यात्मिक चक्र) जो आलम-ए-अम्र से संबंधित है, उन्हें आलम-ए-खल्क के तत्त्वों का मूल माना जाता है और उनके साथ इनका गहरा संबंध रहता है। इनका संबंध कार्य और कारण के संबंध की तरह है।

कारण शरीर से संबंधित इन पांच रूहानी चक्रों की स्थिति इंसान के सीने में नीचे दर्शाये गये चित्र के अनुसार होती है।

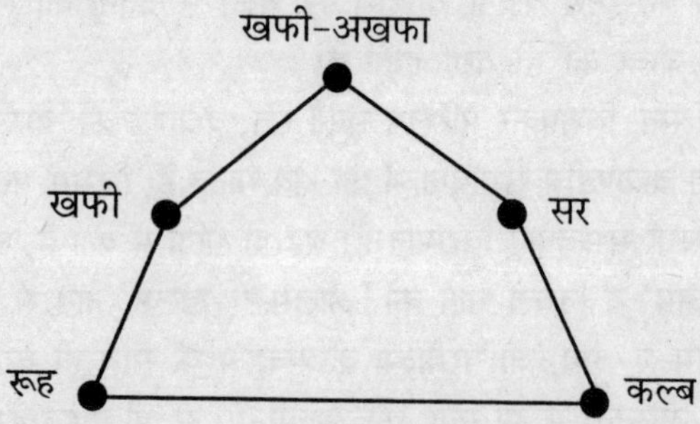

कल्ब चक्र जिसे सूफी संत लतीफा-ए-कल्ब कहते हैं, सीने में बायीं ओर पसलियों के नीचे जहां हृदय की धड़कन सुनायी देती है वहां स्थित है। रूह चक्र अर्थात् लतीफा-ए-रूह, लतीफा-ए-कल्ब की ही तरह सीने के दाईं ओर स्थित है। लतीफा-ए-सर, लतीफा-ए-कल्ब के थोड़े ऊपर और थोड़ा बीच की ओर स्थित है। लतीफा-ए-खफी ठीक इसी तरह लतीफा-ए-रूह से ऊपर स्थित

है। लतीफा-ए-अखफा विशुद्ध चक्र के नीचे लेकिन लतीफा-ए-सर और लतीफा-ए-खफी के बीच में और उनसे कुछ ऊपर स्थित है। कुछ सूफी संत इन पांचों चक्रों को क्रमशः भाव, चेतना, प्रेरणा, गहन प्रेरणा और गहनतम प्रेरणा का स्रोत भी मानते हैं।

कल्ब या लतीफा-ए-कल्ब का नफ्स से गहरा ताल्लुक है। अन्य चार चक्रों का उनसे प्रकटे स्थूल तत्त्वों से गहरा संबंध है। लतीफा-ए-रूह वायु तत्त्व से, लतीफा-ए-सर जल तत्त्व से, लतीफा-ए-खफी अग्नि तत्त्व से और लतीफा-ए-अखफा पृथ्वी तत्त्व से संबंधित है।

इन पांचों चक्रों को क्रियाशील करना और उन्हें सिद्ध करना आवश्यक है ताकि वे अपने अंतर्हित आध्यात्मिक आधार जो विभिन्न रंगों के प्रकाश के रूप में आलम-ए-अम्र में स्थित हैं, से पुनः संयुक्त हो सकें। ऐसा माना जाता है कि इन कारण तत्वों ने (जो इन पांच लतीफों-चक्रों के रूप में इंसान के सीने में स्थापित किये गये हैं) अपनी मूल आभा और पवित्रता आलम-ए-खल्क में उतरते समय नफ्स के साथ संयुक्त होने के कारण खो दी। अतः उनकी मौलिक अवस्था में वापसी के लिये उनको पवित्र करना आवश्यक है।

इन पांचों चक्रों में प्रत्येक एक अलग रंग के प्रकाश से संबंधित है। सुनहरा प्रकाश लतीफा-ए-कल्ब से, लाल लतीफा-ए-रूह से, सफेद लतीफा-ए-सर से, काला लतीफा-ए-खफी से और हरा प्रकाश लतीफा-ए-अखफा से संबंधित है। ये पांचों चक्र, नफ्स और स्थूल तत्वों के संयोग से बनी संपूर्ण भौतिक देह, इन सातों अवयवों को इनके अंतर्हित आध्यात्मिक आधार से पुन संयुक्त करने के लिये उनका शुद्धीकरण आवश्यक है।

कुछ सूफी संत त्रिकुटी तक पहले आठ आध्यात्मिक चक्रों (या मुकामों) का संत कबीर की ही तरह उल्लेख करते हैं। त्रिकुटी के बाद वे शून्य, महाशून्य, भंवर गुफा, सतलोक, अलख लोक, अगम लोक, अकह या अनामी लोक और अंत में ध्रुव पद का उल्लेख करते हैं। उनके अनुसार त्रिकुटी छह चक्रों से मिलकर बनी है। (त्रिकुटी छह चक्रों से मिलकर बनी है - "ऐम डिवाइन", श्री वी.बी. लाल द्वारा लिखित) इस प्रकार यदि देखा जाए तो संत कबीर के वर्णन व सूफी-संतों के रूहानी-मुकामों के उपरोक्त वर्णन में कोई विशेष भेद नहीं है। संत कबीर ने सतलोक, अलख लोक और अगम लोक क्रमशः पांचवें, छठे और सातवें शून्य का नाम कहा है और अकह या अनामी लोक अविगत पुरुष के लोक को। सूफी संत जिन लोकों को इन नामों से संबोधित करते हैं वे भंवर

गुफा और त्रिकुटी के ऊपर स्थित हैं और वे त्रिकुटी को छह चक्रों का संयुक्त रूप मानते हैं। ध्रुव पद अनामी लोक से परे अर्थात् ब्रह्मरन्ध्र से ऊपर कालपुरुष के प्रभाव से बाहर स्थित है।

सूफी और अन्य संत समस्त सृष्टि को तीन भागों में बंटा मानते हैं। दयाल देश, काल देश और माया देश। दयाल देश में निवास करने वाली आत्माएं इच्छा, कामनाओं और काल के प्रभाव से मुक्त, चेतना और आनंद से परिपूर्ण होती हैं। वे अनामी लोक से ऊपर के लोकों को दयाल देश के नाम से संबोधित करते हैं। काल देश में निवास करने वाली आत्माएं अपनी पूर्ण चैतन्यता और आनंदमयी अवस्था खो चुकी होती हैं और काल एवं सूक्ष्म माया का प्रभाव यहां उन आत्माओं पर रहता है। काल देश सहस्त्रदलकमल से ऊपर त्रिकुटी से लेकर अनामी लोक तक के लोकों का नाम है। सहस्त्रदलकमल से लेकर नीचे मूलाधार तक बाकी सभी लोक माया देश कहालते हैं और यहां रहने वाली आत्मायें काल और माया दोनों के अत्यधिक प्रभाव में रहती हैं।

पहले लिखा जा चुका है कि मानव देह तीन शरीरों से — स्थूल शरीर, सूक्ष्म शरीर और कारण शरीर से मिलकर बनी है। इसे पंचकोषों से निर्मित भी माना जाता है। ये हैं — अन्नमय कोष, प्राणमय कोष, मनोमय कोष, विज्ञानमय कोष और आनंदमय कोष। ये पांचों कोष या आवरण आत्मा को ढंके हुए हैं और इन्हीं कोषों या आवरणों के कारण विभिन्न प्राणियों का जन्म होता है। इन कोषों से ढंकी आत्मा को जीवात्मा कहा जाता है।

आत्मा पर पड़ने वाला पहला पर्दा या आवरण आनंदमय कोष है जिसे आनंदमयी चेतना का आवरण भी कहा जाता है। इस आवरण के बाद आत्मा पर पड़ने वाला दूसरा आवरण विज्ञानमय कोष है जिसे बुद्धि का पर्दा भी कहा जाता है और इसमें तर्क, विवेक और निर्णय लेने की शक्ति शामिल है। आत्मा पर अगला पर्दा मनोमय कोष है। मनोमय कोष अर्थात् मन जिसमें पांचों ज्ञानेन्द्रियां - श्रवण, स्पर्श रूप, रस तथा गन्ध शामिल हैं। इसके बाद प्राणमय कोष में पांच प्रकार के प्राण यथा प्राण, अपान, समान, उदान और विजान शामिल हैं। शरीर की प्रत्येक कोशिका इन पाँच प्रकार के प्राणों के सहारे जीवित रहती है। आत्मा का अंतिम आवरण अन्नमय कोष है, जिसे स्थूल या भौतिक शरीर भी कहा जाता है, और जिसका पोषण अन्न (भोजन) द्वारा होता है। उपरोक्त वर्णित इक्कीस लोक या आत्मिक चक्र तीन शरीरों और पांच कोषों में जिस प्रकार संबंधित हैं, उसका वर्णन अगले पृष्ठ पर दिया जा रहा है।

क्र.सं.	चक्र या आत्मा की अवस्था का नाम	अधिष्ठाता शक्ति / शब्द	देह	सम्बंधित अवस्था	कोष	साधना
1.	मूलाधार चक्र — आलम-ए-नासूत	गणेश	स्थूल शरीर	जागृत	प्राणमय	यम, नियम, प्राणायाम
2.	स्वाधिष्ठान चक्र — ,,	ब्रह्मा	,,	,,	,,	,,
3.	मणिपूरक चक्र — ,,	विष्णु	,,	,,	,,	,,
4.	अनाहत चक्र — आलम-ए-मलकूत	महेश (रुद्र या शिव)	सूक्ष्म शरीर	स्वप्न	मनोमय	धारणा, ध्यान, प्रत्याहार
5.	विशुद्ध चक्र — आलम-ए-मलकूत	दुर्गा	,,	,,	,,	,,
6.	आज्ञा चक्र — नुक्ता-ए-सुवेदा		,,	,,	,,	,,
7.	सहस्त्रदलकमल — आलम-ए-जबरूत (प्रथम शून्य)	त्रिलोकीनाथ-निरंजन	,,	,,	,,	,,
8.	त्रिकुटी - मुसल्लसी	ओंकार	,,	सुषुप्ति	विज्ञानमय	समाधि, स्वाध्याय, मनन
9.	शून्य (दशम द्वार) — खला, आलम-ए-लाहूत	रारंकार	,,	,,	,,	,,
10.	महाशून्य — आलम-ए-हाहूत	नि:अक्षर	,,	,,	,,	,,
11.	भंवरगुफा — मुकाम-ए-अनाहू	सोहम	,,	,,	आनंदमय	गुरु-परमात्मा की कृपा, पूर्ण समर्पण
12.	सतलोक — मुकाम-ए-हक	अनाहत नाद	,,	,,	,,	,,
13.	अलख लोक		,,	,,	,,	,,
14.	अगम लोक		,,	,,	,,	,,
15.	अनामी लोक (ब्रह्मरन्ध्र)		,,	,,	,,	,,
16.	अक्षर पुरुष		कारण शरीर	तुरीया		,,
17.	सुरतलोक (पद-निर्वाण)		,,	,,		,,
18.	सतपुरुष					
19.	अगम पुरुष					
20.	विदेही पुरुष					
21.	पद-निनांवा (परम सत्य-परमात्मा)					

नीचें से पहले तीन चक्र — मूलाधार, स्वाधिष्ठान और मंणिपूरक चक्र स्थूल शरीर और प्राणमय कोष से संबंधित हैं। इन चक्रों को प्राणायाम अर्थात् श्वास प्रक्रिया और कुछ अन्य यौगिक क्रियाओं और आसनों द्वारा सिद्ध किया जा सकता है। इन चक्रों को सिद्ध करने से साधक को चमत्कारी शक्तियां प्राप्त हो सकती हैं, लेकिन आध्यात्मिक दृष्टि से इन चमत्कारी शक्तियों का कोई मूल्य नहीं है, बल्कि वे सच्चे साधक को अध्यात्मिक मार्ग से भटका देती हैं। इन तीनों चक्रों का संबंध जागृत अवस्था से है जबकि मन का ध्यान भौतिक शरीर या स्थूल देह पर रहता है।

इनके आगे के चार चक्र — अनाहत, विशुद्ध, आज्ञा एवं सहस्त्रदलकमल चक्र सूक्ष्म शरीर और मनोमय कोष से संबंधित हैं। इनका संबंध स्वप्न अवस्था से भी है जबकि मन सूक्ष्म शरीर पर केन्द्रित होता है। इन चक्रों को हठ योग द्वारा जागृत कर सिद्ध किया जा सकता है, लेकिन इसके लिये अत्यधिक समय और प्रयास की आवश्यकता हो सकती है। इसके ऊपर अर्थात् सहस्त्रदलकमल से ऊपर हठयोग की पहुंच नहीं है। सहस्त्रदलकमल से ऊपर उठने के लिये समर्थ गुरु की कृपा आवश्यक है। इसका अर्थ यह भी नहीं कि प्राणायाम या हठयोग साधना के लिये गुरु की आवश्यकता नहीं है। गुरु द्वारा मार्गदर्शन के बिना प्राणायाम या हठयोग की साधना मुश्किलें पैदा कर सकती है, क्योंकि साधक द्वारा त्रुटिपूर्ण अभ्यास करने से लाभ की जगह हानि हो सकती है।

सहस्त्रदलकमल प्रथम शून्य का नाम है। दूसरे शून्य से महाशून्य तक स्थित चक्रों का संबंध सूक्ष्म शरीर से है लेकिन वे विज्ञानमय कोष से संबंधित हैं। यह गहरी निद्रा या सुषुप्ति अवस्था से भी संबंधित हैं। इस अवस्था में साधक सविकल्प और बाद में निर्विकल्प समाधि का अनुभव करते हैं। सविकल्प समाधि में साधक किसी विचार में तल्लीन हो जाता है लेकिन उसे अनेकता का ध्यान बना रहता है। निर्विकल्प समाधि में किसी प्रकार का विचार नहीं रहता न ही मैं और तू का भेद। यह ज्ञान प्राप्त करने की स्थिति है। सविकल्प समाधि में साधक को अपनी अनुभूति के विषय में कुछ संदेह रह सकता है, लेकिन निर्विकल्प समाधि में उतरा ज्ञान संदेह से परे होता है। इस अवस्था में साधक को चीजों की अन्दरूनी हकीकत का ज्ञान होता है, और यह ज्ञान देव इच्छानुसार उतरता है।

भंवर गुफा और इससे ऊपर के चक्र आनंदमय कोष से संबंध रखते हैं। भंवर गुफा से अनामी लोक तक चक्र सूक्ष्म शरीर से और उससे ऊपर के चक्र

कारण शरीर से संबंध रखते हैं। अक्षर पुरुष और पद-निर्वाण (या सुरत लोक) आत्मा की चौथी या तुरीया अवस्था है। इसको पार कर आत्मा परमात्मा की कृपा से स्वत: उन्नति करती रहती है।

आध्यात्मिक उन्नति की विभिन्न अवस्थाओं को जानने से ज्यादा महत्त्वपूर्ण यह जानना है कि इसका साधन क्या है? इंसान की जिंदगी का परम लक्ष्य सत्य का साक्षात्कार है, पुस्तकीय ज्ञान इसमें विशेष लाभदायी नहीं है। हां एक बार उस अवस्था तक पहुंचने के बाद पुस्तकीय ज्ञान उस अनुभूति को समझने और उसकी व्याख्या करने में सहायक हो सकता है।

आत्मिक उन्नति केवल सत्संग, साधना और स्वयं के अनुभव द्वारा ही की जा सकती है। आचरण का इसमें बहुत अधिक महत्त्व है। वास्तव में तो आध्यात्मिकता आचरणगत है। अपनी भीतरी सफाई और अहं का त्याग आत्मिक उन्नति का मार्ग है। कहा जाता है कि बांस का पेट चीर कर उसे आग में तपाया जाता है, तब कहीं जा कर उससे मीठी आवाज आती है। अर्थात् बांसुरी बनने के लिये बांस को यह सब सहना पड़ता है। इसी तरह इंसान को अपने दिल की सभी कामनाएं और बुराईयों को दूर कर अपने आचरण पर कड़ा अनुशासन रखने पर ही आत्मिक उन्नति (शाश्वत दिव्य संगीत सुनने) की पात्रता प्राप्त होती है।

आध्यात्मिक पथ के साधकों को दो श्रेणियों में रखा जा सकता है, एक वे जो ज्ञान का अनुशीलन करते हैं, और दूसरे वे जो भक्ति मार्ग पर चलते हैं। सूफी संत उन्हें सुलूक और जज्ब नाम से संबोधित करते हैं। सुलूक का अर्थ है कदम-दर-कदम उन्नति करते हुए आगे बढ़ना। सुलूक के रास्ते पर चलने वाले साधक सबसे नीचे — मूलाधार चक्र से प्रारंभ कर क्रमश: आगे बढ़ते हैं जबकि जज्ब के रास्ते पर चलने वाले साधकों की उन्नति परमात्मा की कृपा से शीघ्रता से होती है। उन्हें कदम-दर-कदम रास्ता तय करने की आवश्यकता नहीं होती।

सुलूक के रास्ते को यों भी समझा जा सकता है कि किसी यात्री को अगर अपने घर से दूर कहीं दूसरे शहर जाना हो, तो वह अपने घर से निकलेगा और रास्ते में पड़ने वाले हर मकान, गली, सड़क को देखता, एक गांव या शहर से दूसरे गांव या शहर होता, जहां रात हो अपना पड़ाव डालता हुआ अपनी मंजिल तक पहुंचेगा। इस तरह वह रास्ते में पड़ने वाली चीजों का ज्ञान हासिल करता हुआ, पूरा समय लगाकर अपनी मंजिल तक पहुंचेगा। यह सुलूक का रास्ता है। अब एक दूसरे व्यक्ति का उदाहरण लें, जो मार्ग तो यही तय करता है लेकिन पैदल सफर के बजाय वह मोटरकार से यह दूरी तय करता है। वह रास्ते में पड़ने

वाली चीजों को, अगर नजर पड़ जाये तो ही देखता है, उनकी जानकारी या उनके बारे में ज्ञान हासिल करने का प्रयास नहीं करता। एक और तीसरा यात्री जो कुछ पड़ाव छोड़, द्रुत गति वाले वाहन में सवार हो अपनी मंजिल तक और भी जल्दी पहुंच जाता है। पहले वाला यात्री सुलूक का रास्ता अपनाने वाला कहलाता है, जबकि दूसरा व तीसरा यात्री जज्ब के मार्ग पर चलने वाले यात्री (या साधक) कहलाते हैं। जज्ब का सीधा अर्थ है खींचा जाना, ऊपर उठना। इस उदाहरण में मोटर कार की सवारी सतगुरु की शरण है, जो कृपा कर साधक को शीघ्रता से आत्मिक उन्नति के शिखर पर ले जाती है। तीसरे यात्री के उदाहरण में वह अपने आप से शुरू के कुछ पड़ाव नहीं छोड़ सकता। केवल पूर्ण सतगुरु अपनी कृपा से शिष्य को किसी भी मुकाम से खींचकर किसी भी मुकाम पर पहुंचा सकते हैं, और बीच वाले मुकाम पीछे छूट जाते हैं।

ज्यादातर योगी सुलूक के मार्ग पर ही चलते हैं, जिसमें वे अपनी आध्यात्मिक यात्रा सबसे निचले चक्र, मूलाधार से शुरू कर प्राणायाम व अन्य यौगिक क्रियाओं द्वारा चक्रों को जागृत और सिद्ध कर आगे बढ़ते हैं। ज्यादातर वे अपने प्रयास के बल पर ही आत्मिक उन्नति करते हैं। ये योगीजन महर्षि पातंजलि द्वारा वर्णित अष्टांग योग का अभ्यास करते हैं। अष्टांग योग का अर्थ है आठ अंगों वाला योग। अष्टांग योग के पहले पांच अंग बाहरी अभ्यास हैं, जबकि अंतिम तीन भीतरी अभ्यास।

अष्टांग योग का पहला भाग है यम, अर्थात् स्वयं पर नियंत्रण। यम में निम्न अभ्यास शामिल हैं -

(क) **अहिंसा** - अहिंसा अर्थात् मन, वचन और कर्म से किसी भी प्राणी को कष्ट न पहुँचाना। कर्म और वचन से किसी को कष्ट न पहुँचाना समझना आसान है, और इससे आसानी से बचा जा सकता है लेकिन मन से कष्ट न पहुँचाने का तात्पर्य है किसी के भी प्रति अपने मन में घृणा या द्वेष न रखना। दूसरों की भावनाओं को ठेस पहुंचाना भी एक प्रकार की हिंसा है और यह ज्यादा गहरी हिंसा है। संसार को चलाने की जिम्मेदारी परमपिता परमात्मा की है जिसने इस सृष्टि की रचना की है। उसे मालूम है किसके साथ क्या करना है, भला या बुरा, लेकिन उसे भुलाकर स्वयं औरों के साथ दुर्व्यवहार करना, स्वयं को धोखा देना ही है, जिससे अंत में कुछ लाभ नहीं होता।

(ख) **सत्य** - सत्य या ईमानदारी का अर्थ है मन-वचन में यथार्थ होना। जैसा देखा, सुना, अनुमान किया गया हो, उसी प्रकार मन-वचन को रखना।

ईमानदारी का अर्थ है अपने व्यवहार में पारदर्शिता रखना। व्यक्ति को नेक कमाई से अर्जित साधनों से जीवन यापन करना चाहिए। जिसने अपनी मर्यादा में रहना सीख लिया, उसने चिन्ताओं से मुक्ति पा ली। ईमानदारी से अर्जित थोड़ी कमाई भी जीवन को खुशियों से भर देती है।

(ग) **अस्तेय** - अस्तेय का अर्थ है दूसरों की सम्पत्ति की इच्छा या लालसा न करना, उसकी चोरी या अनधिकृत प्रयोग न करना। जिस चीज पर अपना हक न हो, उस नर निगाह न रखना। यहां तक कि यदि किसी कार्य का श्रेय किसी अन्य को जाता हो तो, उस पर अपना हक न जताना। इसके साथ ही अपने हृदय में उसके प्रति द्वेष न रखना।

(घ) **ब्रह्मचर्य** - ब्रह्मचर्य का अर्थ है काम-वासना पर नियंत्रण। ब्रह्मचर्य का तात्पर्य यहां गृहस्थ जीवन का त्याग नहीं है। इस संसार की रचना परमात्मा ने की है और यह उसकी इच्छा है कि संसार कायम रहे और इसमें वृद्धि हो। गृहस्थ जीवन संसार के सुचारु रूप से चलने के लिये आवश्यक है, लेकिन इसका अर्थ यह भी नहीं कि इंसान भोग-विलास में ही लिप्त हो कर रह जाये। आत्म-नियंत्रण के बिना तो बड़े-बड़े तपस्वी भी पतन की गर्त में गिर जाते हैं। अत: गृहस्थ जीवन में भी संयम से रहना सही अर्थों में ब्रह्मचर्य पालन है।

(ङ) **क्षमा** - क्षमा का अर्थ है बदले की भावना न रखना और अपनी प्रतिक्रिया को संयमित रखना, ओरों के प्रति विनम्रता रखना। औरों के व्यवहार को सहन कर जाने से स्वयं अपना और उनका भी भला होता है। दूसरों को क्षमा करने के लिये कहना कठिन हो सकता है, लेकिन व्यक्ति कम से कम स्वयं तो ऐसा करने का प्रयास कर सकता है। क्षमादान एक महान गुण है। परमात्मा सबसे बड़ा क्षमा करने वाला है और यह सेवक (इंसान) के लिये उपयुक्त ही है कि वह अपने मालिक के आचरण का अनुसरण करे।

(च) **धैर्य** - धैर्य का अर्थ है परिणाम या प्रतिफल के लिये अति उत्सुक न होना। मंजिल को पाने के लिये धैर्य की आवश्यकता होती है। धैर्य के बिना मंजिल नहीं मिलती, व्यक्ति मार्ग में आने वाली बाधाओं से अधीर होकर भाग खड़ा होगा। धैर्यहीन व्यक्ति अक्सर कार्य को बीच में छोड़ देते हैं। धैर्यवान व्यक्ति अपनी पूरी हिम्मत और लगन से अपना प्रयास जारी रखते हैं और कैसी भी परिस्थिति हो हर संभव प्रयत्न करते हैं। कहावत है कि हिम्मते मर्दे, मददे खुदा।

(छ) **दया** - दया का अर्थ है सभी प्राणियों के साथ आदरपूर्वक व्यवहार करना। जैसा व्यक्ति स्वयं के लिये चाहता है वैसा ही दूसरों के साथ

पेश आना। दया का असली तात्पर्य है सभी की भलाई चाहना और सभी के लिये परमात्मा की कृपा चाहना। दूसरों को कष्ट देकर कोई भी स्वयं स्थायी प्रसन्नता नहीं पा सकता। परमात्मा सभी प्राणियों के हृदय में बसता है, अत: औरों के प्रति क्रूरता अवश्य ही स्वयं को भी प्रभावित करेगी। प्रकृति का यह नियम है कि जो बोया जाएगा वही काटने को मिलेगा।

(ज) **कोमलता** - कोमलता का अर्थ है नम्रता, दीनता। नम्रता से पेश आने वाला व्यक्ति दूसरे के हृदय में सहानुभूति और दया की भावना जगा देता है। दूसरी ओर जो लोग दुर्व्यवहार करते हैं, वे औरों के हृदय में क्रोध और हिंसा की भावना पैदा करते हैं। कोमलता का तात्पर्य सादगी के साथ रहना भी है जो किसी का ध्यान अपनी ओर आकृष्ट नहीं करता। यदि कोई प्रशंसा करे तो उसे परमात्मा की प्रशंसा मान उससे अपने हृदय में अहंकार न आने देने की प्रार्थना करना। पवित्र कुरान में शुरुआत इन शब्दों के साथ की जाती है : 'अलहम्दु लिल्लिाह', अर्थात् सारी तारीफ खुदा के लिये है। केवल परमात्मा या सतगुरु ही प्रशंसा का पात्र है। उस व्यक्ति के बारे में सोचें जो बादशाह का खास हो, उसके नजदीक हो। वह अपने आप को बहुत बड़ा समझने लग जाता है और औरों को अपने सामने कुछ नहीं गिनता। अब जरा उस साधक के बारे में कल्पना करें जिसको समस्त जगत के मालिक परमात्मा की समीपता का आभास हो गया हो, उसका क्या हाल होगा? अत: साधक को सदा अपनी ओर निगाह रख विनम्र रहना चाहिए।

(झ) **सात्विक आहार** - आहार की पवित्रता का आध्यात्मिक साधना पर बहुत गहरा प्रभाव पड़ता है। सभी प्राणियों को जीवन के लिये भोजन की आवश्यकता होती है। जैसाकि पहले लिखा जा चुका है आत्मा पर पड़ने वाला आखिरी पर्दा अन्नमय कोष है, जिसका पौषण अन्न से अर्थात् भोजन से होता है। अन्नमय कोष दूसरे कोषों का पालन करता है, अत: उन पर अन्न की पवित्रता का प्रभाव पड़ना स्वाभाविक है। कहा भी गया है कि जैसा खाओगे अन्न, वैसा बनेगा मन। शास्त्रों में भोजन को उसके प्रकार और उसको अर्जित करने के लिये प्रयोग में लाये गये धन के आधार पर सात्विक, राजसी और तामसिक तीन श्रेणियों में रखा गया है। सात्विक आहार, मृदु, पौष्टिक और हृदय को अच्छा लगने वाला होता है, जिसे ग्रहण करने से स्वास्थ्य, आयु और आरोग्य प्राप्त होते हैं। कड़वा, खट्टा, दाहकारी, तीक्ष्ण और रुक्ष भोजन राजसी कहलाता है, जिससे रोग, शोक और दु:ख प्राप्त होता है। तामसी भोजन बासी (भोजन से एक प्रहर

से अधिक पहले बना हुआ) दुर्गंधित, नीरस और अपवित्र होता है, जिससे तामसी प्रवृत्ति को बल मिलता है। भोजन केवल पवित्र ही नहीं होना चाहिए बल्कि यह भी आवश्यक है कि उसके लिये प्रयोग किया धन ईमानदारी से अर्जित किया गया हो। बेईमानी से कमाए धन से बना भोजन मन और विचारों को दूषित कर पतन का कारण बनता है। भोजन के समय मन की पवित्रता या अपवित्रता का साधक पर बहुत अधिक प्रभाव पड़ता है। अतः सच्चे साधकों को भोजन परमात्मा की याद में मग्न हो करना चाहिए। सात्विक भोजन को भी उचित मात्रा में लेना ही ठीक है, क्योंकि आवश्यकता से अधिक भोजन, चाहे वह सात्विक ही क्यों न हो, लाभ की बजाय हानिकारक हो सकता है। आहार के विषय में श्रीमद्भगवद्गीता का कहना है: उचित नहीं बहुत अधिक या कम, खाना या पीना योगी को, यथायोग्य आहार-विहार, देता है मुक्ति योगी को।

(न) **शौच** - शौच अर्थात् स्वच्छता। आंतरिक स्वच्छता का अर्थ है विचारों की स्वच्छता और बाहरी स्वच्छता का अर्थ है शरीर और अपने आसपास की निर्मलता बनाये रखना।

अष्टांग योग का दूसरा भाग है नियम। नियम में वे अभ्यास शामिल हैं जो साधक को आत्मिक उन्नति के लिये प्रेरित करते हैं। ये हैं -

(i) **संयम** - संयम अर्थात् स्वयं पर नियंत्रण रखने का वास्तविक अर्थ इच्छाओं की पूर्ति में संयम रखना है। आध्यात्मिक पथ पर उन्नति में इच्छाएं ही सबसे बड़ी बाधक हैं, वे साधक को अपने मार्ग से भटका देती हैं। मुक्ति का अर्थ ही इच्छाओं से मुक्ति पाना है। अतः इच्छाएं और मुक्ति के लिये प्रयास का साथ-साथ चलना असंभव है। लेकिन इसका अर्थ अकर्मण्यता या अपने कर्त्तव्य से विमुख होना नहीं है, बल्कि इच्छाओं पर नियंत्रण का अर्थ है इच्छाओं का गुलाम न बनना, इच्छाओं के कारण विचलित न होना। इच्छाएं चिन्ता पैदा करती हैं और चिन्ता से मन उद्विग्न होता है। इच्छाएं मन को उसी प्रकार आन्दोलित कर देती हैं जिस प्रकार स्थिर जल पत्थर फैंकने से। इच्छाएं अन्तहीन हैं और उनका सर्वथा पूर्ण होना असंभव है; एक इच्छा के पूरी होने पर दूसरी इच्छा उठ खड़ी होती है और इस प्रकार यह क्रम निरंतर चलता रहता है। अतः साधक के लिये अपनी इच्छाओं पर नियंत्रण रखना आवश्यक है।

(ii) **संतोष** - इच्छाओं पर नियंत्रण रखने का ही दूसरा पक्ष है संतोष रखना। कहा जाता है कि संतोषी सदा सुखी। संतोष का अर्थ है लोभ से बचना और सांसारिक पदार्थों में आसक्ति न रखना। धनवान और गरीब दोनों ही अपना जीवन

धन की चिन्ता में बिता देते हैं। अमीर व्यक्ति को हमेशा अपने धन की रखवाली की चिंता लगी रहती है और गरीब हमेशा किसी तरह कुछ पाने की फिराक में रहता है। जिसके पास संपत्ति है वह भी किसी न किसी तरह और सम्पत्ति पाना चाहता है। लखपति करोड़पति बनना चाहता है और करोड़पति अरबपति बनना चाहता है। यह लालसा कहीं समाप्त होती नहीं दिखती। लेकिन वास्तविक सुख धन-सम्पत्ति संसार के पदार्थों में नहीं है। जैसे जैसे इंसान आगे बढ़ता जाता है उसे लगता है कि अब तक वह जिस के पीछे भाग रहा था, अब वह उसे वह प्रसन्नता नहीं देती। उसकी आसक्ति उनमें कम होने लगती है, वह विरक्त होने लगता है और धीरे-धीरे उसे संतोष आने लगता है। वास्तव में सांसारिक पदार्थों पर स्वामित्व का भाव न रखना और उनके झूठे अहंकार से बचना, संतोषी होना है। व्यक्ति को भगवान ने जो बख्शा है उसे उसकी अमानत समझना चाहिए क्योंकि सब कुछ का मालिक वह परमात्मा ही है। वह ही सब कुछ देता है और एक दिन सब कुछ उस की तरफ ही लौट जाएगा। जो कुछ भी बिना इच्छा या बिना विशेष प्रयास किये मिल जाये उसे उसकी कृपा मान स्वीकार कर लेना चाहिए। संतों का खजाना उनका संतोष ही है। संतोष का असली तात्पर्य अनासक्ति से है।

(iii) **आस्तिकता** - आस्तिकता का अर्थ है परमात्मा में आस्था-विश्वास का होना। यह कितनी विचित्र बात है कि इंसान को अपने मित्र के पत्र पर तो भरोसा हो जाता है लेकिन उसे शास्त्रों में लिखे वाक्य अविश्वसनीय लगते हैं। परमात्मा से कुछ छिपा नहीं है। वास्तव में विश्वास का अर्थ है कि व्यक्ति को इस बात का पूरा भरोसा हो जाये कि जो कुछ हो रहा है वह परमात्मा की इच्छानुसार हो रहा है। जिसे परमात्मा पर दृढ़ विश्वास हो गया फिर उसके लिये चिन्ता का कोई कारण ही नहीं रहता। जिस प्रकार बालक अपनी मां पर पूर्ण भरोसा रख निश्चिंत रहता है, उसी प्रकार सच्चा साधक परमात्मा पर भरोसा रख चिन्तामुक्त रहता है। परमात्मा स्वयं ही सब की जरूरत का ख्याल रख, सब की उचित व्यवस्था करता रहता है। वह जानता है कि किसके लिये क्या उचित है। यदि बच्चा जिद करके अपने माँ या पिता से चाकू मांगे तो माता-पिता उसके हाथ में चाकू नहीं सौंप देते। वे जानते हैं कि उसके लिये यह ठीक नहीं है। परमात्मा तो सभी का परमपिता और परम हितैषी है, अत: उस से किसी चीज की जिद करना ठीक नहीं। संपूर्ण भरोसे से पूर्ण समर्पण की भावना स्वयमेव आ जाती है।

(iv) **दान** - दान का संबंध दयालुता से है। वह जो अपने आप को

चीजों का रखवाला (ट्रस्टी) मानकर उन्हें दूसरों को दे देता है वास्तव में दानी है। धन-संपत्ति को परमात्मा की अमानत मानने वाले को देने का अहंकार नहीं होता, न ही इसके लिये वह श्रेय की कामना करता है। प्रशंसा पाने के लिये या पारितोषिक पाने के लिये दिया गया दान सच्चा दान नहीं है। मन में पवित्रता-भक्ति पैदा करने वाला दान ही सच्चा दान है। स्वयं कष्ट में रहकर भी दूसरों की सहायता करना इंसान का कर्त्तव्य है। कहा जाता है कि 'गरीबी में दान' इंसान के चरित्र की परख करता है। सब कुछ परमात्मा का दिया हुआ है, अतः उसका कम से कम कुछ हिस्सा तो दूसरों की सेवा में अवश्य ही लगाना चाहिए। सबसे पहले जरूरतमंदों की आवश्यकता पूरी करना व्यक्ति का कर्त्तव्य है। परमात्मा स्वयं को - ऐसे लोगों का ऋणी मानता है। जरूरतमंदों की निःस्वार्थ सेवा भी दान ही है।

(v) **उपासना** - उपासना का शाब्दिक अर्थ है उप-आसन अर्थात् पास में बैठना, नजदीक बैठना या दूसरे शब्दों में परमात्मा की याद में तल्लीन हो जाना। परमात्मा हमसे दूर नहीं है बल्कि वह तो निकट से निकटतम है। जरूरत है अपना ध्यान उसकी ओर मोड़ने की। बुल्लेशाह जो पंजाब में कादरी सम्प्रदाय के महान सूफी संत हुए हैं, उन्होंने अपने शेख शाह इनायत खां साहब से प्रार्थना की कि वे परमात्मा को पाना चाहते हैं। शाह इनायत खां साहब का उत्तर था: बुल्लया! रब दा की पाना, एधरों पुटना ते औधर लाना। अर्थात् परमात्मा के पाने में क्या देर है, बस अपना ध्यान इधर से हटाकर उधर लगाना मात्र है। परमसन्त ठाकुर रामसिंह जी साहब कहा करते थे - 'परमात्मा कहीं खो थोड़े गया है, न ही वह नाराज होता है कि उसे ढूंढना पड़े या मनाना पड़े। उसे पूजने से परमात्मा को कुछ मिलता नहीं है, लेकिन यह बंदे का कर्त्तव्य है। पूजा-उपासना से धीरे-धीरे चंचल मन काबू में आने लगता है, लेकिन लोग अक्सर किसी इच्छा या कामना को लेकर पूजा करते हैं और इच्छित फल न मिलने पर निराश होते हैं और परमात्मा को दोष देने लगते हैं। वे यह भूल जाते हैं कि समस्त ब्रह्माण्डों के मालिक परमात्मा को वे स्वार्थवश की गई थोड़ी सी पूजा-उपासना से जंजीरों में नहीं बांध सकते, उसे बाध्य नहीं कर सकते। पूजा-उपासना उस पर कोई अहसान नहीं है, वह किसी से नहीं कहता, न ही उसे इस बात से कोई फर्क पड़ता कि कोई उसकी पूजा-आराधना करता है या नहीं? असली चीज है परमात्मा के प्रति प्रेम। जब कोई सच्चे हृदय से प्रार्थना करता है, उसके दया के सागर में तूफान आ जाता है और वह द्रवित होकर सहायता करने दौड़ पड़ता है।'

अतः उपासना का सही अर्थ है सच्ची भक्ति और निष्काम प्रेम।

(vi) **श्रवण** - शास्त्रों के श्रवण-मनन से धीरे-धीरे उनका असली तात्पर्य-गूढ़ार्थ समझ में आने लगता है और मन में संसार की अनित्यता का विचार दृढ़ होने लगता है। साथ ही इससे सतगुरु की शरण मिलने की पात्रता भी प्राप्त होती है।

(vii) **पश्चात्ताप** - पश्चात्ताप से तात्पर्य है अपनी कमियों का अहसास होना, अपने गुनाहों के लिये माफी मांगना और फिर से बुरे विचारों या बुरे कर्मों का दृढ़तापूर्वक तिरस्कार करना, उनसे बचना। अपनी बुराईयों पर इसी जन्म में विजय पाई जा सकती है। गलती इंसान से ही होती है और ऐसे व्यक्ति का मिलना मुश्किल होगा जिसने जीवन में कभी कोई गलती न की हो। पश्चाताप से अपराध खत्म नहीं हो जाता अर्थात् गुनाह की सजा समाप्त नहीं हो जाती, लेकिन व्यक्ति का मानसिक संताप जरूर समाप्त हो जाता है और उसे अपनी गलती को सुधारकर पुनः आगे बढ़ने का मौका मिल जाता है। भविष्य में अच्छे कर्मों का दृढ़ संकल्प, पश्चात्ताप का दूसरा पहलू है। भलाई में पक्का विश्वास व्यक्ति को धीरे-धीरे सही रास्ते पर आगे ले जाता है।

(viii) **जप** - जप अर्थात् परमात्मा का स्मरण, आत्मिक अभ्यास की एक महत्त्वपूर्ण कड़ी है। साधारणतया साधक मुंह से बोलकर परमात्मा के अनेक नामों में से किसी एक नाम का जप करते हैं। लेकिन यदि यह केवल यंत्रवत जप ही है जिसमें मन शामिल नहीं हो, अर्थात् मन तो कहीं और लगा रहे और जबान से नाम दुहराया जाता रहे, तो इससे कोई विशेष लाभ नहीं होता। इसके विपरीत यदि मन स्मरण में लीन हो और जबान से नाम उच्चारण हो या ना हो, तो वह अधिक श्रेष्ठ जप है। मन में परमात्मा की याद बनी रहने से धीरे-धीरे निरंतर स्मरण की स्थिति आ जाती है जिसमें साधक परमात्मा के हुजूर में हाजिर रहने लगता है।

(ix) **त्याग** - साधारणतया त्याग का अर्थ भौतिक पदार्थों के त्याग से लगाया जाता है, लेकिन त्याग का वास्तविक अर्थ चीजों के प्रति आसक्ति का त्याग है। अपने कर्त्तव्य का पालन भी त्याग मांगता है, अपने स्वार्थ का त्याग, जो वास्तविक और सर्वश्रेष्ठ त्याग है।

अष्टांग योग का तीसरा अंग है 'आसन'। आसन का अर्थ है शरीर को ठीक रखने के लिये विभिन्न (चौरासी) तरह के आसन जैसे पद्मासन, सिद्धासन आदि। यह एक महत्त्वपूर्ण अभ्यास है जिससे साधक धीरे-धीरे शांत चित्त हो उचित आसन में बैठ अपने अभ्यास को कर सकता है। इससे मन और विचार

एकाग्र होने लगते हैं। आत्मिक उन्नति के लिये साधारणतया सिद्धासन या पद्मासन का अभ्यास किया जाता है।

अष्टांग योग का अगला भाग प्राणायाम है। प्राणायाम का लक्ष्य श्वास-निःश्वास प्रक्रिया पर नियंत्रण रखना है। स्थिर आसन प्राणायाम में लाभदायक होता है। प्राणायाम में तीन मुख्य क्रियाएं शामिल हैं। पूरक-अर्थात श्वास को भीतर लेना, कुंभक-अर्थात् श्वास को रोके रखना और रेचक - अर्थात् निःश्वास या श्वास को बाहर निकालना। कुछ साधक एक चौथी क्रिया बाहरी कुंभक अर्थात् बिना श्वास के रहने का भी अभ्यास करते हैं। पूरक, कुम्भक और रेचक क्रियाओं को समय के एक निश्चित अनुपात में करना होता है। पूरक क्रिया समय की दो इकाई के अनुपात में; कुम्भक समय की आठ इकाई के अनुपात में और रेचक समय की चार इकाई के अनुपात में। प्राणायाम के साथ साधक अपना ध्यान मूलाधार चक्र से शुरू कर क्रमशः ऊपर के चक्रों पर केन्द्रित करते हैं और साधना का समय भी धीरे-धीरे बढ़ाते जाते हैं। प्राणायाम से शरीर एवं मन दोनों को बल मिलता है और एकाग्रचित होने में भी सहायता मिलती है।

इन चारों अभ्यास अर्थात् यम, नियम, आसन एवं प्राणायाम में मन के सम्मिलित होने की कोई विशेष आवश्यकता नहीं रहती। इन क्रियाओं का संबंध अन्नमय एवं प्राणमय कोष से रहता है और निचले तीन चक्रों - मूलाधार, स्वाधिष्ठान एवं मणिपूरक चक्र इन क्रियाओं के कार्यक्षेत्र माने जाते हैं।

अष्टांग योग का पांचवां अंग प्रत्याहार है। प्रत्याहार का अर्थ है साधक द्वारा अपना ध्यान बाहरी पदार्थों से खींचकर भीतर की ओर ले जाना। दूसरे शब्दों में, बिखरे हुए विचारों को खींचकर मुख्य ध्येय पर लाना प्रत्याहार कहलाता है। प्रत्याहार के लिये दृढ़ इच्छा शक्ति का होना आवश्यक है और यह साधक को आत्मिक उन्नति के पथ पर आगे ले जाने के लिये जरूरी है।

इसके बाद के तीन अंग हैं — धारणा, ध्यान और समाधि। इन तीनों के लिये मन के सम्मिलित होने की गहन आवश्यकता है। धारणा का अर्थ है, एक ही वस्तु के विषय में सोचना, अपनी वृत्तियों को केन्द्रित (एकाग्र) करना। यदि मन इधर-उधर भटके तो फिर उसे खींचकर वापस ले आना (प्रत्याहार)। इस प्रकार मुख्य विचार पर गहन रूप से एकाग्रचित्त रहना ध्यान और उसकी गहरी अवस्था को समाधि कहा जाता है।

सूफी संतों का मानना है कि परम सत्य की अनुभूति केवल अपने अनुभव के आधार पर ही हो सकती है। इसके लिये दूसरा और कोई उपाय नहीं है।

समस्त क्रियाओं या अभ्यासों का ध्येय यह सामर्थ्य प्राप्त करना और अपने अनुभव की पूर्णता को चरम सीमा की तरफ ले जाना है। यदि धर्म इस अनुभव को सिद्ध करने में सहायक है तो ठीक है, वरना उसकी कोई वास्तविक उपयोगिता नहीं है। साधारणतया लोग धर्म को श्रद्धा और आस्था का विषय मानते हैं जिसमें तर्क-वितर्क की कोई जगह नहीं है। यह ठीक रवैया नहीं है। आस्था या विश्वास मन की वह अवस्था है जिसमें व्यक्ति उसके सामने रखे गये विचार या विषय-वस्तु को सभी तरह से सही मानता है। यह संभव है कि वह उस के सभी पहलुओं को भली-भांति समझने में समर्थ न हो लेकिन अनुमान और तर्क द्वारा उसकी सत्यता पर विश्वास हो जाता है। इस प्रकार विश्वास, तर्क एवं विश्लेषण पर आधारित है। धर्म का उद्देश्य व्यक्ति के अनुभवों को दृढ़ता प्रदान करना है ताकि जिन सिद्धांतों का वे अपने जीवन में निर्वाह करते आये हैं उनके आधार पर वे सत्य की अनुभूति कर सकें और उनका जीवन सत्य पर आधारित हो। जो धर्म अपने अनुयायियों को आंख मूंदकर, दिमाग को ताला लगाकर भेड़चाल से चलने को कहता हो, वह सच्चा धर्म नहीं है। जबकि दुनिया की छोटी सी छोटी बात पर आदमी को सोच-समझकर फैसला लेने के लिये कहा जाता है तो यह कैसे संभव है कि धर्म और आध्यात्मिकता जैसे गहन विषयों पर उसे आंखें मूंद लेने को कह दिया जाये। उन्हें बुद्धि और विवेक इसीलिये दिया गया है।

संसार के सभी धर्मों का सार यही है कि इंसान स्वयं अपना वास्तविक मूल्य पहचाने। वह सब चीजों की कीमत जानता है, लेकिन अपनी नहीं, अर्थात् उसे परमात्मा द्वारा बख्शी इस मनुष्य जीवन रूपी अनमोल धरोहर की कीमत समझ में नहीं आती, वह उसे व्यर्थ के प्रपंच में उलझकर यूं ही नष्ट कर देता है। इस सुअवसर का पूरा लाभ उठाने के लिये उसे सतगुरु की आवश्यकता होती है जो उसमें सह समझ पैदा करता है और उसे प्रेरित करता है कि वह इस सौभाग्य को व्यर्थ ही न गंवा दे और अपने अनुभव द्वारा जीवन के परम लक्ष्य को प्राप्त करे। सतगुरु उसमें यह समझ और सामर्थ्य पैदा करता है और आत्मिक उन्नति की राह पर प्रेरित करता है। उसे रास्ते की ऊँच-नीच से उबारता, ध्येय की तरफ ले जाता है।

महान सूफी संत हजरत अब्दुल खालिक गजदेवानी ने सूफी साधना के मूलभूत सिद्धांतों को आठ सूत्रों में पिरोया जिनकी चर्चा नीचे की जा रही है। छठवीं सदी हिजरी तक सूफी साधक परमात्मा का जिक्र ऊंची आवाज में जबान से किया करते थे। एक दिन हजरत अब्दुल खालिक गजदेवानी पवित्र कुरान का

अध्ययन कर रहे थे तो उन्होंने एक आयत पढ़ी जिसका तात्पर्य था कि अपने पालनकर्ता परमात्मा की याद हृदय की गहराईयों में गुप्त रूप से की जानी चाहिए। इस आयत ने उन्हें गुप्त अनाहत नाद के जाप के लिये प्रेरित किया। वे नक्शबंदी सिलसिले के प्रथम सूफी संत थे जिन्होंने इस सिलसिले में अनाहत नाद का प्रचलन किया व इसमें निपुणता प्राप्त की।

उनके आठ सूत्रों में शाह बहाउद्दीन नक्शबंद (जिनके नाम पर इस सिलसिले का नाम नक्शबंदी पड़ा) बाद में तीन सूत्र और जोड़े। शेख मुहम्मद पारसा ने अपनी पुस्तक 'फस्लुल-किताब' में लिखा है कि हजरत अब्दुल-खालिक गजदेवानी द्वारा प्रचलित गुप्त जाप व उनके आठ सूत्रों को बाद में सभी चालीस सूफी सिलसिलों (तरीकतों) ने सराहा और स्वीकार किया। ये ग्यारह सूत्र नीचे दिये जा रहे हैं।

(1) होश दर दम

साधक को हमेशा सावधान रहना चाहिये कि कोई भी क्षण परमात्मा की याद के बगैर न गुजरे और मन इधर-उधर अन्य बातों में न भटके। हजरत उबायदुल्ला अल-अहरार, जो अपने वक्त के नक्शबंदी सिलसिले के एक महान सूफी संत थे, ने इस संदर्भ में फरमाया है कि यह सबसे महत्त्वपूर्ण बात है कि साधक को हर समय अपने श्वास पर नजर रखनी चाहिए। इसका तात्पर्य यह है कि हर समय चैतन्य रहते हुए व्यतीत करना चाहिए और परमात्मा की याद में गुजारना चाहिये। गैरख्याली में बिताया गया वक्त हाथ से निकल जाता है। साधक को विशेष ध्यान रखना चाहिए कि उसका कोई भी क्षण गुनाह या गलत कार्य में न गुजरे। इसी तरह शाह बहाउद्दीन नक्शबंद ने फरमाया कि इस साधना में श्वास का विशेष महत्त्व है। अतः साधक को श्वास लेने, श्वास छोड़ने और इन दोनों क्रियाओं के मध्य ध्यान रखना चाहिए कि परमात्मा की याद बनी रहे।

शेख अबुल जनाब नजमुद्दीन अल-कुबड़ा ने अपनी पुस्तक 'फवातिह अल-जमाल' में लिखा है कि जिक्र (अनाहत नाद) प्रत्येक प्राणी में उसकी इच्छा के बगैर ईश्वर-आज्ञा के प्रमाण के रूप में अनवरत गूंज रहा है। यह उसके जीवन का एक अभिन्न अंग और जीवित रहने की आवश्यकता है। अतः साधक को प्रत्येक श्वास के साथ परमात्मा के सामीप्य में रहना चाहिए। लेकिन यह कठिन कार्य है कि कोई भी श्वास गफलत में न जाए, अतः साधक को परमात्मा

से क्षमा याचना करनी चाहिए ताकि परमात्मा उसे पवित्र कर अपने सर्वत्र और सर्वदा विद्यमान होने की अनुभूति कराए।

(2) नजर बर कदम

साधक का हर कदम सावधानीपूर्वक परमात्मा की याद में उठना चाहिए अर्थात् साधक को कोई ऐसा काम नहीं करना चाहिये जिसमें उसकी आत्मिक उन्नति के मार्ग में कोई बाधा पहुंचे। इसका अर्थ यह भी है कि साधक को व्यर्थ में ही इधर-उधर नहीं ताकना चाहिए क्योंकि संस्कारों के बनने में दृष्टि का विशेष महत्त्व और योगदान रहता है। इसी कारण सूफी संत साधक को चलते समय अपने कदमों पर निगाह रखने को कहते हैं। जैसे-जैसे साधक का मन साफ होता जाता है, उस पर बुरे संस्कारों का प्रभाव पड़ने का खतरा भी बढ़ता जाता है। कहा जाता है कि स्वच्छ (सफेद) चादर पर दाग तुरंत दिखाई दे जाता है। प्रथम दृष्टि (अर्थात् अनजाने में पड़ी दृष्टि) निर्दोष होती है, लेकिन उसकी पुनरावृत्ति (अर्थात् चेष्टापूर्वक दुबारा देखना) निश्चित रूप से हृदय पर अपना संस्कार जमा लेती है। अतः साधक को प्रत्येक कदम परमात्मा का स्मरण करते हुए बढ़ाना चाहिए।

हजरत शम्सुद्दीन हबीबुल्ला (हजरत मिर्जा जानजाना) जो नक्शबंदी सूफी सिलसिले के महान संत थे, अपने पीर शेख नूर मोहम्मद साहब के विषय में कहा करते थे कि वे नजर की बजाय दिल की निगाहों से देख लिया करते थे। एक दफा एक व्यक्ति उनसे मुलाकात के लिये आ रहा था। मार्ग में उसकी निगाह रास्ते पर चलने वाली एक स्त्री पर पड़ गयी। जैसे ही वह शेख नूर मोहम्मद साहब के सामने पहुंचा, उन्होंने फरमाया कि वे उसमें व्याभिचार के अवशेष देख रहे हैं, आइन्दा से उसे अपनी निगाह को दूषित होने से बचाना चाहिए। एक बार एक व्यक्ति की निगाह एक शराबी पर पड़ गयी। शेख नूर मोहम्मद के सामने पहुंचने पर आपने तुरंत बता दिया और उसे आइन्दा सावधान रहने के लिये कहा। इसी प्रकार परमसंत ठाकुर रामसिंह जी साहब के पास एक युवक मिलने आया। रास्ते में उसने एक लड़की की तरफ मुड़कर देखा। सतसंग के दौरान ठाकुर साहब ने फरमाया कि 'कुछ लोग मुड़कर औरों को देखते हैं' इन शब्दों का उस युवक पर गहरा प्रभाव पड़ा और यह आदत जाती रही।

कहा जाता है कि महात्मा गौतम बुद्ध धीमी गति से चलते थे और प्रत्येक कदम पूरी चैतन्यता के साथ उठाते थे। हजरत पैगम्बर मोहम्मद साहब भी चलते

वक्त दायें बायें न देखकर दृष्टि अपने कदमों पर रखते थे। निगाह को झुकाये रखना विनम्रता का भी प्रतीक है। जिनके पास प्रभुत्व है या जो अहंकार से भरे हैं वे नीचे नहीं देखते। निगाह कदम पर रखने से एकाग्र होने में भी सहायता मिलती है और व्यक्ति गंतव्य पर जल्दी पहुंच जाता है। महान सूफी संत शेख अहमद फारूकी साहब ने भी अपने एक पत्र में लिखा है कि कदम से पहले निगाह पड़ती है और कदम निगाह का अनुसरण करता है। जब कदम उस जगह पहुँच जाते हैं तो दृष्टि आगे जाती है और कदम उसका पीछा करते हैं और वहां पहुंच जाते हैं। इसका आन्तरिक तात्पर्य यह है कि साधक को हर समय अपना ध्येय, अपनी मंजिल निगाह में रखनी चाहिए और यदि वह ऐसा करता है तो निश्चित रूप से वहां पहुंच जाएगा।

(3) सफर दर वतन

सफर दर वतन का तात्पर्य है कि साधक को इस नश्वर दुनिया को पीछे छोड़ अपने वास्तविक घर — परमात्मा की तरफ लौटना होगा। अत: उसे अपने दिल से दुनिया का ख्याल त्यागकर उसे परमात्मा की तरफ लगाना चाहिए। नक्शबंदी सिलसिले में इस यात्रा को दो भागों में बांटा जाता है। पहला, सतगुरु प्राप्ति की इच्छा व खोज और दूसरा, हृदय को पवित्र कर सतगुरु की कृपा से अपने असली ध्येय को प्राप्त करना।

(4) खिलवत दर अंजुमन

खिलवत का अर्थ है एकांत, बाहरी और भीतरी दोनों। बाहरी खिलवत का अर्थ है लोगों से बचकर एकांतवास करना और परमात्मा की याद में अपना समय लगाना। इस अभ्यास से साधक को मन व इन्द्रियों पर नियंत्रण प्राप्त होता है और वह भीतरी खिलवत के लिये पात्रता पा जाता है। भीतरी खिलवत का अर्थ है चलते-फिरते, सोते-खाते या भीड़भाड़ में, हर वक्त हृदय में परमात्मा की याद बनाये रखना। उच्च स्थिति प्राप्त साधकों के हृदय में परमात्मा का सामीप्य बना रहता है। दुनियावी तमाशा इसमें व्यवधान उपस्थित नहीं करता। जैसाकि शेख अहमद फारुकी साहब का कथन है, ''कमाल चमत्कारिक शक्तियों के प्रदर्शन में नहीं है, बल्कि इस बात में है कि लोगों के साथ यथोचित व्यवहार करते हुए, परिवार का लालन-पोषण और गृहस्थ धर्म का निर्वाह करते हुए भी एक क्षण को भी परमात्मा की याद से खाली न रहना।''

(5) याद कर्द

याद कर्द का शाब्दिक अर्थ है 'स्मरण का सार', और स्मरण का सार यह है कि हर वक्त हृदय में परमात्मा (या सतगुरु) का ख्याल बना रहे। स्मरण का अर्थ है जबान से या हृदय में जाप को दोहराते रहना। लेकिन याद कर्द में यह नाम जप दोहराने से मुराद नहीं है, बल्कि उस याद को सूक्ष्म रूप से हृदय में इस कदर बैठा लेना कि हर वक्त उसका ख्याल बना रहे। हृदय हमेशा प्रेम व आदर के साथ परमात्मा के समक्ष हाजिर रहे, यही याद कर्द का असली तात्पर्य है।

(6) बाज गश्त

बाज गश्त का शाब्दिक अर्थ है अपने उद्‌गम की तरफ पुनः लौटना। लेकिन इसका वास्तविक तात्पर्य यह है कि आध्यात्मिक साधना के दौरान साधक को तरह-तरह के अनुभव होते रहते हैं और वह कई विशेष स्थितियों से गुजरता है। कभी-कभी साधक को कुछ चमत्कारी सिद्धियां भी प्राप्त हो जाती हैं, विशेष तरह की अनुभूतियां जैसे प्रकाश दिखना, भविष्य की बातें जानना इत्यादि। इन सब के कारण साधक का अपने वास्तविक उद्‌देश्य से भटक जाने का डर बना रहता है। साधना का असली उद्‌देश्य सतगुरु या परमात्मा में तल्लीनता है। इसलिये साधक को समय-समय पर दीनतापूर्वक प्रार्थना करते रहना चाहिए कि हे परमात्मा ! तू ही मेरा एकमात्र लक्ष्य है, कृपा कर मुझे अपना प्रेम प्रदान कर। इस प्रकार साधक अहंकारवश साधना पथ से विचलित होने से बच सकता है।

(7) निगाह दश्त

निगाह दश्त का अर्थ है अपनी आंतरिक स्थिति पर निगाह। साधक को हमेशा अपनी आंतरिक स्थिति पर नजर रखनी चाहिए कि उसका हृदय कोई ताना-बाना तो नहीं बुन रहा। यदि कोई विकार या गैर ख्याल हृदय में उत्पन्न हो तो उसमें भटकने, उलझने से बचना। यदि एक बार कोई विचार हृदय में घर कर जाये तो फिर उसे निकाल फैंकने में बहुत अधिक प्रयास करना पड़ता है। अतः साधक को चाहिए कि वह हर वक्त सावधान रहे कि हृदय कोई षड्यंत्र तो नहीं रच रहा। सूफी साधना का सार हृदय को बुरे विचारों और दुनियावी प्रलोभनों से बचाना है।

(8) याद दश्त

याद दश्त का अर्थ है परमात्मा की याद को हृदय में इस कदर गहराई

में बैठा लेना कि स्वत: ही उसकी याद हर वक्त बनी रहे।

बाद में निम्नलिखित तीन और सूत्र हजरत शाह बहाउद्दीन द्वारा जोड़े गये।

(9) वकूफ जमानी

वकूफ जमानी का शाब्दिक अर्थ है समय का बोध रहना। इसका असली तात्पर्य है कि साधक को समय के प्रति सचेत रहना चाहिए कि उसका समय परमात्मा के स्मरण में गुजरा या यूं ही व्यर्थ चला गया। उसकी निगाह हर समय अपनी आत्मिक उन्नति पर होनी चाहिए। साधक को अपने द्वारा किये गये कार्यों पर विचार कर अपनी गलतियों और अपराधों के लिये क्षमा-प्रार्थना करनी चाहिए। शाह नक्शबंद का कथन है कि साधक को अपनी आंतरिक हालत का पता रहना चाहिए कि उसे परमात्मा को धन्यवाद (शुक्र) देना चाहिए या क्षमा प्रार्थना (तौबा) करनी चाहिए। हजरत मौलाना याकूब चर्खी ने इसका खुलासा इस प्रकार किया है कि यदि साधक को लगे कि वह ध्यान एकाग्र नहीं कर पा रहा और उसका हृदय पूरी तल्लीनता के साथ अभ्यास में नहीं लगता तो उसे क्षमा प्रार्थना अर्थात् तौबा करनी चाहिए और जब उसे अभ्यास में आनन्द आए और हृदय में भक्ति भाव उमड़े रहें तो उसे परमात्मा को धन्यवाद देना चाहिए। संक्षिप्त में वकूफ जमानी का अर्थ है अंतर्निरीक्षण करना और भीतरी स्थिति के अनुसार आत्मिक उन्नति के लिये प्रयास करना।

(10) वकूफ अददी

वकूफ अददी का शाब्दि अर्थ है अदद - संख्या की सचेतता। ऊपर लिखा जा चुका है कि आध्यात्मिक साधना में प्राणायाम या श्वास पर नियंत्रण या चैतन्यता के साथ श्वास लेने का महत्त्वपूर्ण स्थान है। श्वास के साथ परमात्मा का नाम स्मरण विषम संख्या यथा 1, 3, 5, 7, 9, 11, 21 आदि में करना चाहिए। लेकिन इसका वास्तविक अर्थ यह समझ में आता है कि साधक को परमात्मा का स्मरण सचेत रहकर करना चाहिए न कि तोते की तरह बस नाम रट लिया जाये। सचेत रहने से तात्पर्य है कि परमात्मा के स्मरण में उसकी वास्तविकता अर्थात् परमात्मा की सारभूतता का बोध रहना चाहिए। इसके अलावा परमात्मा एक है और उसको एकत्व ही पसंद है।

(11) वकूफ कल्बी

वकूफ कल्बी का अर्थ है साधक का अपने हृदय के प्रति सचेत रहना। इसका वास्तविक तात्पर्य है कि साधक को अपने दिल पर निगाह रखनी चाहिए कि उसका ध्यान हर वक्त परमात्मा के सामीप्य पर रहे यानि वह हर वक्त परमात्मा के हुजूर में हाजिर रहे। दूसरे शब्दों में, परमात्मा की याद दिल से होनी चाहिए और दिल हर वक्त परमात्मा के स्मरण में तल्लीन रहना चाहिए।

सूफियों के कादरी सिलसिले के प्रवर्तक हजरत अब्दुल कादिर जीलानी ने भी सूफी साधना के सिद्धांतों को सूत्रबद्ध किया है। उनके अनुसार ये सिद्धांत निम्न हैं –

(क) कभी परमात्मा की शपथ न लेना, अर्थात् परमात्मा के नाम से अपनी बात की सत्यता स्थापित करने की कोशिश करना।

(ख) कभी झूठ न बोलना, यहां तक कि कभी मजाक में भी झूठ न बोलना।

(ग) या तो किसी से वायदा न करना और अगर किसी से कोई वायदा किया है तो उसे प्राणप्रण से निभाना।

(घ) कभी किसी का बुरा न सोचना, न ही किसी का बुरा होने की बात मुंह से निकालना।

(ङ) कभी किसी को कोई कष्ट न पहुंचाना, अर्थात् मन, वचन और कर्म से किसी का बुरा न करना।

(च) कभी किसी के लिये यह न कहना कि वह नास्तिक है या काफिर है।

(छ) कभी गुनाह में शामिल न होना।

(ज) कभी किसी पर कोई बोझ न लादना अर्थात् किसी से कोई अपेक्षा न करना।

(झ) किसी व्यक्ति से कभी कुछ न लेना। परमात्मा ही एकमात्र सब को देने वाला है। और

(न) दूसरों में केवल अच्छाइयां ही देखना। बुराइयां सिर्फ अपनी देखनी चाहियें और औरों की केवल अच्छाइयां।

सूफी संत आध्यात्मिक शिक्षा को एक यात्रा के रूप में लेते हैं और साधक को यात्री (या पर्यटक) के रूप में जो इस यात्रा को विभिन्न स्तरों और अनुभव से गुजरते पूरी करता है। इस पथ के पथिक अर्थात् साधक का आत्मिक उन्नति के लिये बढ़ाया गया पहला कदम तौबा (पश्चात्ताप) है। तौबा का अर्थ है पूर्व में जाने-अनजाने हुए गुनाहों के लिये माफी मांगना और भविष्य में उन्हें

न दोहराने को दृढ़ प्रतिज्ञ होना। यह गफलत की अवस्था से जागकर आगे बढ़ने का इरादा जाहिर करता है। अब साधक अपने आचरण पर निगाह रखने लगता है।

तौबा के बाद अगला कदम त्याग है अर्थात् गरीबी में रहना। इसका असली तात्पर्य सांसारिक पदार्थों में वासना का त्याग है। साधक को सांसारिक पदार्थों से नफरत करने की आवश्यकता नहीं है, बल्कि उनमें स्वामित्व का भाव त्यागना है। सभी कुछ परमात्मा से आया है और वही सब कुछ का मालिक है। यदि साधक के पास कुछ है तो उसे स्वयं को उसका रखवाला या न्यासी (ट्रस्टी) समझना चाहिए और उसका प्रयोग सभी के भले के लिये करना चाहिए। सादगी और संतोष के साथ जीवन यापन करना वास्तव में त्यागपूर्ण जीना है।

त्याग के बाद परहेज (या संयम) इस यात्रा का अगला कदम है। संयम का असली तात्पर्य है विषय-वासना में लोलुपता न रखना और शास्त्र-विरुद्ध आचरण से बचना। इसके लिये लोग अक्सर उपवास, मौनव्रत और एकान्त सेवन का अभ्यास करते हैं। लेकिन सूफी संत इन बाहरी प्रयासों के बजाय आन्तरिक अभ्यास पर अधिक जोर देते हैं। उनकी नजर में सच्चे अर्थों में तौबा, सतसंग अर्थात् सतगुरु की सोहबत और सतगुरु की कृपा दृष्टि (तवज्जोह - जिसमें सतगुरू कृपा कर अपनी आध्यात्मिक ऊर्जा और प्रेम को शिष्य के हृदय में रोपित कर देते हैं। दूसरे शब्दों में शक्तिपात या प्राणाहुति) को अधिक लाभप्रद मानते हैं। सतगुरु की सोहबत का असर यह होता है कि साधक को स्वयं आभास होने लगता है कि उसकी वासना की गांठ ढीली पड़ रही है और उसकी बजाय सतगुरु या परमात्मा का प्रेम मन में जगह ले रहा है।

धीरे-धीरे साधक तवक्कुल (परमात्मा में पूर्ण विश्वास) की तरफ बढ़ने लगता है और उसके उपरांत 'रजा' की स्थिति की ओर। परमात्मा में पूर्ण विश्वास का अर्थ है, परमात्मा पर पूर्ण निर्भरता। भक्त के लिये परमात्मा को छोड़ किसी अन्य से कुछ आशा रखना शोभा नहीं देता। विश्वास का सही मायनों में अर्थ हृदय में यह दृढ़ निश्चय होना है कि जो कुछ हो रहा है या होगा वह परमात्मा की इच्छानुसार हो रहा है। इस विश्वास के दृढ़ होने के साथ अब साधक रजा की स्थिति में पहुंच जाता है जहां वह परमात्मा की 'राजी में रजा' - अर्थात् उसकी इच्छानुसार जीता है। खुशी या गम, दुःख या सुख जो मिले सब उसका प्रसाद मान प्रसन्नता से ग्रहण करता है। उसकी प्रतिक्रियाएं धूमिल पड़ जाती हैं और जैसा हो रहा है उसे वह सहर्ष स्वीकार करने लगता है। पूर्ण संतुष्ट साधक अब हर चीज में परमात्मा की कृपा देखने लगता है।

सूफी-साधना में प्रार्थना का एक महत्त्वपूर्ण और विशेष स्थान है। प्रार्थना का अर्थ शब्दों का दोहराना या जबान से अपनी आस्था प्रकट करना नहीं है। शब्दों द्वारा और जो शब्दों में निहित है उसकी शुरुआत भी है और अंत भी। वह शब्दों के साथ शुरू होकर शब्दों के साथ ही समाप्त हो जाता है। ऐसी प्रार्थना केवल ऊपरी प्रार्थना है। प्रार्थना का सार है, स्वयं को भुलाकर परमात्मा के स्मरण में, उसके विचार में खो जाना, तल्लीन हो जाना, उसका सामीप्य (हुजूर में हाजिर) होना। प्रार्थना का कोई निश्चित विधि-विधान या आकार प्रकार नहीं होता, न ही यह शब्दों की शुद्धता पर निर्भर है। असली प्रार्थना स्वयं का उसमें तल्लीन हो जाना है, उस अवस्था में बाहरी आचार-विचार का कोई अस्तित्व नहीं बचता। महान सूफी संत महात्मा राधामोहनलाल जी का कथन है - प्रार्थना को यंत्रवत दोहराने से कोई लाभ नहीं होता। प्रार्थना भाषा और शब्दों की सीमा से ऊपर उठना है। इस संदर्भ में एक कहानी बहुत प्रासंगिक है - एक सेवक बादशाह का बहुत चहेता और उसके नजदीक था। लोग जो यह बात जानते थे, अक्सर अपनी तकलीफ या अपनी दरख्वास्त लिखकर उसे दे देते कि वह बादशाह से उनकी अर्जी मंजूर करा दे। लेकिन यह सेवक बादशाह का इतना वफादार था कि जब भी वह बादशाह के समक्ष हाजिर होता, उसके मन में बादशाह के अलावा और कोई विचार उठता ही नहीं और वह बाकी सब, यहां तक की स्वयं को भी भूल जाता। बादशाह उसकी हालत जानता था और वह स्वयं सेवक की सब जरूरतों और आराम का ख्याल रखता और जब वह उसके सामान को टटोलकर देखता और उनमें वे दरख्वास्त पाता तो उनमें मांगी गई वस्तु से भी कहीं अधिक का हुक्म जारी कर देता। बादशाह के दूसरे सेवक जो हमेशा बादशाह को अपनी चातुरी और वफादारी से प्रभावित करने का प्रयास करते रहते थे, बादशाह के सामने बड़ी होशियारी से पेश आते। लेकिन उनमें कभी अपना वास्तविक मंतव्य बताने का साहस न होता और न ही बादशाह के समक्ष वे कोई प्रार्थना पत्र पेश कर पाते। और यदि कभी किसी ने हिम्मत कर कुछ किया भी तो मुश्किल से कभी-कभार ही बादशाह वह प्रार्थना स्वीकार करता। कहानी का सार यह है कि परमात्मा अपने भक्त के हृदय को देखता है और यदि भक्त का हृदय परमात्मा में तल्लीन है तो उसके बिना कहे ही वह उसकी सब आवश्यकताएं पूरी कर देता है। जो लोग उसे अपनी चालाकी और होशियारी से प्रभावित करना चाहते हैं, शायद ही कभी इच्छित फल पाते हों। परमात्मा के पास सब कुछ है, वह समस्त ब्रह्माण्डों का सर्वेसर्वा है, उसके पास कुछ नहीं है तो

वह है दैन्य, दीनता। इसीलिए वह दीन-हीन की पुकार से द्रवित हो तुरंत दौड़ा आता है।

पैगम्बर मोहम्मद साहब का कथन है कि इंसान को यह समझकर प्रार्थना करनी चाहिए कि वह परमात्मा के समक्ष खड़ा उसे देख रहा है और अगर यह संभव नहीं तो कम से कम इस ख्याल के साथ कि परमात्मा उसे अवश्य ही देख रहा है।

मौलाना बहाउद्दीन वल्द (मौलाना रूमी के सुपुत्र) से संबंधित एक घटना है। एक बार वे अपने शिष्यों के साथ परमात्मा की याद में मग्न थे। नमाज का वक्त हो आया। उनके कुछ शिष्यों ने कहा भी लेकिन वे परमात्मा की याद में इतने तल्लीन थे कि इस तरफ उनका ध्यान नहीं गया। उन्हें व दो शिष्यों को छोड़, जो उनके साथ ही परमात्मा की याद में तल्लीन थे, बाकी शिष्य उठकर नमाज अदा करने लगे। इन्हीं में से एक को अन्तर्दृष्टि प्राप्त थी। उसने देखा कि वे जो नमाज अदा करने के लिये उठ खड़े हुए थे उनमें से किसी की नमाज कुबूल नहीं हुई थी और उनके चेहरे काबा से दूसरी तरफ फिरे दिखाई दे रहे थे जबकि मौलाना बहाउद्दीन वल्द और उनके साथ बैठे दोनों व्यक्ति काबा की तरफ रूबरू थे जैसा कि नमाज के वक्त होता है। मौलाना बहाउद्दीन वल्द और वे दोनों उस वक्त परमात्मा की याद में गहनता से डूबे थे और वास्तविक प्रार्थना यही थी।

मौलाना रूमी से एक बार किसी ने कहा कि दुनियावी मसलों और अपनी जिम्मेदारियों में व्यस्त होने के कारण वह प्रार्थना ठीक से नहीं अदा कर पाता, यद्यपि वह हमेशा इसका इच्छुक रहता है। मौलाना रूमी ने उत्तर दिया कि अपने कर्त्तव्यों का पालन भी परमात्मा की आज्ञा का पालन और प्रार्थना के समकक्ष है। लेकिन इसमें अपना स्वार्थ शामिल नहीं होना चाहिए। यदि सांसारिक जिम्मेदारियां औरों के लाभ हेतु, सेवा भावना से, अपना कर्त्तव्य समझकर निभायी जायें, जिससे औरों को सही राह पर चलने की प्रेरणा और उसमें सहायता मिले तो वह परमात्मा के समक्ष प्रार्थना अदा करना ही है। यदि इरादा नेक हो, तो सभी कार्य आत्मिक उन्नति में सहायक होते हैं। परमात्मा उन्हें ही ऐसी जिम्मेदारियां सौंपता है जिनके प्रति वह अत्यंत दयालु और कृपालु होता है।

सुलूक और जज्ब साधना के दो मार्ग हैं, जिनका वर्णन ऊपर किया गया है। अधिकतर संत (परमात्मा के प्रेमी-भक्त) जज्ब के मार्ग का अनुसरण करते हैं, जिसमें परमात्मा के प्रति उनका प्रेम व भक्ति उन्हें आध्यात्मिकता के उच्चतर

स्तरों पर ले जाते हैं। प्रेम का अत्यधिक महत्व है लेकिन प्रेम का सही अर्थ समझना आवश्यक है। महात्मा राधामोहनलाल जी का कथन है भौतिक स्तर पर प्रेम का अर्थ है इच्छापूर्ति, लकिन यह सच्चा प्रेम नहीं है। मनुष्य स्वयं प्रेम का स्वरूप है एवं परमात्मा मनुष्य को प्रेम करता है। प्रेम को अनुभूत करना, परमात्मा को अनुभूत करना है। हमारे प्रयास के वगैर, प्रज्ज्वलित अग्नि के सामने बैठने से ऊष्मा मिलती है। जिन्होंने परमात्मा का अनुभव प्राप्त कर लिया है वे इस अग्नि की तरह होते हैं। उनके सतसंग में प्रेम की यह ऊष्मा अनायास महसूस की जा सकती है। परमात्मा हृदयों में प्रकट होता है। सागर और लहरों की तरह। तरंगें एक क्षण प्रकट होती हैं और अगले ही क्षण सागर में विलीन हो जाती हैं। जब हम आत्म-साक्षात्कार की स्थिति में पहुंचते हैं तो प्रेम का भाव लुप्त हो जाता है। प्रेम को कोई नाम या आकार नहीं दिया जा सकता। हम जितना गहराई में जाते हैं उतना ही वह लुप्त होता जाता है, लेकिन संपूर्ण अस्तित्व में यह झलकता रहता है।

प्रेम को पूर्णता प्राप्त करने की इच्छा के रूप में देखा जा सकता है। यह आध्यात्मिक स्तर पर भी उतना ही सही है जितना भौतिक स्तर पर। भौतिक स्तर पर आंखें सुंदर दृश्य देखना चाहती हैं, कान मधुर संगीत सुनना चाहते हैं और नाक अच्छी सुगंध ग्रहण करना चाहती है। क्यों? क्योंकि ये इन्द्रियां इनके बिना अधूरी थीं, वे उन्हें प्राप्त करना चाहती थीं और उनके प्रति यही कामना, उनके प्रति प्रेम के रूप में अभिव्यक्त होती है।

आध्यात्मिक स्तर पर भी इंसान अपने चरित्र, अपने आचरण की कमियों को दूर करना चाहता है, अपने आचरण को उत्तम बनाना चाहता है। संत-महात्माओं के प्रति प्रेम उनके आचरण की शुद्धता और उत्तमता के कारण ही उपजता है। परमात्मा के प्रति प्रेम को भी इसी तरह समझा जा सकता है क्योंकि परमात्मा सर्वोत्तम एवं सर्वोपरि है। वह समस्त ब्रह्माण्डों का सृष्टिकर्ता है और उन्हें सुचारु रूप से चला रहा है। जो इस तथ्य को स्वीकार नहीं करता, इस दुनिया में कष्ट, संताप और हताशा के साथ जीता है। और जो इस बात को समझता है वह भी साधारण इंसानों की तरह ही रहता है लेकिन उसके इस ज्ञान के कारण वह संसार में प्रसन्नतापूर्वक जीता है। वह जानता है कि परमात्मा इस संसार का मालिक है और यह उसकी इच्छानुसार चल रहा है। यह समझ, यह ज्ञान उसके हृदय में परमात्मा के प्रति प्रेम पैदा करता है जो समस्त प्राणियों के प्रति प्रेम के रूप में झलकता है।

यूं तो सभी धर्म परमात्मा के प्रति प्रेम को महत्त्व देते हैं, लेकिन अधिकतर धर्मानुयायी परमात्मा के प्रेम को पूजा-उपासना, या धर्मग्रंथों के अनुसरण के रूप में ही देखते हैं। वे कर्मकाण्डों या धर्म के बाहरी रूप से ऊपर उठकर नहीं देख पाते। अत: प्रेम के असली स्वरूप को जानना आवश्यक है। इस बात का सभी ने कभी न कभी अनुभव किया होगा कि व्यक्ति सबसे अधिक स्वयं अपने ही को प्रेम करता है। वह अपने आपको इसलिये सबसे अधिक प्रेम करता है क्योंकि वह अपनी पहचान अपने स्व के रूप में करता है। इसकी वजह है अहं जो पृथक् (व्यक्तिगत) चेतना के कारण, स्वयं को औरों से अलग देखने की भावना के कारण, पैदा होता है। यदि व्यक्ति किसी अन्य को प्रेम करता है तो उसके मूल में यह कारण होता है कि वह स्वयं की पहचान उसके साथ करने लगता है, उनमें एक तादात्म्य स्थापित हो जाता है। उदाहरण के लिये मां अपने नवजात शिशु से अत्यंत प्रेम करती है क्योंकि वह स्वयं को उसके साथ निरूपित कर लेती है, यहां तक कि बच्चा उसे अपना एक हिस्सा लगता है, वह उसके अस्तित्व का ही एक भाग बन जाता है। दूसरी तरफ बच्चे की अपनी कोई पहचान नहीं होती, क्योंकि अभी उसका अहं जागृत नहीं हुआ, वह मां के अलावा कुछ नहीं जानता और उसी पर संपूर्ण रूप से निर्भर रहता है। अत: उसका संपूर्ण प्रेम अपनी मां के प्रति होता है। जैसे जैसे समय बीतता है, बच्चा अपना अलग व्यक्तित्व पहचानने लगता है और मां भी उसकी इस पृथक् पहचान को समझने लगती है और उनका परस्पर प्रेम इस नयी पहचान से प्रभावित होने लगता है।

परमात्मा सभी का रचयिता है और वह सभी प्राणियों के हृदय में निवास करता है। जब परमात्मा से प्रेम की बात की जाती है तो उसका तात्पर्य होता है अपने पृथक् अस्तित्व की भावना से ऊपर उठकर सभी प्राणियों के प्रति प्रेम। अहं के संपूर्ण त्याग के साथ द्वैत की समाप्ति हो जाती है और उसे इस ज्ञान की अनुभूति हो जाती है कि उसका सार (वास्तविकता, मूल तत्त्व) परमात्मा का सारभूत (वास्तविकता, मूल तत्त्व) है।

इस अनुभूति के साथ साधक 'एकत्व' की स्थिति में पहुंच जाता है। यहां प्रेम, विश्वास और ज्ञान में कोई अंतर नहीं रह जाता क्योंकि सभी की परम परिणति परमात्मा से एकत्वता में है। यही सच्चा और परम ज्ञान है जिसकी अनुभूति होने पर साधक का स्व लुप्त हो जाता है। अत: परमात्मा के प्रति प्रेम का वास्तविक तात्पर्य परमात्मा के साथ पूर्णतया एकता है।

क्योंकि इंसान का सार परमात्मा का सार है इसीलिये वह परमात्मा के सार

की थाह नहीं पा सकता। जैसाकि महान संत रामकृष्ण परमहंस का कथन है: 'नमक का पुतला, समुद्र की गहराई मापने गया, सो गया।' नमक का पुतला किस तरह समुद्र की गहराई माप सकता है? वह स्वयं नमक का बना है, समुद्र में जाते ही घुल जायेगा। फिर समुद्र की गहराई कौन मापेगा। ठीक इसी तरह स्वयं उसका सार होने के कारण इंसान परमात्मा के सार की थाह नहीं पा सकता, उसका वर्णन नहीं कर सकता। उसे बाहरी सहायता की आवश्यकता पड़ती ही है, कम से कम प्रारंभ में, या उस समय तक जब तक उसकी सत्य में पूरी तरह पैठ न हो जाये। अत: अधिकतर साधकों को सतगुरु की आवश्यकता होती है। सतगुरु का उन्हीं की तरह भौतिक शरीर होता है और वह भी उन्हीं की तरह एक इंसान होता है। साधक सतगुरु की उपस्थिति को महसूस कर सकता है और उसके लिये उनके चरणों में अपना अहं न्यौछावर करना संभव है। सतगुरु के प्रति प्रेम के प्रगाढ़ होने पर शिष्य को यह अनुभूति होने लगती है कि सतगुरु और परमात्मा के मध्य कोई द्वैत या दूरी नहीं है। सतगुरु का चेहरा तो बस एक मुखौटा मात्र है, जिसके पीछे परमात्मा की हकीकत छिपी है।

सतगुरु उस नदी की तरह है जो निरंतर समुद्र की ओर दौड़ रही है और समुद्र से मिलकर एक हो जाती है। जिस बिन्दु पर वह समुद्र में समाती है, वहां उस जगह उसमें और समुद्र में कोई भेद नहीं रहता। समुद्र से मिलकर उसका पृथक् अस्तित्व समाप्त हो जाता है, वह समुद्र से मिलकर समुद्रमय हो जाती है। जिस तरह छोटी नदियां या नाले बड़ी नदी में मिलकर आसानी से समुद्र तक पहुंच जाते हैं, उसी तरह साधक या शिष्य भी सतगुरु के साथ एकाकार होकर परमात्मा रूपी समुद्र तक आसानी से पहुंच सकते हैं, स्वयं अपने आप समुद्र तक पहुंचने के प्रयास में छोटे नदी नाले रास्ते में ही विलुप्त हो सकते हैं, लेकिन नदी रूपी सतगुरु के साथ मिलने पर यह भय नहीं रहता। यह सबसे सरल और निकटता का मार्ग है, जिससे अपनी मंजिल तक आसानी से पहुंचा जा सकता है। इसी कारण सूफी एवं अन्य संत सतगुरु से प्रेम को विशेष महत्व देते हैं।

परमात्मा से एकत्व में केवल परमात्मा की हकीकत का ही अस्तित्व बाकी रहता है और साधक सभी प्राणियों में केवल परमात्मा के ही दर्शन करने लगता है। उसका प्रेम सभी प्राणियों के प्रति दिव्य प्रेम के रूप में परिणत हो जाता है। परमात्मा से प्रेम का अर्थ दुनिया के प्रति तिरस्कार या नफरत नहीं है, बल्कि सभी चराचर जीव एवं स्वयं में आत्म रूप से भेद मिट जाना है। अपने कर्त्तव्य पालन की बजाय पूजा-उपासना में समय व्यतीत कर यदि कोई उसे परमात्मा के

प्रेम के नाम पर उचित ठहराने की कोशिश करे तो यह न्यायसंगत नहीं होगा। अपने पर निर्भर शिशु की परवाह न कर यदि मां अपना समय पूजा में लगाए तो क्या इसे उचित कहा जा सकता है? ऐसे ही यदि राजा, जनता की रक्षा न कर यदि पूजा में अपना सारा समय लगा दे तो क्या उसे उचित कहा जायेगा? नहीं। परमात्मा के प्रति सच्चे प्रेम का अर्थ है अपने कर्त्तव्य का सावधानी से पालन और ऐसा करते समय उसे बोझ न समझकर, परमात्मा की सेवा समझना और उसी भाव से कर्त्तव्य का पूरी निष्ठा व लगन से निर्वाह करना, परमात्मा के नजदीक रहना, उससे प्रेम करना है।

महान सूफी संत हजरत बयाजिद बिस्तामी ने प्रेम की सर्वोपरिता स्थापित करते हुए कहा है कि परमात्मा को केवल प्रेम से ही पाया जा सकता है। प्रियतम के प्रति प्रेम से उसके रहस्य प्रेमी के हृदय में प्रकट होने लगते हैं और इसके विपरीत प्रियतम ([illegible]। सुंदरता और महानता) का ज्ञान प्रेमी के हृदय को उस के प्रति प्रेम से भर देता है। उनका यह भी कथन है कि परमात्मा के प्रेमी संतों के प्रति प्रेम उनके हृदय में तुम्हारे प्रति प्रेम पैदा कर देता है। परमात्मा जब उनके हृदय में तुम्हारा नाम उभरा हुआ देखता है तो वह तुम पर अपनी कृपा उंड़ेल देता है। यही कारण है कि सूफी साधक अपने शेख-पीर या सतगुरु से सर्वोपरि प्रेम करते हैं और उनका यह प्रेम उन्हें परमानन्द की स्थिति में ले जाता है और अपने प्रियतम के हृदय में बसा देता है।

शेख सनन की कहानी यहां प्रासंगिक होगी। यह कहानी महान सूफी संत शेख फराउद्दीन अत्तार की रचना है। बहुत समय पहले मक्का (अरब) में एक पवित्रात्मा शेख सनन रहा करते थे। पचास वर्षों से वे अपने आश्रम में रह शिष्यों को अध्यात्म की तालीम देते और लोगों की सेवा कर अपना जीवन बिता रहे थे। रात का ज्यादातर अपना समय वे प्रार्थना में बिताते और उस वक्त अपने प्रियतम परमात्मा के प्रेम में खोये रहते। मक्का आने वाले यात्री उनके पास भी आते, दर्शन करते और आशीर्वाद पाते। शेख सनन के करीब चार सौ शिष्य थे, सब उनके वफादार और आज्ञाकारी और दीन-दुनिया को छोड़ उनकी सेवा में तत्पर।

एक रात शेख सनन ने स्वप्न में स्वयं को बैजन्तियम राज्य के शहर रूम में एक बुत (मूर्ति) के आगे झुका देखा। इसे भविष्य में किसी अनहोनी की चेतावनी समझ वे व्यथित थे। उन्होंने इसे केवल एक सपना समझ दर-किनार करना चाहा, लेकिन उसी स्वप्न को बार-बार देख, अंत में उन्होंने बैजन्तियम जाने का निश्चय कर लिया कि देखें परमात्मा की क्या इच्छा है।

उन्हें यात्रा की तैयारी करते देख, उनके शिष्य भी साथ चलने की जिद करने लगे। मना करने पर भी वे न माने तो शेख सनन उन्हें साथ ले यात्रा पर निकल पड़े। रास्ते में धूप, बारिश किसी की परवाह न कर वे रूम शहर के पास पहुंच गये।

वे इधर-उधर देख ही रहे थे कि उनकी निगाह एक देवस्थान पर पड़ी जिसके भीतर से एक आत्मा को छूने वाली मधुर गीत की आवाज आ रही थी। यह स्वर लहरी हृदय को आन्दोलित करने वाली एक प्रेम गीत की थी। आवाज की दिशा में देखने पर शेख सनन को दूसरे तल पर एक खुली खिड़की के साथ एक ईसाई युवती अपने सुनहरे बालों को संवारते, यह उदास-गीत गाते दिखी। उस युवती की आभा से मंत्रमुग्ध शेख सनन उसकी ओर ताकते रह गये, उनका हृदय उनके हाथों से निकल गया और वे उस ईसाई युवती के आकर्षण में उलझकर रह गये। उनके शरीर में रोमांच के कारण कंपन होने लगा और वे वहीं यह कहते बैठ गये कि हे परमात्मा, न जाने मुझे क्या हो रहा है? यह कैसी ज्वाला है जो मेरी आत्मा को जला रही है, और मुझसे मेरे अस्तित्व को छीन ले रही है?

प्रेम की इस ज्वाला ने शेख सनन की रूह और दिमाग पर अपना कब्जा जमा लिया। एक ही क्षण में वे भूल गये कि वे क्या हैं, कहां से आये हैं और क्या कर रहे हैं। उनके लिये उस युवती का चेहरा फिर से देखने से ज्यादा महत्त्वपूर्ण और कुछ न था, जो बिना उनकी आहों की परवाह किये कब की वहां से चली गई थी।

उनके शिष्य अपने शेख की यह हालत देख हैरान थे। उन्होंन सोचा कि शायद कुछ देर में उनके शेख स्वस्थ हो जाएंगे, लेकिन वे तो उस खाली खिड़की की तरफ निहारते बैठे थे। रात होने को थी और सनन यह सोचकर विह्वल हो रहे थे कि उन्हें उस युवती को देखने के लिये अगले दिन तक प्रतीक्षा करनी पड़ेगी। उनका हृदय प्रेम और विरह की पीड़ा से विदीर्ण हो रहा था।

शिष्य उनकी यह दशा देख भ्रमित हो रहे थे। उन्हें सूझ नहीं रहा था कि वे क्या करें? उनके शेख सनन देवस्थान में सेवा करने वाली उस ईसाई युवती के मोहपाश में पूरी तरह जकड़ चुके थे। उनके लिये उनका संसार अब मात्र उस युवती तक सिमट कर रह गया था। शेख सनन की दूसरी रात और भी वेदना भरी थी। उनके शिष्यों ने उनसे कहा कि सब कुछ भूलकर वे वजु (मुंह-हाथ धोना) कर वापस लौट चलें। शेख सनन का उत्तर था कि उनका वजु उनके हृदय के रक्त से हो चुका है। शिष्यों ने कहा कि अगर वे तौबा कर लें तो परमात्मा

उन्हें माफ कर देगा, वे कई वर्षों तक उसकी इबादत करते रहे हैं। सनन का उत्तर था कि यदि उनके लिये पश्चात्ताप की कोई बात है तो वह है उनका शेख होना। शिष्यों ने तरह-तरह से समझाया, लेकिन सनन का उत्तर था कि उन्हें इस बात का दु:ख है कि वे प्रेम के इस पाश से पहले क्यों नहीं बंधे।

शिष्यों ने पूछा कि क्या उन्हें इस बात की चिन्ता नहीं कि लोग क्या कहेंगे? सनन का उत्तर था कि अब उन्हें इस बात की परवाह नहीं कि लोग क्या कहेंगे? शिष्यों ने उन्हें अपना हवाला दिया, मक्का वापस लौट चलने को कहा लेकिन सनन का कहना था कि उनका मक्का यह देवस्थान था और उसका काबा वह युवती। शिष्यों ने उनकी उम्र का वास्ता देकर जन्नत की दुहाई दी लेकिन सनन के लिये जन्नत उनकी प्रेयसी के खूबसूरत चेहरे को देखने के सुख से ज्यादा न थी। शिष्यों ने उन्हें खुदा का वास्ता दिया और पूछा कि क्या वे उसके सामने शर्मिन्दा नहीं हैं जिसकी इबादत उन्होंने वर्षों तक की है, उसे वे कैसे धोखा दे सकते हैं? शेख सनन का उत्तर था कि वे उस जाल से कैसे निकल सकते हैं जो खुदा ने उनके लिये तैयार किया है? वे आस्था और धर्म को ताक पर रख उस युवती के प्रेम में पूरी तरह डूब चुके थे, उनके लिये पुरानी राह पर लौटने की अब कोई उम्मीद नहीं बची थी।

किसी बात का कोई असर न देख, शिष्य दूसरी जगह जाकर कुछ दिन इंतजार करने की सोचने लगे कि शायद इस बीच उनके शेख का इरादा बदल जाये। लेकिन दिन बीतने लगे। शेख सनन उस देवस्थान के रास्ते में एक ओर आवारा कुत्तों के साथ पड़े रहते। उस युवती को वे हसरत भरी निगाहों से आते जाते देखते और सोचते कि शायद कभी उसकी नजर उन पर पड़ जाये। लेकिन वह कभी नजर उठाकर उधर न देखती।

सनन ने उसे एक काल्पनिक नाम दे डाला 'सूर्यकिरण' और कविता लिख उसकी याद में उदास स्वर से गुनगुनाते। वे भूख-प्यास सब भूल चुके थे। यदि कोई कुत्तों के लिय कुछ खाने-पीने को डालता-तो सनन उनसे बचा-खुचा खा-पी लेते। वरना भूखे प्यासे ही रहते।

अंत में एक दिन उस युवती का ध्यान उनकी तरफ गया और उसने पूछा कि तुम्हारा कोई घर-बार नहीं है, यहां इन आवारा कुत्तों के बीच क्यों पड़े हो?

युवती को अपनी ओर मुखातिब हुए देख, शेख सनन की खुशी का ठिकाना न रहा। वे बोले उनका घर-बार, नाते-रिश्तेदार, सब कुछ वह युवती ही

थी, जिसके प्रेम में वे दीवाने हो गये हैं। वे वहां तब तक रहेंगे, जब तक कि वह उन्हें अपने प्रेम के योग्य न समझ लेगी।

युवती व्यंग्य से हंसी और बोली, ''तुम्हें शर्म नहीं आती, तुम मेरे दादा की उम्र के हो। तुम्हारी उम्र अब कब्र में लेटने की है। मेरी जैसी जवान और सुन्दर लड़की के प्रेम का पात्र तो कोई जवान और सुंदर नवयुवक ही हो सकता है।

सनन ने कहा, ''प्रेम उम्र नहीं देखता। जवान हो या वृद्ध, जिसका हृदय प्रेम के बाण से बिंध जाये, वही जानता है। मैं तुम्हारे लिये कुछ भी करने को तैयार हूँ।''

शेख सनन ने अपने प्रेम और वेदना की बात इतनी ओजस्विता और कुशलता से कही थी कि वह उनकी निश्छलता पर विश्वास करने के लिये मजबूर हो गयी। उसे विश्वास हो गया कि सनन उसके लिये कुछ भी कर सकते हैं। वह बोली 'अगर जो तुम कह रहे हो सही है, तो तुम्हें अपना धर्म त्याग मेरा धर्म स्वीकार करना होगा। अपना धर्मग्रंथ जला, अपने धर्म की सभी पाबंदियां छोड़नी होंगी। मदिरा पीनी होगी और यह शेख का लबादा छोड़ना पड़ेगा।'

सनन ने शांति से सब सुना और बोले, ''प्रेम प्रेमी के सामने बहुत सी चुनौतियां रख देता है। प्रेम की परीक्षा अति क्रूर और कठिन होती है, लेकिन उसका परिणाम मधुर और सुखदायी होता है। सच्चे प्रेमी के लिये प्रेम के सिवाय और कोई धर्म या विश्वास नहीं होता। उसकी कोई हैसयित नहीं होती क्योंकि प्रेम से ऊंचा किसी और चीज का स्थान नहीं होता।''

बैजन्तियम के ईसाई साधुओं ने जब यह सुना कि एक सूफी शेख अपना धर्म, अपना सब कुछ त्याग ईसाई हो गया है तो उन्होंने जश्न मनाया, जिसमें सनन ने अपना चोगा उतार ईसाई चोगा धारण कर लिया, पवित्र कुरान को आग में जला डाला, मदिरा पी, युवती के सामने झुक कर कहा कि मैं प्रेम में बदनाम हो कर, अस्तित्वहीन हो गया हूँ। जो मैं अपनी प्रेम दृष्टि से देख सकता हूँ, किसी ने नहीं देखा है। उन्होंने युवती से पूछा कि वे उसके लिये और क्या कर सकते हैं? युवती ने उन्हें बहुमूल्य उपहार लाने को कहा, तो शेख का उत्तर था कि देने के लिये उनके पास उनके दिल के सिवाय कुछ न था जो वह उसे पहले ही दे चुके हैं। वे उससे विवाह करने के लिये कुछ भी करने को तैयार हैं क्योंकि वे अब उस से और अलग नहीं रह सकते।

''मेरी शादी की शर्त है कि तुम मेरे सुअरों की एक वर्ष तक देखभाल करो और सालभर बाद यदि तुमने यह काम ठीक से किया तो मैं तुम से शादी

कर लूंगी,'' युवती ने कहा।

सनन ने प्रसन्नतापूर्वक उसे स्वीकार कर लिया और वे सुअरों के साथ रहने लगे जो मुस्लिम लोगों में घृणास्पद समझा जाता है। उनके शिष्य एक बार फिर उनके पास आये और बोले अब हम क्या करें? क्या हम भी ईसाई बन जायें? सनन ने कहा कि तुम लोग वापस चले जाओ, और यदि कोई पूछे तो सब बात सच सच बता देना।

निराश, हताश और शर्मिन्दा शिष्य वापस मक्का लौट गए और लोगों से बचकर रहने लगे कि कहीं कोई कुछ पूछ न ले। लेकिन उनका एक साथी गुरुभाई जो उस समय कहीं दूर यात्रा पर गया हुआ था, जब लौटकर आया और उसने शेख सनन के विषय में पूछा तो उन्होंने उसे सारी बात बतला दी।

सब कुछ सुनकर वह अपने दिल की गहराई से क्रन्दन करने लगा, और अपने साथियों से बोला कि तुम किस तरह के मुरीद हो? तुम्हें अपने ऊपर शर्म आनी चाहिये। तुम्हारे शेख ने सूफी चोगा छोड़कर ईसाई धर्म स्वीकार किया और वे सुअरों के साथ रहने लगे तो तुम्हें भी वही करना चाहिये था। यही प्रेम की मांग है। तुम किस हिम्मत से कहते हो कि हमारे शेख ने कुछ गलत किया है? तुम्हें किस ने अधिकार दिया कि तुमने शेख को उनका प्रेम भूल जाने के लिये कहा?

यह शिष्य दिन-रात अपने शेख की याद में क्रन्दन करता। चालीसवें दिन उसे एक अनुभूति हुई। उसे आभास हुआ कि एक घनी धूल का बादल उस देवस्थान से उठ शेख सनन और परमात्मा के बीच आकर मंडराने लगा। अचानक धूल उड़कर अलग हो गयी और शेख सनन प्रकाश से जगमगाने लगे। फिर एक दिव्य वाणी सुनाई दी: ''जो प्रेम की ज्वाला में तपते हैं वे ही अपने शाश्वत प्रेमी के दर्शन की पात्रता प्राप्त करते हैं। प्रेम के मार्ग में नाम और हैसियत की कोई कीमत नहीं होती। सत्य के साक्षात्कार के लिये, अपनी अस्तित्व (अहं) रूपी धूल को पहले दिल के शीशे से साफ करना पड़ता है। केवल इसके बाद ही उस शीशे में अपने सच्चे प्रियतम की छवि दिखलाई पड़ती है।'' यह शिष्य दौड़कर अपने अन्य साथियों के पास गया और उन्हें अपना दिव्यस्वप्न कह सुनाया। तुरंत वे सब रूम जाने के लिये निकल पड़े।

शहर के बाहर ही उन्हें शेख सनन परमात्मा के सज्दे में सर जमीन पर रखे दिखलायी दिये। मस्जिद और मन्दिर से ऊपर उठ, इस्लाम और ईसाईयत से मुक्त, गरिमा और पवित्रता का मोह त्याग, अहं से पूर्ण मुक्त हो वे अपने सच्चे

प्रियतम के प्रेम में पूर्णतया डूब उससे एकाकार हो चुके थे। शेख सनन शांत थे, लेकिन उनकी आंखें एक रहस्यमयी मुस्कान के साथ चमक रहीं थीं, वो चमक जिसका रहस्य केवल प्रेमी और प्रियतम ही जानते हैं। सभी शिष्य अपने शेख के इर्द-गिर्द इकट्ठे हो गये और सब मिलकर पुनः मक्का की ओर चल दिये।

उधर इसी दौरान उस युवती को जिसका नाम शेख सनन ने सूर्यकिरण रख दिया था, उसे एक तेजस्वी स्वप्न दिखाई दिया। स्वप्न में उसे एक आलौकिक तेज के दर्शन हुए। वह जमीन पर गिर पड़ी और क्रन्दन करने लगी, "ओ प्रियतम परमात्मा, वह कितना अज्ञानी है जिसने आपके दर्शन नहीं किये। मैं कितनी भूली हुई थी कि मैं आपको नहीं पहचान सकी। मुझे अपनी राह दिखाओ, कि अब जब मैंने तुम्हारी सुंदर छवि देख ली है, मैं तुम्हारे बिना जीवित नहीं रह सकती। अब तुम्हें मिले बिना मुझे एक पल भी चैन नहीं।"

वह आत्मविस्मृत हो घंटों विलाप करती रही। अंत में उसे हृदय में एक दिव्य वाणी सुनाई दी : "शेख सनन के पास जाओ। वही तुम्हें राह बतायेंगे।"

नंगे पांव वह बाहर दौड़ पड़ी, और जब उसे पता चला कि शेख सनन मक्का के लिये निकल पड़े हैं, तो वह शहर के बाहर रेगिस्तान में शेख सनन के काफिले को ढूंढने लगी। नंगे पांव, बिना भोजन और पानी के वह दिन रात अपने आसुंओं से रेगिस्तान को सींचती अपने मालिक शेख सनन के काफिले की ओर दौड़ती रही।

उसका क्रन्दन शेख सनन के हृदय तक पहुंच चुका था। वे जान चुके थे कि अपने प्रियतम की खोज में वह सब कुछ छोड़ चुकी थी। शेख सनन ने अपने शिष्यों को उसे खोजने के लिये भेजा, जिन्हें वह एक जगह भूख-प्यास से तड़पती अपने शेख के लिये व्याकुल, उसकी राह तकती मिली।

शेख सनन के सामने पहुंचते ही वह उनके कदमों पर गिर पड़ी और अनुनय करने लगी: "महान शेख, मैं प्रेम की ज्वाला में जल रही हूँ। मुझे मेरे प्रियतम के दर्शन की अभिलाषा है। फिर भी मेरे हृदय में केवल अंधकार है। उसे देखने में मेरी सहायता कीजिए। मैं अब अपने प्रियतम के बिना एक क्षण भी नहीं रह सकती।"

शेख सनन ने कोमलता से उसका हाथ अपने हाथ में लेकर उसकी आंखों में देखा मानों वह उसकी आत्मा में झांक रहे हों और उसे अपनी आत्मा द्वारा परमात्मा के समक्ष ले जा रहे हों। दृष्टि से दृष्टि मिलते ही वह बोली; "हे प्रियतम, मैं अब और जुदाई नहीं सह सकती। अलविदा ओ महान शेख।" और

यह कहते वह अपने प्रियतम से जा मिली। शेख सनन के समीप उसका पार्थिव शरीर भर रह गया।

शेख सनन कुछ देर वैसे ही खड़े रह गए, और फिर दूर रेगिस्तान में देखते बोले, "सौभाग्यशाली हैं वे जो अपनी यात्रा पूरी कर अपने प्रियतम से जा मिलते हैं। वे मुक्त हैं, परमात्मा से एकाकार हो वे अमर हो जाते हैं।" और फिर एक ठण्डी सांस छोड़कर बोले, "और वे जिनकी नियति दूसरों को राह दिखा उनकी मंजिल तक पहुंचाना है, उनके लिये अभी उदासी है, क्योंकि वे उस मिलन का असीम सुख छोड़ परमात्मा की इच्छा से बंधे हैं।"

प्रेम की सर्वोपरिता के बारे में महान सूफी संत महात्मा रामचन्द्र जी महाराज (जनाब लाला जी महाराज) का कथन है : "प्रेम ऐसी चीज है जो सातों आसमान चीर कर पार चली जाती है।" उनके प्रिय शिष्य ठाकुर रामसिंह जी का भी कहना था कि "प्रेम में सब कुछ शामिल हो जाता है। परमात्मा को केवल प्रेम से ही पाया जा सकता है। गंवार गोपियों ने अपने प्रियतम भगवान श्री कृष्ण को केवल प्रेम से ही अपने वश में कर लिया था।" सच्चे प्रेम से हृदय आलोकित हो उठता है। वास्तव में तो सच्चे प्रेम और आत्म-बोध में कोई अन्तर नहीं है। परमात्मा प्रेममय है और ज्ञान प्राप्ति का उद्देश्य परमात्मा को जानना है। अत: प्रेम ज्ञान की पराकाष्ठा है।

उपरोक्त वर्णन से स्पष्ट है कि प्रेम का सच्चा अर्थ एकात्मता अर्थात् प्रियतम और प्रेमी में द्वैत का मिट जाना है। प्रेम दो की जगह नहीं है, कहा गया है —

"जब मैं था तब हरि नहीं, अब हरि हैं, मैं नाय,
प्रेम गली अति सांकरी, या में दो न समाय।"

जैसे ही द्वैत भाव तिरोहित होता है, साधक समस्त सृष्टि में परमात्मा का रूप देखने लगता है। निष्काम प्रेम धीरे-धीरे भक्ति में परिणत हो जाता है, जो प्रेमी को प्रियतम जैसा ही बना देती है। लेकिन शिष्य (या साधक) अपूर्ण होता है और इसलिये सतगुरु (या प्रियतम), जो पूर्ण है, उसमें मिलकर उसे प्रेम की राह पर ले जाता है।

सूफी साधना में समर्थ सतगुरु की शरण विशेष महत्त्व रखती है। खासकर नक्शबंदी सूफी 'तवज्जोह' (अर्थात् सतगुरू द्वारा शिष्य के हृदय में आत्मिक धार उतारना - या प्राणाहुति, शक्तिपात) द्वारा शिष्य को द्रुतगति से आत्मिक उत्थान की दिशा में ले जाते हैं। नक्शबंदी सूफी साधना में आत्मा का प्रकाश गुरु के

हृदय से शिष्य के हृदय में उतर उसे आलोकित कर देता है। उनकी इस साधना पद्धति को इल्म सीना-ब-सीना कहा जाता है और यह अत्यधिक प्रभावशाली तरीका है।

नक्शबंदी सूफी परंपरा में भी प्रारंभ में सुलूक का रास्ता ही अपनाया जाता था, अर्थात् साधक स्वयं अपने प्रयास द्वारा आत्मिक उन्नति करते थे। वे यह आध्यात्मिक यात्रा सबसे निचले मूलाधार चक्र से शुरू कर, रूहानी चक्रों को जागृत और सिद्ध करते, क्रमशः आगे बढ़ते थे। हजरत शाह बहाउद्दीन नक्शबंद, जिनके नाम पर इस सिलसिले को नक्शबंदी कहा जाता है, प्रथम संत थे जिन्होंने निचले चक्रों को छोड़ आध्यात्मिक यात्रा की शुरुआत हृदय चक्र (अनाहत चक्र) से करने की नींव रखी। इस विद्या का क्रमशः विकास होता गया और इस परंपरा के सूफी संतों ने इसे और सहज और सरल बनाने में विशेष योगदान किया। शेख अहमद फारुकी (सरहिंद) ने केवल हृदय चक्र को साधना का केन्द्र माना जिसे शुद्ध करना काफी है। एक बार हृदय चक्र सिद्ध हो जाने पर साधक को पहले कदम के रूप में सीधे ही नफ्स-ए-नतीका (प्राण बिन्दु या आज्ञा चक्र) पर ले जाया जा सकता है और दूसरे कदम में उसे ब्रह्माण्ड चक्र (सहस्त्रदलकमल) पर ले जाया जा सकता है।

इंसान का सूक्ष्म हृदय (कल्ब) लतीफा-ए-नफ्स से घनिष्ठ रूप से संबंधित माना गया है। इस कारण उसे उस पर जमे संस्कारों के प्रभाव से शुद्ध करना आवश्यक है जिससे वह फ़ना और फिर बका की स्थिति तक पहुंच सके। इस चक्र की शुद्धि से नफ्स-ए-अम्मारा (वासनात्मक मन) नफ्स-ए-मुतमयैना (शांत चित्त) में तब्दील हो जाता है। यह चरित्र को ढालने की प्रक्रिया है। यद्यपि यह सत्य है कि सतगुरु अपनी कृपा-दृष्टि मात्र से साधक को आध्यात्मिकता के उच्चतम स्तर तक ले जा सकता है, और ले भी जाता है, लेकिन साधक का चरित्र ढलने में (अर्थात् नफ्स-ए-अम्मारा को नफ्स-ए-मुतमयैना में तब्दील होने में) वर्षों लग जाते हैं। यदि साधक स्वयं अपने अनुभव द्वारा उस स्थिति तक न पहुंचे तो उसकी यह स्थिति कमजोर नींव पर बनी इमारत की तरह होगी, जिसका गिर जाने का भय बना रहता है।

शेख हबीबुल्लाह मजहर मिर्जा जानजाना (1701-1780 ई.पू.) ने इस आध्यात्मिक यात्रा को, शेख (पीर-सतगुरु) पर शिष्य की उन्नति हेतु अधिकतर जिम्मेदारियां सौंपकर और सरल बना दिया। शिष्य के अपने प्रयास की आवश्यकता कम होकर उसकी भूमिका की अहमियत कमतर होती गई। गुरु के

माध्यम द्वारा परमात्मा की कृपा का संचार शिष्य की आत्मिक उन्नति का आधार बन गया। शिष्य के लिये इतना मात्र काफी है कि वह सतसंग में उपस्थित हो और शेख के लिये अपने हृदय में प्रेम पैदा करने का प्रयास करे।

महात्मा राधामोहनलाल जी (1900-1966 ई.पू.) जो नक्शबंदी सूफी सिलसिले के महान संत थे, का कहना था कि "इस सिलसिले में शिष्य को आत्मिक उन्नति के लिये अपने प्रयास पर निर्भर नहीं रहना पड़ता। शिष्य का प्रयास उसे कहीं नहीं ले जाता। सच्चा सतगुरु जानता है कि शिष्य के चरित्र को किस प्रकार ढाला जा सकता है। सतगुरु अपनी कृपा मात्र से शिष्य को भीतर गहराई से परिवर्तित कर देता है। वह उन पर पाबन्दियां नहीं लगाता, वह तो प्रेम करने वाली मां की तरह होता है। बच्चा मां से रूठ सकता है, क्रोधित हो सकता है, लेकिन माँ इसे गंभीरता से नहीं लेती, वह उसे फिर भी उतना ही प्रेम करती है। इसी तरह शिष्य भी कभी-कभी गुरु से दूर जा सकता है और चला भी जाता है, लेकिन सतगुरु दूर नहीं होता, क्योंकि गुरु-शिष्य का संबंध हमेशा-हमेशा के लिये होता है। यदि शिष्य गुरु के लिये प्रतिबद्ध है तो वह कहीं नहीं जा सकता। सतगुरू एक कुशल घुड़सवार की तरह होता है जो घोड़े को अपनी इच्छानुसार जहां चाहे ले जाता है। लेकिन शिष्य गुलाम नहीं होते, वे स्वतंत्र होते हैं। यदि उनका व्यक्तित्व उन्हें पथ से अलग ले जाना चाहे तो वह भी कठिन है,परमात्मा सबकी बेहतरी जानने वाला है। यह मुक्ति का पथ है, पूर्णतया बंधन-मुक्त होने का, लेकिन अक्सर लोग इसे समझ नहीं पाते क्योंकि उन्हें स्वयं को कुछ करने के लिये नहीं कहा जाता। कोई यम, नियम नहीं, कोई बंधन नहीं, कोई मंत्रोच्चारण नहीं। हम दिमाग की दुनिया में रहते हैं। ज्यादातर लोगों के लिये उनका दिमाग ही उनका नियंत्रक होता है, अतः वे तब तक संतुष्ट नहीं होते, जब तक कम से कम उसके लिये उन्हें कोई स्पष्टीकरण न दे दिया जाए। यही कारण है कि यह साधना पद्धति बहुत प्रचारित नहीं हुई। इस मार्ग में ज्ञान का प्रकाश मात्र उत्कठ प्रेम के कारण सतगुरू के हृदय से शिष्य के हृदय में प्रसारित हो जाता है।"

महात्मा राधामोहन लाल जी का यह भी कहना था कि इस साधना पद्धति में मुख्यतया हृदय चक्र (अनाहत चक्र) से काम लिया जाता है। हृदय प्रेम का स्रोत है। जब हृदय चक्र जागृत होता है तो उससे ऐसी ऊर्जा प्रवाहित होती है कि साधक बाकी सब भूल जाता है। हृदय चक्र को जागृत कर सतगुरु अपनी आत्मिक शक्ति से शिष्य के हृदय में प्रेम का बीज रोपित कर देता है। यह उत्प्रेरण

की पद्धति है, जिसमें सतगुरु अपनी उच्च आत्मिक ऊर्जा द्वारा शिष्य के हृदय में प्रेम का जज्बा प्रकट कर देता है। परिणामस्वरूप साधक की समस्त प्रगति केवल हृदय चक्र मात्र के जागरण से होने लगती है और यह एक चक्र धीरे-धीरे अन्य सभी चक्रों को जागृत कर देता है।

हृदय चक्र (या लतीफा-ए-कल्ब) को सृष्टि के गुण से संबंधित माना जाता है और यही समस्त सृष्टि का आधार है। पौराणिक दृष्टि से इस चक्र को हजरत आदम से संबंधित माना गया है और सभी अन्य चक्रों का मूल भी। इस चक्र के जागृत और सिद्ध होने से साधक द्वारा किये गये कार्य या कर्म के प्रति उसका लगाव इन्द्रियातीत होकर परमात्मा की इच्छानुसार होने लगता है। इस स्थिति की चरम परिणति, साधक के हृदय की पूर्ण लय अवस्था, जिसे 'फ़ना-ए-कल्ब' कहते हैं, होती है।

सूफी मतानुसार, साधक की आध्यात्मिक यात्रा के तीन भाग माने जाते हैं: आत्मिक चढ़ाई, उस स्थिति में बने रहना और वापसी। आध्यात्मिक यात्रा के पहले भाग को आत्मिक चढ़ाई या ऊरूज कहा जाता है जिसकी परिणति फ़ना में होती है। आत्मिक चढ़ाई का अर्थ है चेतना की ऊर्ध्व गति, अर्थात् चेतना की निचले अध्यात्मिक चक्रों से ऊपरी चक्रों में गति। चेतना की इस ऊर्ध्व गति और उच्च रूहानी मुकामों में पैठ से सत्य की अनुभूति, सत्य का ज्ञान प्रगाढ़ होता जाता है। साधक 'अनेकता' की स्थिति से ऊपर उठकर 'एकत्वता' की स्थिति की तरफ बढ़ने लगता है। जब साधक का अहं, उसके पृथक् अस्तित्व, पृथक् चेतना की भावना समग्र चेतना से पूरी तरह जुड़कर विलीन हो जाती है, उसे 'फ़ना' या 'लय' अवस्था कहा जाता है। हजरत शेख अहमद फारूकी के शब्दों में यह साधक की परमात्मा की तरफ अग्रसर होने की स्थिति है जिसमें वह समय और स्थान की सीमा पार कर ऊर्ध्वगति से ऊपर उठता है। यहां उसका अहं विगलित हो जाता है और वह परमात्मा का हकीकी ज्ञान प्राप्त करता है। हिन्दू शास्त्रों में इसे सामीप्यता और सालोक्यता कहा गया है।

जब साधक की यह स्थिति दृढ़ हो जाती है और उसकी चेतना हकीकत (या सत्य, परमात्मा) में पूरी तरह रम जाती है तब यह 'बका' की स्थिति कहलाती है। यह सत्य के साथ, सत्य में गति की स्थिति है। लेकिन इस स्थिति में अनुभूत के साथ अनुभूति करने वाली चेतना का अस्तित्व रहता है, अर्थात् परमात्मा के साथ, साधक की उपस्थिति बनी रहती है। यह आत्मिक चढ़ाई के बाद वहां बने रहने की स्थिति है। हजरत शेख अहमद फारुकी के शब्दों में यह

परमात्मा में विचरण की स्थिति है जो परमात्मा की विभूतियों और उपाधियों से परे है। यह परमात्मा में स्थित होना या 'बका' की स्थिति कहलाती है और जब यह अवस्था हो जाए कि एकमात्र सत्य का ही अस्तित्व बाकी रह जाए, यह बका-उल-बका की स्थिति कहलाती है। हिन्दू शास्त्रों में इन्हें सारूप्यता और सायुज्यता कहा गया है। इसके बाद आध्यात्मिक यात्रा का तीसरा भाग है। उस उच्चतम अवस्था को बरकरार रखते हुए इस कारण और प्रभाव रूपी जग में साधारण इंसानों की तरह जीना। यह ज्ञान की सर्वोच्च अवस्था से निम्नतम, जो साधारण इंसानों की समझ के अनुरूप हो, अवस्था में लौटना है जिसे आत्मिक उतराई या अवरोहण कहते हैं। यह 'निकटतमता और दूरस्थता' की स्थिति है जहां वह परमात्मा के अत्यंत निकट भी होता है और साधारण इंसानों की तरह दुनियां का हर कार्य करते 'उससे' दूर भी। यहां साधक का हर कार्य परमात्मा के द्वारा व परमात्मा के लिये संपन्न होता है। मार्गदर्शन की अवस्था, जो संत-महात्माओं और पैगम्बरों की स्थिति होती है, इसमें उन्हें सृष्टि के अंदर विचरण का व सभी तत्त्वों का व हालात का ज्ञान होता है। वे दिव्य ज्ञान को दुनियां के लोगों में उनके कल्याण व उन्नति के लिये बांटते रहते हैं।

शेख अहमद फारुकी ने इस पूरी प्रक्रिया को सुई में धागा पिरोने जैसा बताया है, जिसमें धागा सुई के छिद्र को पारकर दूसरे सिरे से जा मिलता है और वहां गांठ लगा दी जाती है। धागा, छिद्र और सुई तीनों मिलकर एक ऐसी अवस्था को अंजाम देते हैं जो पथ में आने वाली किसी भी वस्तु को पिरोकर एकता रूपी वस्त्र में सी देते हैं।

फ़ना (या लय अवस्था) की धारणा केवल सूफी साधना पद्धति में ही है ऐसा नहीं है। श्रीमद्भागवत महापुराण के द्वितीय स्कन्ध के अध्याय 2 में ज्ञानयोगी (अर्थात् सुलूक मार्ग के अनुयायी साधक) को अंत समय में किस प्रकार अपने प्राण त्यागने चाहिये, का वर्णन मिलता है। इसके अनुसार ज्ञान का अनुसरण कर जिस योगी की चित्त की वासनाएं नष्ट हो गयी हों उस ब्रह्मनिष्ठ योगी को इस प्रकार अपने शरीर का त्याग करना चाहिए। पहले एड़ी से अपनी गुदा को दबाकर स्थिर हो जाये और तब बिना घबराहट के प्राण वायु को षटचक्र भेदन की रीति से ऊपर ले जाए। मनस्वी योगी को चाहिये कि नाभिचक्र मणिपूरक में स्थित वायु को हृदय चक्र अनाहत में, वहां से उदान वायु के द्वारा वक्षःस्थल के ऊपर विशुद्ध चक्र में, फिर उस वायु को धीरे-धीरे तालुमूल में (विशुद्ध चक्र के अग्रभाग में) चढ़ा दे। तदनन्तर दो आंख, दो कान, दो नासाछिद्र

और मुख - इन सातों छिद्रों को रोककर उस तालुमूल में स्थित वायु को भौहों के बीच आज्ञा चक्र में ले जाए। यदि किसी लोक में जाने की इच्छा न हो तो आधी घड़ी तक उस वायु को वहीं रोककर स्थिर लक्ष्य के साथ उसे सहस्रार में ले जाकर परमात्मा में स्थित हो जाए। इसके बाद ब्रह्मरन्ध्र को भेदन करके शरीर इन्द्रियों को छोड़ दे।

यदि योगी की इच्छा हो कि वह ब्रह्मलोक में जाए, आठों सिद्धियां प्राप्त कर आकाशचारी सिद्धों के साथ विहार करे या त्रिगुणमय ब्रह्माण्ड के किसी भी प्रदेश में विहार करना चाहे तो उसे मन और इन्द्रियों को साथ लेकर ही शरीर से निकलना चाहिये। योगियों का शरीर वायु की भांति सूक्ष्म होता है। उपासना, तपस्या, योग और ज्ञान का सेवन करने वाले योगियों को त्रिलोकी के बाहर और भीतर सर्वत्र स्वच्छन्द रूप से विचरण करने का अधिकार होता है। केवल कर्मों के द्वारा इस प्रकार बे रोक-टोक विचरना नहीं हो सकता।

श्रीमद्भागवत इसके आगे वर्णन करता है कि जब योगी ज्योतिर्मय मार्ग सुषुम्ना के द्वारा ब्रह्मलोक के लिये प्रस्थान करता है, तब पहले वह आकाश-मार्ग से अग्निलोक जाता है; वहां उसके बचे खुचे मल भी जल जाते हैं। इसके बाद वह वहां से ऊपर भगवान श्रीहरि के शिशुमार नामक ज्योतिर्मय चक्र पर पहुंचता है। भगवान विष्णु का यह चक्र विश्व ब्रह्माण्ड के भ्रमण का केन्द्र है। उसका अतिक्रमण कर के अत्यंत सूक्ष्म व निर्मल शरीर से वह अकेला ही महर्लोक में जाता है, जो ब्रह्मवेत्ताओं के द्वारा भी वन्दित है और वहां देवता विहार करते हैं। प्रलय का समय आने पर वह ब्रह्मलोक में चला जाता है जिसकी आयु ब्रह्म के समान दो परार्द्ध की होती है। वहां न शोक है न दुःख, न बुढ़ापा है न मृत्यु। सत्यलोक में पहुंचने के पश्चात् वह योगी निर्भय होकर अपने सूक्ष्म शरीर को पृथ्वी से मिला देता है और फिर सात आवरणों का भेदन करता है। पृथ्वी रूप से जल को और जलरूप से अग्निमय आवरण और फिर ज्योतिरूप से वायुरूप आवरण में आ जाता है और फिर वहां से समय पर ब्रह्म की अनन्तता का बोध कराने वाले आकाश रूप आवरण को प्राप्त करता है। इस प्रकार स्थूल आवरणों को पार करते समय उसकी इन्द्रियां भी अपने सूक्ष्म अधिष्ठान में लीन होती जाती हैं। घ्राणेन्द्रिय गन्ध तन्मात्र में, रसना रसतन्मात्र में, नेत्र रूप तन्मात्र में, त्वचा स्पर्श तन्मात्र में, श्रोत्र शब्द तन्मात्र में और कर्मेन्द्रियां अपनी-अपनी क्रियाशक्ति में मिलकर अपने-अपने सूक्ष्म स्वरूप को प्राप्त हो जाती हैं। इस प्रकार योगी पंचभूतों के स्थूल-सूक्ष्म आवरणों को पार करके अहंकार में प्रवेश करता है। वहां सूक्ष्म

भूतों को तामस अहंकार में, इन्द्रियों को राजस अहंकार में तथा मन और इन्द्रियों के अधिष्ठाता देवताओं को सात्विक अहंकार में लीन कर देता है। इसके बाद अहंकार के सहित लय-रूप गति के द्वारा महतत्त्व में प्रवेश करके अन्त में समस्त गुणों के लय स्थान प्रकृति रूप आवरण में जा मिलता है। महाप्रलय के समय प्रकृति रूप आवरण का भी लय होने पर वह योगी आनन्द स्वरूप हो कर अपने उस निरावरण रूप से आनन्दस्वरूप शान्त परमात्मा को प्राप्त हो जाता है।

प्रेम और भक्ति के मार्ग के अनुयायी योगियों के लिये श्रीमद्भागवत महापुराण कहता है कि जब योगी पुरुष इस मनुष्य लोक को छोड़ना चाहे, तब देश और काल में मन को न लगाये। सुखपूर्वक स्थिर आसन में बैठकर प्राणों को जीतकर मन से इन्द्रियों का संयम करे। तदनन्तर अपनी निर्मल बुद्धि से मन को नियमित कर मन के साथ बुद्धि को क्षेत्रज्ञ में और क्षेत्रज्ञ को अन्तरात्मा में लीन कर दे। फिर अन्तरात्मा को परमात्मा में लीन कर के धीर पुरुष उस परम शान्तिमय अवस्था में स्थित हो जाए। फिर उसके लिये कोई कर्त्तव्य शेष नहीं रहता। यहां त्रिगुण, अहंकार, महतत्त्व और प्रकृति किसी का अस्तित्व नहीं रहता। यह परम अवस्था केवल निष्काम प्रेम व भक्ति द्वारा प्राप्त होना ही संभव है।

विभिन्न सूफी सिलसिले अपनी-अपनी साधना पद्धतियों का अनुसरण करते हैं। इनमें से अधिकतर सुलूक का मार्ग अपनाते हैं और निचले चक्रों से प्रारंभ कर क्रमश: ऊपर की ओर बढ़ते जाते हैं। लेकिन नक्शबंदी सिलसिले में, जो आध्यात्मिक तौर पर चक्र-विद्या में बहुत उन्नत माना जाता है, यह क्रम उलट दिया गया है। साधारणतया वे अनाहत चक्र या आज्ञा चक्र से साधना की शुरुआत करते हैं और निचले चक्रों पर ध्यान नहीं दिया जाता। सतगुरु कृपा कर अपनी आत्मिक ऊर्जा द्वारा शिष्य को तवज्जोह देकर फ़ना की स्थिति तक ले जाता है। आध्यात्मिक यात्रा के इस भाग को आत्मिक चढ़ाई या ऊरूज कहते हैं।

नक्शबंदी सूफी साधना में शेख (या सतगुरु) का अत्यंत महत्त्वपूर्ण स्थान है। इस पद्धति का सार सतगुरु को अपने हृदय में बैठा लेना है अर्थात् हर वक्त सतगुरु का सामीप्य हृदय में महसूस करना। सतगुरु के हृदय से शिष्य के हृदय में आत्मिक ऊर्जा सतगुरु द्वारा तवज्जोह देने पर (शिष्य के हृदय पर आत्मिक धार को केन्द्रित करने पर) शब्द द्वारा प्रसारित होती है। सतगुरु की कृपा धीरे-धीरे शब्द (अनाहत नाद) के रूप में शिष्य के हृदय में मुखर होने लगती है, और एक समय आता है जब शिष्य इस शब्द के रूप में ही सतगुरु को हमेशा अपने भीतर विराजमान महसूस करने लगता है। वास्तव में तो सतगुरू और शिष्य दोनों

की हकीकत (असलियत) शब्द ही है, दोनों ही शब्द का रूप हैं। जब शिष्य को यह पक्का विश्वास हो जाता है कि शब्द-रूप में सतगुरु हर वक्त, हमेशा उसके साथ हैं, तो वह फ़ना की स्थिति में पहुंच जाता है। यह वह अवस्था है जब शिष्य का हृदय सतगुरु के प्रति सच्चे प्रेम से भर जाता है ओर वह हर जगह सतगुरू को ही विराजमान पाता है।

अब शिष्य की चेतना शब्द में डूब उससे एकाकार होने लगती है और जब वह इस अवस्था में पहुंच जाता है कि चेतना शब्द में पूरी तरह लय हो जाती है, पूर्ण रूप से एकाकार हो जाती है, अर्थात् जब केवल एक मात्र शब्द ही बच रहता है तो यह बका की स्थिति कहलाती है। आत्मिक चढ़ाई के शिखर पर पहुंच अब साधक अवरोहण प्रारंभ करता है, जिसे सूफी संत 'नुजूल' कहते हैं। उसका यह विश्वास दृढ़ हो जाता है कि जो कुछ भी है सब सतगुरु (या परमात्मा) ही है और जो कुछ हो रहा है सब उस की इच्छानुसार हो रहा है। उसे इस पूर्ण विश्वास की स्थिति प्राप्त होने पर वह संसार में पूर्ण शांति के साथ जीने लगता है। यूं तो वह साधारण इंसानों की तरह ही जीवन व्यतीत करता लगता है, लेकिन भीतरी तौर पर उसकी अवस्था बहुत ऊंची होती है। इस अवस्था में वह पूरे अनुभव और अभ्यास के बाद पहुंचा होता है। यह परमात्मा से दूरी और निकटता दोनों की स्थिति है।

लेकिन अभी अवरोहण की पूर्णता बाकी रह जाती है। साधक की भौतिक देह के स्थूल तत्त्वों का शुद्ध होकर उनके कारण तत्त्वों में मिलना अभी शेष रहता है। ये स्थूल तत्व, इंसान के शरीर में स्थापित कारण तत्त्व, जो उसके सीने में पांच रूहानी चक्र यथा कल्ब, रूह, सर, खफी तथा अखफा के रूप में स्थित हैं, उनके शुद्ध होने और परिणामत उनके उत्थान के प्रभाव से शुद्ध होते हैं। ये कारण तत्व आलम-ए-अम्र से जुड़े हैं और इनका पांचों स्थूल तत्त्वों से बहुत गहरा संबंध है। स्थूल तत्त्वों में से शुद्ध करने के लिये सबसे अंत में पृथ्वी तत्त्व का क्रम आता है जो स्थूल तत्त्वों के शुद्ध होने और उनके कारण तत्वों के साथ एकाकार होने की अंतिम प्रक्रिया है। यहां यह फिर से लिखना प्रासंगिक होगा कि पृथ्वी तत्त्व पंच महाभूतों में सबसे अंत में प्रकट हुआ था और केवल पृथ्वी तत्व में ही कारण के गुण कार्य में आने के सिद्धांत के अनुरूप अपने कारण तत्वों आकाश, वायु, अग्नि और जल के गुण शब्द, स्पर्श, रूप, रस एवं स्वयं अपना गंध, अर्थात् समस्त गुण पाये जाते हैं। इस प्रकार पृथ्वी तत्त्व की शुद्धता और उसके कारण तत्व से पुनः संयुक्त हो जाने पर यह प्रक्रिया पूरी हो जाती है।

सूफियों के नक्शबंदी सिलसिले में परमात्मा की कृपा सतगुरु द्वारा दी गई तवज्जोह के रूप में कार्य करती है। तवज्जोह के रूप में शिष्य के हृदय में जो आत्मिक धार प्रवाहित होती है वह उसे अनायास और द्रुत गति से अपने लक्ष्य की तरफ ले जाती है। सतगुरु कृपा कर शिष्य की चेतना को उच्चतम स्तर तक ले जाता है। चेतना के उच्चतर स्तरों की यह अनुभूति साधक को उनकी सच्चाई में ही विश्वास नहीं दिलाती बल्कि इस अनुभव के प्रभाव स्वरूप वह उन उच्चतर स्तरों की तरफ खिंचता रहता है। यही कारण है कि नक्शबंदी सूफी संत साधक की चेतना को उच्चतम स्तर पर ले जाते हैं और फिर उसे उस अवस्था से अर्थात् फ़ना का अनुभव कराकर साधारण चेतना के स्तर पर ले आते हैं। वे साधक की आध्यात्मिक अनुभूतियों पर सामान्य चेतना का पर्दा पड़ा रहने देते हैं जिसे वे सबसे अंत में हटाते हैं। इसके विपरीत अन्य सूफी साधना पद्धतियों में साधक को नीचे से ऊपर परमात्मा की तरफ ले जाया जाता है और उनका सफर साधारण चेतना का पर्दा हटाने से शुरू होता है।

नक्शबंदी सूफी संतों का कथन है कि उनकी शुरुआत वहां से होती है जहां औरों की यात्रा समाप्त होती है, और उनकी यात्रा वहां समाप्त होती है जहां औरों की शुरुआत होती है। इस दृष्टि से सभी साधना पद्धतियों का लक्ष्य एक ही दिखलायी देता है, लेकिन समय और प्रयास की दृष्टि से नक्शबंदी साधना पद्धति साधक के लिये सहज और सुगम है।

अंत में यह कहना उचित होगा कि इस मृत्युलोक (स्थूल देह) और परमात्मा (सत्य) के बीच अनेकानेक पड़ाव अर्थात् रूहानी मुकाम स्थित हैं। मानव देह की प्रत्येक कोशिका सत्य की राह है और सत्य के दिग्दर्शन करा सकती है लेकिन जिसके हृदय में परमात्मा के प्रेम ने जगह बना ली हो उसे इन सब रूहानी चक्रों या मुकामों की या परमात्मा को पाने की अनेक राहों की चिन्ता करने की आवश्यकता नहीं। परमात्मा के प्रति सच्चा प्रेम सभी साधनाओं और आत्मिक ज्ञान की पराकाष्ठा है और यही उनका अन्तिम लक्ष्य भी है। वह जो परमात्मा के प्रेम में डूब गया हो, वह उसके साथ एक हो जाता है और इसके लिये उसके और सत्य (परमात्मा) के मध्य कोई पर्दा बाकी नहीं बचता। वास्तव में तो इंसान और परमात्मा के बीच स्वार्थ और इच्छाएं ही पर्दे का कार्य करती हैं। सच्चा प्रेम निष्काम और स्वार्थ रहित होता है, वह प्रियतम से उसकी प्रसन्नता के अलावा कुछ नहीं चाहता। ऐसे सच्चे प्रेमी को किसी उपासना, किसी तपस्या, कोई ध्यान, धारणा या समाधि की आवश्यकता बाकी नहीं रहती, उसे कुछ

करना शेष नहीं रहता क्योंकि उसका हृदय अपने प्रियतम के सच्चे प्यार से इस कदर भर जाता है कि उसमें किसी अन्य वस्तु के लिये कोई स्थान ही नहीं बचता। वह हर वक्त अपने प्रियतम के समीप रहता है, बल्कि स्वयं उसी का रूप ले लेता है। प्रेम, प्रेमी, प्रियतम सब भेद मिटकर मात्र प्रियतम ही बच रहता है। इसी के साथ सारी यात्रा, सारी दूरी समाप्त हो जाती है।

❑ ❑ ❑

संदर्भ ग्रंथ एवं लेख

1. जीवन लक्ष्य - श्री विनोद बिहारी लाल
2. राजस्थान पत्रिका में प्रकाशित श्री नन्द किशोर पारीख के लेख
3. भारत के संत-महात्मा - श्री राम लाल, गोरखपुर
4. भारतीय दर्शनों में क्या है? - डॉ. प्रवेश सक्सेना
5. चेन्ज एण्ड कन्टिन्यूटी इन इन्डियन सूफीज्म - मि. थॉमस डन्हार्ट
6. डॉटर ऑफ फायर- ईरीना टवीडी
7. जीवन चरित्र : परम सन्त महात्मा रामचन्द्र जी महाराज (पूज्य लालाजी साहब) - डॉ. श्री कृष्ण लाल जी
8. कमाल इंसानी : महात्मा रामचन्द्र जी महाराज - महात्मा जग मोहन नारायण जी द्वारा संकलित
9. मजहब और तहकीकात - महात्मा रामचन्द्र जी महाराज, फतेहगढ़
10. मुक्ति पथ - श्री प्रेम नारायण गण्डा
11. नाद प्रकाश योग - डॉ. चन्द्रगुप्ता
12. नारद भक्ति सूत्र
13. श्रीमद्भगवद्गीता
14. श्रीमद्भागवत महापुराण
15. सुदर्शन का मेला - लखनऊ
16. सूफी संत मत का नक्शबंदीया सिलसिला - श्री बाल कुमार खरे
17. सुरत - शब्द मार्ग सतसंग - श्री प्रेम नारायण गण्डा
18. द कम्पलीट वर्क्स ऑफ महात्मा रामचन्द्र - श्री राम चन्द्र मिशन
19. बाइबल
20. कुरान-मजीद
21. रामचरितमानस
22. साक्षात्कार का रहस्य - डॉ. हर नारायण सक्सेना
23. ट्रुथ एटरनल - महात्मा रामचन्द्र जी, शाहजहांपुर
24. व्हॉट अवेटस मैन इन 2000 ए.डी. एण्ड देयर आफ्टर - श्री एम. के. दवे

विषय सूची

अंतरिक्ष का विस्तार-34
अकह लोक-92
अगम लोक-86
अग्नि की उत्पत्ति-36
अनअलहक-20
अनअलहक-20
अनन्य प्रेम-57
अनामी लोक-92
अनाहत चक्र-98
अनाहत नाद-31, 93, 115
अनाहू-94
अन्दरूनी अभ्यास-15
अन्नमय, प्राणमय, मनोमय, विज्ञानमय और आनन्दमय कोष-102
अभ्यास-61
अमर कोट-92
अरण्य द्वीप-94
अविगत पुरुष-91
अव्यक्त से उपजी सृष्टि-81
अष्टांग योग-106
अस्तेय-107
अहिंसा-106
अक्षर लोक-90
अहं का त्याग-4, 57
अहंकार-32, 62
आकाश की उत्पत्ति-34
आचरण-2
आत्मा के गुण-39
आदिमाया-29
आदि संकल्प-28
आत्म-साक्षात्कार-41, 80
आत्म ज्ञान-15
आत्मा का विभिन्न चक्रों पर ठहराव-96
आत्मा-परमात्मा में अभेद-72
आध्यात्मिक चक्र-79
आलम-ए-अम्र-99
आलम-ए-खल्क-99
आलम-ए-जबरूत-95
आलम-ए-लाहूत-94
आलम-ए-नूर-99
आलम-ए-हाहूत-94
आसन-112
आस्तिकता-110
आज्ञा चक्र-97
इच्छाएं और शांति-56
इंसान-उल-कामिल-84
इच्छाओं पर नियंत्रण-109
इस्लाम का शुरुआती दौर-14
उपासना-111
ऊर्जा-कार्य का प्रेरक तत्त्व-46
एकेश्वरवादी-12
एकोऽम-मोस्याम-26
कर्म और कर्त्तव्य में अंतर-46
कर्म की उत्पत्ति-46

कर्म की यथार्थता-47
कर्म की स्वतंत्रता-5, 51
कर्म बन्धन से मुक्ति-54
कर्म सिद्धांत-54
कर्मफल का भुगतान-48
कल्प-30
कल्ब, रूह, सर, खफी और खफी-अखफा-100
कारण ऊर्जा-33
कार्यकारण रूपी माया-29
काल-30
काल का सूक्ष्म रूप-32
कालपुरुष-32
क्रियामान कर्म-51
कुंडलिनी योग-79
कोमलता-108
खिलवत दर अंजुमन-117
गति द्वारा अनुभव-5
गन्ध की उत्पत्ति-36
गुनाहों की माफी-53
चक्र विद्या-79
चरित्र की पहचान-9
चित्त में आत्मा की अनुभूति-41
चौथाशून्य-भंवर गुफा-94
छठा शून्य-अलख लोक-93
जन्म और मृत्यु-65
जप-112
जल की उत्पत्ति-36
जागृत, स्वप्न एवं सुषुप्ति-68, 73
जीवात्मा-42
जीवात्मा का मुक्त होना-46
तरीकत-14
तवज्जोह-16, 121, 133, 139
तुरीया-71
तीसरा नेत्र-97
तेज की उत्पत्ति-36
तौबा-3, 120
त्याग-61, 112
दया-107
दयाल देश, काल देश और माया देश-102
दशमद्वार-94
दान-110
द्रव्य का विलय-34
द्रव्य की रचना-33
दायरा-ए-इमकान-99
दूसरा शून्य-95
धर्म का उद्देश्य-5
धारणा, ध्यान, समाधि-113
धैर्य-107
नजर बर कदम-116
नाथ सम्प्रदाय-79
नफ्स की पवित्रता-97
निर्गुण परब्रह्म-94
निरत, सुरत और शब्द-81
निरंतर स्मरण-61
निगाह दश्त-118
निष्काम कर्म-54
नुक्ता-ए-सुवेदा-97
पंचम शून्य-सत्य लोक-93
पंचकोष-102
पंचमहाभूतों की उत्पत्ति-35
पदार्थों की संरचना-35
पदनिर्वाण-90
परम सत्य की सर्वोच्च अवस्था-81
परमात्मा से प्रेम-123

परमाणु-33
परमाणुओं में गति-35
पश्चात्ताप-112
पिण्डी मन (नफ्स)-95
पुरुष निनांवा-80
पूरक, कुम्भक और रेचक-113
पृथ्वी की उत्पत्ति-37
पृथ्वी में समस्त गुण-37
प्रकाश-वलय (तेजस)-52
प्रकृति के त्रिगुण-32
प्रत्याहार-113
प्रथम शून्य-सहस्त्रदलकमल-95
प्रलय-30
प्रार्थना-122
प्राण-33
प्राणायाम-113
प्राणियों की उत्पत्ति-40
प्रारब्ध-51
प्रारंभिक सूफी-14
फ़ना-136
फ़ना-ए-कल्ब-136
बंकनाल-96
बका-137
ब्रह्मचर्य-107
ब्रह्मरन्ध्र-92
ब्रह्मा, विष्णु, महेश-32
ब्रह्माण्ड की संरचना-35
ब्रह्माण्डीय मन-95
बाज गश्त-118
बुद्धि-33
भक्ति का अर्थ-57
भक्ति संगीत-21
भगवान का आदि अवतार-40
भंवर गुफा-94
मणिपूरक चक्र-98
मन-33, 61, 79
मन की गति-66
महाआकाश-95
महाकाल-94
महापुरुषों का आचरण-50
महाप्रलय-30
महाशून्य-94
मानव देह का जन्म-39
माया का दूसरा पर्दा-41
माया का पहला पर्दा-40
मुकाम-ए-अनाहू-94
मुकामे-हक-94
मुक्ति द्वार-97
मुसल्लसी-95
मूढ़, अमूर्त और चंचल मन-67
मूर्तिपूजा-15
मूलाधार चक्र-79
याद कर्द-118
याद दश्त-118
योग माया-95
रस की उत्पत्ति-36
राजी में रजा-121
लतीफा-ए-अखफा-100
लतीफा-ए-कल्ब-100
लतीफा-ए-खफी-100
लतीफा-ए-रूह-100
लतीफा-ए-सर-100
वकूफ अददी-119
वकूफ कल्बी-119
वर्तमान में जीना-8
वकूफ जमानी-119

वायु की उत्पत्ति-36
विचार की शक्ति-26
विदेही लोक-82
विराटपुरुष-40
विशुद्ध चक्र-97
विज्ञान की उपयोगिता-48
वैकारिक, तैजस एवं तामसिक
अहंकार-33
शब्द (कंपन) की उत्पत्ति-35
शरीयत-14
शरीर की आवश्यकता-5, 79
शांति-53
शारीरिक और मानसिक कर्म-47
शिष्य का आत्मिक पौषण-60
शून्य-94
शौच-109
षट चक्र भेदन-137
श्रवण-112
संलयन-विखंडन प्रक्रिया, 36
संतोष-109
संचित कर्म-49
संयम-109
सगुण ब्रह्म-29
सच्ची अनासक्ति-54
सच्चिदानन्द-3, 70
सद्गुरु की आवश्यकता-59, 122
सद्गुरु की शरण-59
सदा-ए-हक-94
सतपुरुष-29
सतनाम, सच खण्ड-94
सत्यलोक-82
सप्तम शून्य-अगम लोक-93
सफर दर वतन-117
समय की इकाई-34
सविकल्प और निर्विकल्प समाधि-104
सहस्रदलकमल-79
सात्विक आहार-108
सहानुभूति-5
सृष्टि की प्रारंभिक अवस्था-27
सृष्टि की रचना-26
सृष्टि हेतु ज्ञान की आवश्यकता-30
सात्विक, राजसी और तामसिक
ऊर्जा-32
सापेक्षता-26, 34, 41
सारशब्द-83, 85
सालोक्या, सामीप्य, सारूप्य और सायुज्य
मुक्ति-93
सुरत लोक-90
सुरत-शब्द संयोग से सृष्टि रचना-84
सुषुम्ना नाड़ी-92
सुलूक और जज्ब-105
सूफी-1, 4, 7, 8
सूफी साधना पर बाहरी प्रभाव-14, 15
सूक्ष्म काल-32
सूक्ष्म तत्वों का जन्म-33
सोहम, नि:अक्षर, रारंकार, औंकार और
निरंजन-93
स्थूल सृष्टि-33
स्पर्श-35
स्वप्न-70
स्वाधिष्ठान चक्र-99
स्थूल, सूक्ष्म और कारण शरीर-51, 65
स्थितप्रज्ञ-17
हकीकत-14
हठयोग-
हनीफ-12

हू-हू-95
होश दरदम-115
हृदय की शुद्धता-72, 82
क्षमा-53, 107
त्रिकुटी-95
तमोगुण के नियन्ता देवता-32
त्रिगुणों द्वारा बंधन-46
त्रिगुणों में प्रतिस्पर्धा-46
त्रिलोकीनाथ-95
त्रिवेणी-97
ज्ञान की अवस्था-67
हृदय और नफ्स में संबंध-101
ज्ञान प्राप्ति का लक्ष्य-67